土屋　博 著

宗教文化論の地平

日本社会におけるキリスト教の可能性

現代宗教文化
研究叢書
001

北海道大学出版会

まえがき

幕末から明治十年代にかけての日本社会において、今日に至るまで用いられている各種の普遍的な概念が翻訳語として成立したことは、よく知られているところである。「宗教」もまた、そのような概念のひとつであった。翻訳語としてのこの種の諸概念にはいずれも、これまでの日本文化を何とかして欧米文化と関連づけようとする明治新政府の意図が働いていた。その意図の裏には、欧米文化とともにそれに付随する実利的な技術をいち早くとりいれようとする近代日本の基本的戦略があったことは言うまでもない。「宗教」は、ラテン語の"religio"に由来する欧米諸言語の日本語訳として定着していったが、他の翻訳語の場合にもしばしば見られるように、やや性急にすぎる普及のゆえに、原語のニュアンスからのずれが生じていった。宗教が普遍的性格をもつべく期待された概念であることが明らかになっていくにつれて、すでに日本社会に存在していた宗教的性格をもつ諸集団は、複雑な反応を示すようになった。彼らは、欧米の宗教すなわちキリスト教と並び立つ社会的地位を手に入れることには当然積極的であったが、他方、宗教という普遍的概念の中で自らが相対化され、埋没していくことに対しては用心深くならざるをえなかった。その中にあって、日本のキリスト教のスタンスは微妙であった。日本の教会は欧米の教会の物質的支援を受けながら、欧米神学をそのまま導入し、欧米の宗教としてキリスト教が築いてきた圧倒的に優位な立場にあずかろうとした。ところが、欧米社会とは異なるコンテクストを構成する日本社会にあっては、その目論見は必ずしも成功しなかった。日本社会では、キリスト教はあくまで欧米文化の一環として相対化され、宗教概念に期待されていた普遍的性格がキリスト教と重なり合うことはなかった。そのような文化的コンテクストの中におかれていたために、日本のキリスト教会も、宗教概念を次第に批判的に見るようになっていったのである。

欧米における“religio”概念の展開とは全く別に、日本文化においてもすでに古い時代から、同様な現象の普遍性を表現しようとする試みがしばしば見られた。九世紀にはすでに若き空海が、中国における文学様式にならって『三経指帰』を著し、儒教・道教・仏教の関連を追求した。[1] 結論的には、「仏陀の大乗唯一つの真理は、教義も利益も最も深遠である」(福永光司訳)として、仏教の優位を説くが、他の二者を否定・排除するわけではない。空海は、「客観的」に三者を比較するのではなく、自ら当事者として主体的に、これらの相互関連に迫ろうとしたのである。さらに十八世紀前半の関西町人の世界では、富永仲基や石田梅岩が現れ、同様な動機に基づく著作を残している。彼らはいずれも儒教から出発し、これと仏教・神道との比較を試みた。そのさいの比較は思想のレベルで行われたが、富永の考え方は思想史的性格をもっており、思想の歴史的発展を説いた。[2] それは「加上」論と呼ばれ、新しく現れた思想は、その前提となっている思想の「上を出た」ものと考えられたのである。そこで、儒教・仏教・神道の三教のさらに上にあるものとして「誠の道」が説かれ、一種の普遍的志向が浮かび上がる。一七三八年に出版された『翁の文』によれば、「誠の道」とは「今の世の日本に行はるべき道」であり、「人のあたりまへより出来たる事」である。これは、ヨーロッパに現れた“religio”概念とは性格を異にするし、翻訳語としての「宗教」とも結びつかない。しかし、人間のある種の営みに普遍的志向を感得しようとする点においては、これらの概念は微妙に触れ合っているのではないだろうか。

しかし、翻訳語としての「宗教」のみならず、そのもとになっている“religio”からの派生語を、普遍的概念として定着させることには、欧米社会においてすらそもそも初めから無理があった。その困難さの認識に立ち至ったところから、二十世紀中頃に始まる宗教概念再考の動きが現れてくる。これによって宗教論の新たな展開が世界的な傾向となったのである。その推移と連動しながら、日本語の「宗教」をめぐる問題は、さらに一段と複雑になる。前述のように、これはかなり性急に公的な形で採用された翻訳語であったが、原語の意味からのずれがはっきりと自覚されてくるためには、やはり二十世紀後半の世界的動向を待たねばならなかった。その経緯については、すでにいくつかの優れた内外の論考が発表されているので、それらをここで繰り返すことは避けたい。ただし、そのような過程を通じて明らかになってきたのは、従来「宗教」という言葉を用いて表現されてきた一種の普遍性を志向するための概念がやはり何らかの形で必要になるという認識である。宗教を「実体」としてとらえることは適切ではないとしても、人間のこの種の営み全体に、何らかの普遍的概念の網をかけてとらえかえし、自らもその中での当事者として、把握した現象を認識の対象としていくことは、現代の人間の課題として避けるわけにはいかないであろう。この「人間の営み」という表現はかつて岸本英夫が用いたものであるが、今日最初の使用者の意図とは少し違うニュアンスになるにせよ、再びとりあげるに値するのではないかと思われる。岸本はこれを「客観的」表現として用いているようであるが、現在から見れば、これはむしろ主観と客観の「あわい」をさし示すものである。「宗教」概念を通して無意識のうちに指向されてきた現象は、まさにこの単純な表現によってしか示唆しえないのではないだろうか。したがって今日の「宗教論」は、まず「宗教と呼ばれてきた人間の営み」という元来の立ち位置を新たに確認するところから出発しなおすしかないであろう。この「営み」を「人間に固有なもの」と最初から決めてかかるわけにはいかないが、やはり「人間共通の問題」としてその普遍性を仮定するのが妥当であろう。しかし従来なされてきたように、「営み」を宗教集団の組織化と同一視したり、教義や思想の観念的体系化と考えることはできない。今日では、そうした試みを越えて、新たな切り口が求められている。

本書ではそのために、「宗教文化」という視点が導入される。この概念はさほど新しくないように見えるし、また宗教と文化を安易に結びつけていると批判されるかもしれない。その種の当然予想される批判に対しては、本書の最初の章である程度説明しておいたつもりである。そうした抵抗が予想されるにもかかわらず、宗教文化論を展開しようとするのは、これが「宗教」概念よりも広い裾野をもち、また、文化動態論との関連で、「宗教」と「宗教的なもの」とを包括する一連の現象を、一層ダイナミックにとらえかえすことができるのではないかと考えられるからである。これによって、「宗教と呼ばれてきた人間の営み」に大きく網をかけ、そのうえで目に見える具体的な個別の文化的現実を切り口として、これにアプローチすることができるようになるはずである。それは「営み」が現れるそのつどの面に限定された認識を積み重ねるにすぎないと言われるかもしれない。だがそれにもかかわらず、従来あまり意識せずに「宗教」と重ね合わせることの多かった「文化」を真正面から意識的にとりあげることを通じて、ともすれば行詰りがちであった「宗教論」に、隣接する他の問題圏と共通する場を切り開く可能性をもたらすことが期待される。本書は、「宗教文化論」それ自体を体系的に論じるものではない。体系的宗教文化論は、文化的・社会的現実の形で実際に現れたものを手がかりとして、それらを統合するところから構築されうるものであろう。その意味で本書は、宗教文化論を探究の目標に掲げながら、そのための基礎的認識を整えていく歩みと言えるであろう。ここでとりあげられる具体的事例は、日本のキリスト教に関するものが中心になっている。しかしそれらを手がかりに最終的には、普遍的広がりへ通じるところにまなざしが向けられていることは言うまでもない。

本書の内容は次のように構成されている。

第一部「「宗教文化」概念の効用」は、日本社会では比較的なじみやすいこの概念を用いることによって、特に非欧米世界の宗教現象を考察するための新たな地平が開けることを論じていく。従来人間に関わるある種の現象に対して用いられてきた「宗教」というくくり方は、確かに欧米で成立したものであり、キリスト教的動機を秘めているが、これを生かしつつも、「宗教文化」という形で幅をもたせれば、あらためて柔軟に現象をとらえなおすことができるのではないかと考える問題意識がこの基礎になっている。

第一章「越境する宗教文化」では、「宗教」と「文化」を結びつけた「宗教文化」概念を使用することに対して向けられるであろう批判を予想しながら、両者のかかわりをめぐる従来の議論を整理する。そのさいには特に、近代から現代にかけての時代状況の変化に伴うものの見方の推移が、議論の背後にある不可欠の要因として重視される。特定地域の伝統文化の相違を乗り越えて、宗教集団が発展していく現象は、古代以来一般に見られるところであるが、近代以降その有様は、それぞれの宗教集団の意図を越えて、広範かつ複雑になっていることが十分に考慮されなければならない。

第二章「伝播と受容の葛藤――日本におけるキリスト教の「宣教」」は、第一章で扱った問題を、日本におけるキリスト教の歩みに視座を定めて検討する。そこでは、地域文化の相違を乗り越えて進出しようとする宗教集団が直面しなければならない葛藤が考察の中心となる。「布教」・「伝道」・「宣教」など術語の意味合いの微妙な相違もそのことと関わっている。今日の日本社会におけるキリスト教伝播の可能性は、アジア社会との関係の中では、この章で詳しく論じるように、特に広い意味での「福音派」的な動きに注目すべきであろう。

第三章「宗教教育の公共性」は、宗教文化を具体化する代表的な事例であり、それを形成する動因ともなる宗教教育をとりあげ、そこに内在する根本的課題としての「公共性」について考える。日本社会はこの課題との関連で、欧米とは異なる事情を抱えており、そのため宗教教育をめぐる近代の議論は袋小路に入りこんでいる。この行詰りを打開するには、教育論だけではなく、宗教的なものに対するセンスと的確な判断力が必要とされる。今日においてはその可能性は、「宗教文化教育」を普及する方向で求められるであろう。

第四章「日本におけるキリスト教主義学校教育のディレンマ」は、第三章で指摘した根本的課題を、日本のキリスト教教育における歴史的出来事に即して明らかにしようとする。日本のキリスト教は元来欧米からの外来宗教であり、欧米では長い歴史を通して、すでに宗教教育の理論と方法が展開されていた。近代日本へ伝来したキリスト教のうちプロテスタント教会は、当初より学校教育に力を入れ、なかんずく女子教育においては、疑いなく開拓的な役割を果たしたと言えよう。しかし同時に、公教育の中での宗教教育をめぐる困難な状況もまた、そこに胚胎したのである。日本社会の変化の影響を受けたキリスト教主義学校の盛衰は、そのまま日本の宗教教育の抱えるディレンマを反映している。本章では、日本のキリスト教主義学校教育の歩みをふりかえることによって、今後は結局「キリスト教主義」を、宗教知識教育を基礎においた宗教文化教育と結びつけなければならないのではないかという問題提起がなされる。

第五章「スピリチュアリティ論と宗教文化(一)」と第六章「スピリチュアリティ論と宗教文化(二)」とは、近年宗教概念の流動化をもたらした「スピリチュアリティ」現象を、宗教文化論との関連で思想史的に位置づける。これは宗教教育の在り方とも関係してこざるをえないが、何よりも重要なことは、スピリチュアリティ論が、特定宗教集団を越えてそれらのはざまに身をおく立場、あるいは、特定宗教集団の内と外の境界線上に身をおく立場の宗教的「当事者性」を明らかにしたことである。これは宗教論における単純な中立性・客観性を克服することにつながる。しかしスピリチュアリティ論は、あくまでそのための「作業仮説」にすぎないことに注意しておかなければならないであろう。

以上をもって第一部が終り、続く第二部は、「宗教文化の諸相——キリスト教を手がかりとして」と題して、宗教文化全体を網羅するわけではないが、その現れ方のいくつかの側面に目を留めて考察を試みる。イメージを具体的に浮かび上がらせるために、ここでもキリスト教に見られる歴史的事実を例にとりつつ、そこから普遍的ニュアンスをもつ宗教文化概念の妥当性を見通そうとする。つまり、「宗教文化」というとらえ方によって、従来の「宗教」理解の幅がどこまで広がるかということが、第二部での関心の中心となるのである。

第七章「伝承と記録」は、典型的な「教典宗教」であるキリスト教の成立にあたって、宗教文化の産物である教典が、どのような経緯の中で形成されていったかを問おうとする。ここでは実際には、イエスをめぐる口頭伝承や文書伝承が、やがてさまざまな動機に基づいて教典として結集されていったわけであるが、その教典がまた、教会の場でそのつど語りなおされることによって、次第にキリスト教という宗教文化が形をとってくるのである。教会成立後も、キリスト教が伝えられた地域文化の中で、語られたイエスと書き記されたイエスとのダイナミックスが、この宗教文化をさらに変容しつつ展開していくことになる。

第八章「宗教文化を形成する教典(一)」と第九章「宗教文化を形成する教典(二)」では、教典があらためて、宗教集団の動きを方向づける機能と結びつけてとらえかえされる。すなわち、文書となった教典は一方において、宗教集団に形を与えるべき目に見える物の一部となるが、他方それは、儀礼の中で用いられて、宗教集団独特のつながりを作りだしていく。ここではキリスト教の儀礼の中から、聖餐およびその構成要素でもある祈りがとりあげられ、そこで教典がどのような役割を果たしてきたかが分析される。それによって、教典と儀礼とのこの種のかかわり方が、キリスト教だけにとどまらず、宗教文化形成の契機をなす一般的な現象として確認されるであろう。

第一〇章「宗教研究と地域文化(一)」と第一一章「宗教研究と地域文化(二)」は、これまでの具体的事例に即した論述を受けて、あらためて宗教文化研究の方法を検討する。実際に手がかりとして引合いに出されるのは、キリスト教研究、特に日本のキリスト教研究である。宗教文化は、発生時の姿がどのようなものであれ、地域の特性を媒介として新たに形成され、伝播されていくものであるから、宗教文化研究は、その点を看過してはならない。さらにまた、宗教文化研究であるかぎり、特定の地域と結びついた特定の宗教集団に目を留めるところから出発しながらも、その特殊性を越えた普遍性を志向する必要がある。ここではそのような相対化の視点から日本のキリスト教をとらえかえし、そこにおいて考えるべき問題の在りかを指摘する。

さらに第一二章「宗教論の曲り角」は、宗教論が宗教文化論へと変容していくにつれて、どのような論点が浮かび上がってくるかを考えようとするものである。これは元来書評論文として執筆された文章で、現在ではさらに新たな論点をとりいれて内容を展開しなければならないが、執筆時の文脈を保存するために、本章ではさしあたりこのままにしておいた。

最後に「個人史的追記」として、「ものとこころ」と題する短いエッセイを付け加えた。これは講演の草稿に手を入れたもので、論旨の展開には不完全な部分があるが、本書成立の背景を知っていただくために、あえて収録することにした。なおこの部分を含めて、いくつかの章の基礎になっている論文の学会誌・紀要等における初出の状況については、「あとがき」の中でまとめて記しておいた。

(1) 空海著、福永光司訳『三教指帰ほか』(中公クラシックス)、中央公論新社、二〇〇七年。
(2) 『日本古典文学大系九七・近世思想家文集』岩波書店、一九六六年。『日本の名著一八——富永仲基・石田梅岩』中央公論社、一九七二年。

宗教文化論の地平——目　次

目　次

第一部　「宗教文化」概念の効用

第一章　越境する宗教文化

一　宗教論と文化論——生成と推移

本書の意図は、「宗教文化」(religious culture) という概念をめぐる問題圏を広くさぐり、その適用可能性と意義を考えることである。この種の論考にあたって求められるのは、議論が閉鎖的になり、抽象化してしまわないような配慮であろう。したがってまずこの概念が二十世紀後半以降浮かび上がってきた学術的研究の脱領域化の傾向と歩調を合わせている点を確認しておく必要がある。これをめぐる問題圏は決して閉じたものとして想定されているわけではないのである。さらにまたこの概念が抽象的にならないように、本書ではこれが常に歴史的・具体的「宗教現象」と密着した形でとらえられているという点も確認されなければならない。そうした確認に基づいて、まず「宗教文化」概念そのものの展開過程をふりかえるところから始めていくことにする。本書では、これは最終的には日本語の概念として扱われることになるが、その背後には、関連する外国語の概念同士の相互折衝をめぐる長い歴史がある。宗教文化論の地平は、そうした背景を繰り返し視野に入れつつ開かれていくのである。

近年「宗教文化」という言葉は、宗教論においてしばしば用いられるようになったが、この概念の意味はいささかあいまいであり、学術的定義とともに広く学界に受けいれられるものにはまだなっていない。そこでまず、この概念があえて使用されるようになった理由を考えるところから論述を進めていきたい。これがあいまいであるように見えるのは、「宗教」と「文化」の関係をめぐる議論に合意が見られないためであろう。ひとつの考え方によれば、宗教は文化現象であり、芸術・慣習など他の文化現象と並ぶものである。宗教集団の活動を通して目に見える形で理解されるかぎりでの宗教が文化と係わることには、疑問の余地はない。その面を見るかぎり、「宗教文化」という言い方は同語反復にはなるとしても、不適切ではない。しかし別の考え方によれば、宗教と文化は本質的にはイコールで結ばれるものではない。宗教のうちには、文化では割り切れないところがあり、それを通して文化に働きかけるのが宗教であるとされるのである。ただしこの場合にも、宗教と文化の相違点や両者の関係については、複数の見方があって一致しない。いずれにしてもこの考え方では、「宗教文化」という概念は矛盾した表現となる。一般的に言えば、宗教と文化を同一視しない説は、宗教としてキリスト教が想定されている場合に多く見られる。キリスト教以外の宗教集団では、宗教と文化を対立させる問題意識そのものが生じにくい。ところが近代の諸学問の展開の中では、歴史的差異を越えたグローバルな視野の下で従来用いられてきた諸概念を再検討することが求められており「宗教」と「文化」との関係も、現時点であらためて問われなければならなくなってきた。つまり、概念それ自体のあいまいさにもかかわらず、これによってさし示される現実は、現代の人間にとって無視できないものとなってきたためである。そこでまず、もし「宗教文化」という術語を使用するならば、どのような問題点をおさえておく必要があるかを確認することにしたい。

はじめに基礎となる「文化」概念であるが、これは今日、自明な意味内容をもつ古典的概念であるかのように、法律の条文の中であるいは社会制度の名称として、至る所で用いられている。しかし実際には、その起源はさほど古くはない。増澤知子はR・ウィリアムズの説に言及しつつ、いささか誇張された表現ではあるが、次のように説明する――「文化という概念は十八世紀に受胎し、たえず拡張する西洋という領域において十九世紀に生じた大地を揺るがすような一連の大変容に導かれて誕生した(1)」。この概念は「危険なほどに包摂的であり、意味論的に曖昧で混乱しており、そして最後に全体として一貫していない(2)」にもかかわらず、近代社会ではきわめて有用だったのである。元来ラテン語の"cultura"(＝栽培・耕作)に由来する文化という言葉は、近代化の流れに沿って、人間の在り方を前向きにとらえていくには適していたのであろう。確かに文化概念が注目されるようになったのは、十八世紀後半のドイツにおいてであった。当時J・ヘルダー等が考えていたドイツ語の「文化」(Kultur)は、人間の能力の開発・進展であった。これはやがて十九世紀後半になると、人間社会の主として技術的な発達段階を意味する「文明」(Zivilisation)との対比において、次第に理念的・精神的な色彩を帯び始める。ここには、技術的先進国(先進「文明」諸国)に対するドイツの自己主張を見ることができる。第一次世界大戦前後の新カント学派における文化哲学には、敗戦国のアイデンティティを求めるドイツ特有の動機が含まれていたとも言えるであろう。

ところが、十九世紀末から二十世紀にかけて発展した主として英米の人類学における文化のとらえ方は、これとはやや趣を異にしていた。ドイツ語の"Anthropologie"が「人間学」と訳されるのが常であるのに対して、英語の"anthropology"は、"social anthropology"(英)にせよ"cultural anthropology"(米)にせよ、「人類学」と訳される。ここで理解されている「文化」(culture)は、理念的所産よりも、むしろ人間の日常的な行動様式もしくは生活様式であった。このような理解に基づく学説の典型であり、人類学の出発点となったのがE・タイラーの文化論であった。彼によれば、「広い民族誌的意味で使用された文化ないし文明は、知識・信仰・芸術・道徳・

法律・慣習その他社会の一員としての人間によって獲得されたあらゆる能力や習慣を含む複合的全体である」ことになる[3]。ここでは、理念に偏ったドイツ的文化理解は姿を消し、「文化」(culture)と「文明」(civilization)が同じ意味で用いられている。その後人類学における文化論は、さらに様相を変化させていく。例えば二十世紀の人類学者B・マリノフスキーによれば、文化は「道具・消費材・種々の社会集団の憲章・観念や技術・信念・慣習からなる統合的全体[4]」であり、機能的に言えば、「人間がその要求を充足する過程において環境の中で直面する具体的・特殊的な諸問題をよりよく処理できるようにする手段的装置[5]」である。これはいわゆる「機能主義」に基づく文化論として知られている。

タイラーとマリノフスキーの文化論には、どのような相違があったのであろうか。彼らはいずれも、文化を全体性において包括的に理解しようとする。タイラーはそれを「複合的全体」(complex whole)と呼び、マリノフスキーは「統合的全体」(integral whole)と呼ぶ。タイラーの定義には、クエーカーとしての彼の人格を反映してか、一種の気品のある求道的雰囲気がただよっている。それに対してマリノフスキーの定義は、元来機能分析・制度分析に基づくものである。そこでは、芸術・宗教・思想などの非物質的なものは、なかば自立した領域とはいえ、本質的には統合的全体の部分と見なされているため、慣習に引き寄せて理解されている。文化はいつの間にか科学の対象になり、マリノフスキーの説は「科学的理論」(scientific theory)となる。タイラーの宗教論として有名な「アニミズム」(animism)説は、その後主知主義的性質を指摘され、R・マレット等によって情意主義的修正が試みられるが、文化論に関しては、マリノフスキーに至る学説の推移がむしろこれとは逆の方向をとったように見えるのは興味深い。しかしいずれにしても、ドイツの文化論が民族主義的動機に導かれて、理念的傾きを示したのに対して、英語圏の文化論は人類学と結びついており、現実には植民地主義と無関係ではない。文化論は、純粋に学問的な営為とはなり難いことがわかる。

マリノフスキーは、制度を中心とする「統合的全体」として文化をとらえ、これを「科学的」に扱おうとしたのであるが、二十世紀の人類学における文化論は、必ずしもこの方向を支持して発展させるには至らなかった。時代は解釈人類学・文化解釈学の方向へと進んでいく。その代表者はC・ギアーツであり、彼によれば、文化の概念は本質的に「記号論的なもの」(a semiotic one)なのである。人間は「自分自身がはりめぐらした意味の網の中にかかっている動物」であり、この網が文化である。したがって、「文化の研究はどうしても法則を探究する実験科学の一つにはならないのであって、意味を探究する解釈学的な学問に入る」[6]。文化論が解釈を必要とするということは、文化は、マリノフスキーの言うような制度的なものではなく、制度等がおかれている「脈絡」だからである[7]。人類学の文化論と並んで、現代の文学理論やアナール学派第四世代の歴史学理論でも文化論が浮び上がり、それぞれ微妙な重なり合いを示している。一般的に言えば、そこでは、客観的実在を実証的に把握しようとする方向から、人間の主体的能動性・個別性を重視しようとする方向へと関心が移ってきたと言えよう。とはいえ文化は単なる抽象概念・論理的構成物ではなく、もちろん現実的歯止めをもってはいるが、その現実的形態に目を向けるとき、今日では、世界的規模での文化変動、その結果としての多文化の錯綜した状況を無視するわけにはいかない。その中であらためて、人間の営みを総合的にとらえかえすパースペクティブが問われているのである。

以上で見てきたように、文化論をめぐる状況はきわめて流動的になりつつあるが、宗教論においても、形は異なるとはいえ、二十世紀半ば以降、類似した再検討の動きが急速に進んできた。そのきっかけを作ったのは、カナダのイスラーム研究者W・C・スミスが一九六二年に出版した著書『宗教の意味と目的』であった[8]。スミスの説は、ペーパーバック版に付されたJ・ヒックの序文において、次のようにまとめられている――「対照的な理念的共同体としての諸宗教(religions)の概念は近代の産物にほかならないことを、彼〔＝スミス〕は豊富な史料を用いて明らかにする。ここ二百年余りの間に、欧米諸国はこの概念を、非欧米世界に輸出してきた。それによって至る所で、信仰をもった人々は、他と対立する排他的な救済組織のメンバーとして自らを意識するに至る。彼の言うところによれば、ひとつの拘束力ある共同体に具体化された特定の信念体系を宗教と見なす考え方は、(西暦の初めごろのこととして彼が指摘する初期の前兆を別にすれば)近代以前には知られていなかった[9]。組織的にまとまった実在(スミスの言い方ではentity)を「宗教」と呼ぶようになったのは、十七—十八世紀のヨーロッパ以降のことであるとするスミスの指摘は大きな影響を与えたが、彼が宗教概念に代わるものとして「信仰」(faith)概念を導入したことに対しては、当然のことながら疑問が提起された。

同書に対する批評として最も生産的なものは、スミスの死後出されたT・アサドの論文であった[10]。ここでアサドは、単にスミスの説を批判するだけではなく、それを手がかりとして、宗教概念を再考するための新しい方法を示唆するからである。そういう意味でスミスの著書は、アサドにとって「現代の古典」(a modern classic)なのである。アサドが言わんとしていることは、宗教概念に対するスミスの「反本質主義的な直観」には共感を覚えるが、スミスの著書にはやはり「ある種の本質主義への執着」が認められるということである。スミスに至るまでの近代の宗教論の底流には、宗教理解の本質主義に対する批判があった。この本質主義は元来キリスト教神学に由来するものであり、欧米の宗教論はなかなかこれを脱しきれないのである。アサドによれば、自ら長老派の聖職者であったスミスにも、まだそれが残っている。スミスが固執している「ある種の本質主義」が、彼の言う「信仰」に表れているのである。スミスはこれを「実践を通して創出され、実践を通じて保持され、実践のうちに表現されるような関係性としてではなく、(心の)内的状態として捉えている」からである[11]。宗教概念はそもそも現象の比較研究のために要請されたものであるが、本質主義的視点をこれと結びつけると、安易な価値評価を導入することになりやすい。結論的に言えば、アサドはそれに対して、宗教概念を形成するさいに宗教的「実践」(practice)が果たす役割に注意すること、宗教の分析作業のうちに「世俗主義」(secularism)の要素を組み込むことを強調する。[12] 要するに、スミスが「累積的伝統」(cumulative tradition)から「信仰」を分離しようとしたところに彼の誤解があると、アサドは考えているのである。[13]

このような基本的考え方に基づいて、アサドは自らの宗教論を展開する。[14] ここでは彼の議論は、ギアーツの宗教論に対する批判から出発するが、これは当然先にふれたギアーツの文化論にも関わるものと考えなければならないであろう。アサドの宗教論は、周知のように、「宗教の普遍的定義というものはありえない」という命題を中心としている。「宗教を構成する要素や関係が歴史的に個々別々であるからということばかりではなく、そうした定義そのものが言説の過程における歴史的産物だから」というのがその理由である。ところが、「ギアーツが目指しているのは、まさしく普遍的(すなわち人類学的)定義に到達することである」。[15] そこでアサドは、ギアーツが前掲書で提示している宗教の定義を逐一検討していく。[16] そのさいの視点は、スミスの説を批判するさいのものと同一である。「宗教の人類学的研究は、それゆえ、二段階の作業である。第一は、宗教固有のものを構成するもろもろの象徴のうちに具体化された意味のシステムの分析である。第二は、これらの体系を社会構造と心理学的過程へと関係づける作業である」[17] というギアーツの分析をとりあげ、「いかにもっともらしく聞こえようとも、これは間違いなく誤りである」と言う。[18] ここに出てくる「宗教固有のもの」(the religion proper)というギアーツの表現がアサドには受けいれられないことは言うまでもないであろう。アサドの考えでは、ギアーツが言う二つの段階は実は一つなのである――「宗教的表象が(いかなる表象もそうであるが)自らの同一性と真実性とを獲得する場には、異なる種類の実践と言説が内在している」。[19] それら個々の実践と言説が世俗的場に現れたところで宗教をとらえかえそうとするのが、アサドの本来のねらいであるように見える。

近代から現代へかけて展開されてきた欧米の文化論と宗教論を概観すると、そこには明らかにひとつの傾向が見出される。それは、科学主義や本質主義を脱却しようとする動機である。文化を「脈絡」と見なすギアーツの文化論、宗教を「実践」においてとらえようとするアサドの宗教論はその典型と言えるであろう。ギアーツは宗教論を文化論との連関の中で考えており、その点ではアサドの説からさほどのへだたりがあるとは思われないが、そのさいに「象徴のシステム」としての宗教をなぜか自立的な普遍概念として浮かび上がらせようとする。それに対してアサドは、あくまで宗教を世俗文化の中での実践から切り離そうとはしない。これは彼が、宗教概念の生成をめぐって、欧米文化と非欧米文化との間に「非対称的な」(asymmetrical) 対立があることにこだわっているためであろう。[20] アサドは宗教概念の普遍性を認めないが、これはおしなべて普遍性なるものを疑うということでもあろう。それぞれの文化の場が異なった言説を生みだすとすれば、まさにその文化のコンテクストに注目しなければならないわけである。しかしながら、そのコンテクストに関連する形で、近年民族誌家が好んで用いる「地域民」(local people) というような表現にも、実は何がしかの普遍性が含まれており、あまり適切とは言えないことになる。[21] 要するに、欧米の文化論も宗教論も、普遍性から個別性へと焦点を移動させてきたのであり、その根底には、非欧米文化の影響を見てとることができる。ただし文化論と宗教論との相互関係は微妙であり、「宗教文化」という概念を積極的に提示しようとするためには、この微妙な関係の問題に立ちいる必要がある。

しかし、その問題をとり扱うに先立ってもうひとつ、日本語としての「文化」と「宗教」がおかれている特有の状況をあらためて確認し、今までの議論の展開をそれと関連づけておかなければならない。日本では、元来漢語として「文化」という言葉が通用していたが、それはあまり広く用いられず、大正時代以降は、ドイツ語の“Kultur”の訳語としての「文化」の概念が、日本における文化理解の中心的位置を占めることになった。そのため近代日本の文化論は、ドイツ哲学の影響を強く受けていた。大正時代の代表的思潮は「文化主義」と呼ばれたが、それは実際には、新カント学派的な「人格主義」・「理想主義」であった。それはまた、明治時代の啓蒙主義に対する反発として起こったいわゆる「教養主義」とも重なり合うものであった。技術的な発達過程(文明)とは自らを区別する形で主張されたドイツ流の理念的文化理解がこれと結びついていたことは明らかであろう。ところが第二次世界大戦後は、こうした文化論に対する反動もあってか、英米の人類学の影響を受けた客観的・現実的な文化論が広く浸透していった。日本国憲法の第二五条の「健康で文化的な最低限度の生活」という表現にはそれが反映されており、文化は社会的・政治的問題としてとらえかえされている。このように日本語としての「文化」は、元来近代に成立した翻訳概念であり、もとになっている外国語によってニュアンスを異にするにもかかわらず、それらをひとつの言葉で表そうとするために、若干あいまいになっている。そのため日本語では、一見したところ、文化と宗教とのつながりが見えにくい。

さらにこの傾向は、日本語としての「宗教」もまた翻訳概念であることによって、一段と助長される。繰り返し指摘されてきたように、今日用いられている「宗教」に近い意味内容を表す日本語は、元来「宗旨」・「宗門」もしくは「宗法」・「教法」等であった。それに代わるものとして「宗教」が浮かび上がったのは、一八六九(明治二)年に締結されたドイツ北部連邦との修好通商条約その他の公文書の翻訳をきっかけとする。それが社会的に定着するのは一八七七(明治一〇)年頃のことであった。さまざまな言葉の中から「宗教」が選択されたのは、それが主として「教え」をさす言葉であったためで、その背後には知識人層の感覚があったと考えられる。[22] やがてこれは法律の条文にも用いられたが、あらためてその概念の定義を問うてみると実ははっきりせず、定義しようとする人の数だけ定義が存在することになる。[23] かつて岸本英夫は、宗教の定義を「作業仮設」と考えていた。[24] 宗教現象を客観的・実証的に研究しようとする彼の立場からすれば、宗教の定義は作業仮設であるが、見方を変えれば、宗教の定義は、定義を行うもの自身の宗教観でもある。つまり、良きにつけ悪しきにつけ、自分にとって望ましい宗教のイメージが定義として示されるのである。宗教言説は地域文化の背景と時代の価値観に支えられており、そこには社会的力関係が反映されているとする現代欧米の宗教論は、日本語の「宗教」にも当てはまるであろう。そうであるとすれば、普遍的定義を問う「宗教とは何か」という問題設定はあまり生産的ではなく、むしろ日本社会において人々が「何を宗教と呼んできたか」を明らかにしなければならない。その結果浮かび上がるのは、日本語の宗教概念の理念的含意にもかかわらず、実際には教団組織や儀礼などを中心に考えるきわめて現実的な宗教理解である。この傾向は、文化論の展開の場合とよく似ている。

二 宗教と文化の交錯——「宗教文化」という着地点

欧米の宗教論と文化論の推移を見るかぎり、両者の関係は必ずしもはっきりしないが、現代の人類学的思考法の影響下では、宗教論は文化論に包摂されていくように見える。宗教と文化をめぐる日本語の議論でも、大体同じような経過をたどっているが、ここでは両者を結びつけることに対して、欧米よりも一段と積極的であるように見受けられる。そこから、欧米言語にはあまりなじまない「宗教文化」という概念が浮かび上がってくるのである。宗教と呼ばれてきた人間の営みは、確かに文化の中で形をとることによって認識の対象となるが、通常特定の教団の活動と結びついて現れる。したがって、キリスト教文化・イスラーム文化などといった表現がとられるのが普通であり、普遍的概念であろうとする「宗教」を「文化」と結びつけることはさほど一般的ではない。特定教団が文化と結びつけられる場合、文化として想定されているのは主として芸術や習慣であるが、それらとのかかわり方は、教団によって必ずしも同一ではない。イスラームにおいては、文化の中に宗教を包摂するように見えて、実は教団の特殊性をそのまま文化と見なしている。ところが日本の宗教などは、むしろ民俗文化の中に教団の特殊性を拡散させていくかのようである。宗教と文化を安易に融合させず、両者の対立・緊張を強調しようとするのはキリスト教の特徴であり、従来宗教と文化の関係を検討するさいのモデルを提供してきたのがキリスト教神学であるので、まずそれに目を向けてみる必要がある。そこで問題になっているのが「キリスト教」なのか、それとも一般的意味での「宗教」であるのかはよく考えなければならないが、最終的にはやはりキリスト教神学者の宗教観というところに帰着せざるをえないのかもしれない。

宗教と文化の問題をめぐって、キリスト教神学の立場から分析のモデルを提示したのはH・ニーバーであった[25]。彼の問題関心は、著書の題名が示すように、「宗教」と文化ではなく「キリスト」と文化であったが、それは、キリスト教神学者の多くと同様に、彼にとって積極的意味での宗教とはキリスト教にほかならなかったからである。したがって、ニーバーの言う「キリスト」を「宗教」におきかえることも可能であり、彼がもっているような宗教観が、キリスト教特有のものとして存在することは認識しておく必要がある。ニーバーは、キリストと文化の関係について、五つの考え方の類型をあげる。すなわち、(一)「文化に対するキリスト」(Christ Against Culture)、(二)「文化のキリスト」(The Christ of Culture)、(三)「文化の上にあるキリスト」(Christ Above Culture)、(四)「矛盾におけるキリストと文化」(Christ and Culture in Paradox)、(五)「文化の改造者キリスト」(Christ The Transformer of Culture)である。ここでは、これらの類型について詳しく検討することはしないが、神学者ニーバー自身が選びとる立場は第五の類型に近いことを指摘しておかなければならない。しかし彼はそれを明言せず、選択を自らの個人的実践にゆだねようとするのは、研究者として良心的なやり方であろう[26]。重要なことは、いずれの類型の名称にも「キリスト」がついていることからわかるように、これらの類型はすべてキリスト教の中に現われているということである。つまり、長い歴史と地域的広がりをもつ既成宗教集団は、一般に宗教現象として知られているさまざまな事柄のほとんどを、自らの可能性として経験しているのである。

キリスト教が文化との相克にこれほどこだわるのは、ひとつには、創造主とは異なる「被造物」をどうとらえるかという神学的問題がその根底にあるためでもあろう。伝統的なキリスト教の発想では、この世の事物は神の手になる被造物であり、同時に、神の恵みの賜物を表すものでもある。被造物に属するのはさしあたり自然であるが、人間も当然その一部である。文化は人間の業に関わるものであるから、被造物の範囲に含まれるが、人間からすれば、その他の自然に対して何がしかの優位を占めるように見える。宗教と文化と自然をめぐる神学的議論が微妙に屈折する原因がここにある。ニーバーはその立場から、文化と自然の関係について、次のように述べている――「われわれは時には根本的な人間の問題を、恩恵と自然の問題として叙述するけれども、人間の実存においては、われわれは文化から離れて自然を知ってはいないのである。いずれにせよ、われわれは、自然から容易に逃れることができないのと同様に、文化からも容易に逃れることができない。なぜなら、「自然の人間、自然人は存在しない」し、「だれも原始的な眼で世界を決して見はしない」からである」[27]。キリスト教のように、宗教と文化の対置の中で問題を考えようとすると、ここにはまた「自然」概念も入り込んでこざるをえないのである。キリスト教的な思考法においては、文化が自然に対してプライオリティをもつが、マルクス主義者T・イーグルトンは、最近の文化論[28]の中で、文化と自然のつながりを認めながらも、両者の関係をそれとは逆の形で設定しようとする。しかしこの場合、自然概念がいつのまにか超越的ニュアンスを帯びてくるので、思考の枠組みは実は変わっていないのかもしれない[29]。

ニーバーはプロテスタント神学者であるが、カトリック神学者の場合には、宗教と文化についての言説は、また多少変わってくる。吉満義彦はカトリック思想家の立場から宗教と文化の関係を考察し、すぐれた著作を残している[30]。彼によれば、宗教と文化の関係については、三つの考え方の類型がある。第一の考え方は「文化としての宗教」であり、宗教を世俗的な文化価値に還元する立場である。これは徹底的な無神論ないし徹底的な人間神化に通ずるとされる。第二の考え方は「文化に対立する宗教」であり、極端な文化否定の立場において、宗教性を徹底的に把握せんとする立場である。これは本来的な立場への復帰のひとつの契機であり、真の宗教性の一面を強調する立場であると見なされている。それに対して第三の考え方は「文化のテロスとしての宗教」であり、文化と宗教との内面的関連を一段と深いところにおいて理解する立場である。これは、トマス・アクィナスの「恩寵は自然を破壊せず、かえってこれを予想し、これを完成する」という考え方に通じ、カトリシズムの公式的立場である。吉満自身は第三の立場をとり、第一、第二の考え方を退ける。要するにこれは理念的考察であり、彼がとりあげるのは、普遍的概念としての「宗教」と「文化」である。したがって、ニーバーの場合とは異なり、ここで設定されている諸類型がひとつひとつキリスト教にも当てはまるとは見なされていないが、ニーバーの類型と照らし合わせてみると、やはりキリスト教との対応も見出せそうである。しかし吉満の考えでは、本来のキリスト教はカトリシズムのみであり、それがまた本来の宗教なのである。彼の言う宗教は確かに普遍的概念ではあるが、それはカトリシズム的普遍性にほかならなかった。

このように見てくると、ニーバーも吉満も、文化から一歩距離をとる形で宗教のあり方を考える点では、共通した立場に立っていると言えよう。つまりこうした考え方は、キリスト教的な宗教理解なのである。その理解を普遍化して語るとするならば、他の宗教集団に属する人々にとっては、当然違和感が生じることになる。しかも公共の場において「宗教」を認識しようとするときには、それが文化の中に現れた形を手がかりとして出発せざるをえないことは明らかである。その点には、ニーバーも吉満も同意するしかないであろう。宗教を文化現象以上のものと言うときには、神もしくは超越者それ自体を宗教と見なしていることになる。それはもはや個人的な「信」の内容であり、公共の場での共通認識とはなりえない。キリスト教神学者ではあるが、比較的広い範囲にわたって説得力をもった思想を展開したP・ティリッヒは、「宗教は文化の実体(substance)であり、文化は宗教の形式(form)である」というよく知られた命題を提示した。[31] 彼はこの表現によって宗教と文化の二元論を否定しており、文化の中で宗教をとらえようとするわけであるが、[32]「実体」という言い方でなおも宗教の独自性を留保しているようにも思われる。これは、キリスト教神学者ティリッヒの最後の橋頭堡なのかもしれない。

ともかく現実的認識の場面においては、切り離すことができない宗教と文化を、何とか峻別しながら対置しようとするのは、キリスト教という特定の宗教集団が産み出した思想的伝統にすぎないということを確認しておく必要がある。キリスト教的背景から離れると、宗教と文化という二元論的問題設定それ自体がさほど意味をもたなくなる。文化と対置する形でキリスト教神学者が考えていた宗教は、キリスト教およびそれに従属する諸宗教という構図であったが、現代思想の中でこの宗教言説それ自体の被制約性が指摘されてくると、キリスト教神学者は次に、「啓示」等の概念を用いて、キリスト教を諸宗教から切り離そうとする。しかしそもそも普遍的くり方を目指して宗教概念を用いるようになったのはキリスト教なのであるから、この戦略には本質的に無理がある。キリスト教と諸宗教の問題は、K・バルトを中心に二十世紀の弁証法神学の中で一時期論じられ、日本でも例によってその追従者が現れたが、結局欧米においてすら、それに続く生産的な議論は展開されなかった。その中では、「宗教の神学」などという言葉が、あたかも斬新な概念であるかのように飛びかっていた。これは現在ではあまり用いられなくなりつつあるが、キリスト教を抜きにして宗教論を構築することはできないとすれば、そのような動きにもある程度考慮を払っておかなければならない。そこで現実的な共通認識の手がかりとして浮かび上がってきたのが「宗教文化」という概念であり、これが用いられる機会は、近年次第に多くなりつつあるように見える。確かに宗教文化の意味はあいまいと言えばあいまいであるが、これを用いることにはいくつかの利点がある。宗教に関する言説は結局多かれ少なかれ仮説的なのであるから、それが認識上の有効性を発揮する条件を生かしつつ、その範囲内で実験的に用いていくしかないであろう。

宗教現象を公共の場における共通認識としておさえるためには、文化の中に現れた形を媒介にするしかないとすれば、「宗教文化」というイメージはさしあたりその射程内に入ってくる。しかし初めに述べたように、宗教と文化を重ね合わせてとらえている文化的伝統からすれば、この表現は同語反復であるし、キリスト教的伝統からすれば、この表現には不満が残る。つまり実際には、宗教文化と言うとき、それぞれその「宗教」に具体的宗教集団のイメージをあてはめながら考えているのである。一般的な意味合いを含んだ宗教文化という概念は、確かにキリスト教にとっては不十分なものに見えるかもしれないが、現実にはそれが「キリスト教文化」と呼ばれてきたものの自己理解の方向だったのである。自らの伝統と文化との区別にさほどこだわらない仏教の場合には、宗教文化という言い方に抵抗はないと思われるし、神道の場合には、抵抗がないだけでなく、むしろ積極的に受けいれられるはずである。イスラームの場合にも、自らの立場でこの「宗教」をイスラームと読み替えれば、問題は生じないであろう。現代においては、伝統的な宗教集団のアイデンティティは持続的に確立されているわけではなく、相互の接触を通じ変化に対して開かれている。また、どの宗教集団にも属さない宗教的現象の拡散状況もうかがわれる。さらにそれらのはざまをぬって現れる新宗教運動にとっては、宗教文化の形成は、社会に根づくための目標となる。そうであるとすれば、これら全体に網をかけるための認識装置として、「宗教文化」という概念を導入することには、それなりの利点があるのではないだろうか。二十世紀中頃に始まった宗教概念再検討の動向は、この概念自体の被制約性をおさえたうえで、あらためて別の意味をもった普遍化を志向するために、この種の言説を提起する意義を再確認していくことになるように思われる。

三　宣教と伝播――「越境」の内実

さらにもうひとつ、「宗教文化」という概念を生かして用いるべく、これに「越境」という言葉を付け加えることの意義についても考察しておく必要がある。現代においては伝統的な宗教集団のアイデンティティが流動的になりつつあると述べたが、これは何も現代にかぎったことではなく、宗教運動は元来国境や文化的差異を越えて、自ら変化しつつ拡散していくものである。その際には、特定教団の消長・変容が問題になるだけではなく、地域文化が運動の媒体となるわけであるから、まさに「宗教文化」という大きな枠組みの中で変動がとらえられなければならない。教団レベルで考えると、異なった地域の間での移動だけでなく、同一地域内での相互折衝もあり、その場合にも、特定教団だけにとどまらない当該地域固有の宗教文化のあり方が、折衝の場の性格を決定する。そこで作りだされる教団同士の関係は、出会いや融和にもなりうるが、分離や対立を生みだすこともある。例えば日本における神仏習合と神仏分離の過程を見れば、そのことは明らかであろう。このように教団活動がもたらす宗教文化の変動は、さらに目に見えない形で地域文化全体に影響を与えていくため、これにも目を配りながら理解される必要がある。またこうした離合集散の中から新しい形での宗教運動が生まれてくることもありうるので、宗教文化「越境」論は、宗教活動のもろもろの契機を包括しうるような形で、多角的に構築される必要がある。そこではまず基本的な座標軸を設定するために、教団側の視点と、その活動を受容する地域文化の視点との双方を視野に入れて、それらのかかわりを考察することになる(33)。

教団の内側から外側へ向かい、さらに異なる地域文化の中へと浸透しようとする教団の運動を支え、それに参加することは、教団形成が意識的になされているかぎり、その大小や新旧を問わず多くの教団において、メンバーにとっての一種の義務であるかのように見なされている。ただし、神道や各種の民俗宗教のように、特定地域社会の安定を目指す宗教もあるので、このことは一概には言えないが、そのような宗教も、地域社会の人々が他地域への移民となった場合には、また別の形態をとらざるをえなくなる。自ら活動範囲を拡大し、他地域へも積極的に入り込んでいこうとする教団活動は、キリスト教では「宣教」(mission)と呼ばれる。これは元来「派遣」・「使命」の意味から派生した言葉で、イエス・キリストの出来事をめぐる伝承に由来している。日本語の「伝道」もこれと同じ意味で用いられ、プロテスタント教会では今日なお、「農村伝道」・「医療伝道」・「文書伝道」等の名称にこれが用いられているが、カトリック教会では、ほぼ「宣教」という言葉に統一されている。「伝道」には個人的な回心を求めるニュアンスがあり、真理を所有するものがそれを分け与えるという姿勢が感じられるのに対して、「宣教」は社会的場での協働を通して教えを伝えるという意味合いを含むと説明されることもある。こうした説明は、教団活動におけるこの種の事柄についての考え方の歴史的推移を反映していると言えよう。イスラームや仏教では「宣教」はあまり用いられず、その代わりに「布教」(propagation)が用いられる。この表現の相違はおそらく、次に述べるように、実際の手法と関係があるのではないかと思われる。しかし「宣教師」が存在しなかったイスラームでも、のちにキリスト教の影響によって同様な働きをする人間が現れるので、宗教文化の越境の仕方自体にもまた「越境」が見られるわけである。

「伝道」を「宣教」と言い換えても、教団が活動の中心になるかぎり、その基本的性格は変わらない。そこでは教団としての教勢拡大が最終的目標となり、結果は改宗した人々の数値で示される。したがってこの種の教団の場合、キリスト教の洗礼がそうであるように、伝道・宣教は加入儀礼もしくはそれに準ずるものを伴うのが常である。加入するという以上、伝道・宣教を行う教団は、自らのアイデンティティを保持していることが前提となる。それは異文化地域に入り込んだ場合、何らかの摩擦を生みだすので、それにどう対処するかという問題と取り組まなければならない。この取組みは悲喜こもごもの様相を呈する。確かに、政治的・経済的意味で優位に立つ文化を出発点として伝道・宣教が行われていたときには、かつて欧米キリスト教宣教師が語っていたように、アジア伝道等は一種のロマンですらあった。ところが、今度はアジアにおいて、欧米宣教師の手を借りずに、同じキリスト教の伝道・宣教を行うことになると、状況は一変する。(34) いずれも根本的動機は善意に基づくのであろうが、たどる道には祝福と悲惨が交錯して現れる。宗教文化の越境が、加入儀礼を中心としたこうした対立の構図をあまり含まないところでは、「布教」という言葉の方が好んで用いられるようである。もちろん「伝道」・「宣教」と「布教」との間に明確な差異が認められるわけではないし、宗教集団の活動は多かれ少なかれ両面を含んでおり、事態は錯綜している。(35) 重要なことは、宗教文化の越境には、キリスト教の「伝道」・「宣教」に典型的に現れているような挑戦的な一面があり、これは確かに目に見える現実的推進力になるが、長期的に見て文化の変容をもたらす越境は、必ずしもこのような形をとるとはかぎらないということであろう。実際にはそれとは別に、民俗文化を媒介とするあまり目立たない宗教文化の越境もあり、そこでは伝達しようとする側よりも、むしろ受容する側の感覚が働くので、結果は根深いものとなる。

宗教文化、特に教団固有のものの考え方の言語表現として、ほとんどの宗教集団に教典が存在する。これは教義を書き記した文書であるとともに、儀礼において道具のように用いられることがある「物」でもある。そのため宗教生活においては、中心的な位置を占める。キリスト教会、なかんずくプロテスタント教会は、宣教にあたって聖書の頒布を重要な使命と考えた。聖書はまず宣教の対象となる地域の言語に翻訳され、多くの場合無償で配布された。聖書の翻訳・配布の運動は、今日でも、さまざまな形で続けられている。これはもっぱら宣教する側の意思に基づく活動であり、善意の献金がこれを支えているが、配られた聖書がすべて生かされた形で用いられているとはかぎらない。日本語への聖書の翻訳は、K・ギュツラフによって一八三七年にシンガポールで出版された部分訳に始まるが、この翻訳の内容が日本の文化に与えた影響は実のところ定かでない。それに対して、地域文化の差異を越えた布教活動を受容する側が、教典等を積極的に求めようとする場合には、事情は変わってくる。天台宗比叡山延暦寺第三世座主慈覚大師圓仁は、仏教の本来の教えを求めて唐へ渡り、ほぼ十年間にわたって当地を経めぐった。その成果として、教典その他各種の仏教関係の文物を日本へもたらしたが、それだけではなく、旅行の経緯を日記体で書き綴った『入唐求法巡礼行記』四巻によって大きな影響を与えた(36)。それは、この著作が日常的な生活感覚に根づいた形で記されていたためであろう。また中国の玄奘は、インドからもち帰った教典を、弟子たちとともに組織的に翻訳したことで知られるが、彼の場合にもそれだけではなく、旅行記である『大唐西域記』、および、それをもとにしてのちに(一五七〇年頃)創作された『西遊記』が与えた影響が重要である。このように、教典をめぐる少数の実例を見てもわかるように、教団の思想の越境においては、その動機によってかなり結果に差が現れる。その差は、正しく思想が伝えられるかどうかという点だけを見るのではなく、宗教文化という広がりの中でとらえられることによって、はじめて実態が見えてくるのではないかと思われる。

　キリスト教のように、教団側の強い意志とそれなりの戦略によって宣教が行われる場合にも、結果がどのような形になるかは、主体的意図とは別に、宣教の目的地である地域の状況によって決定される。土肥昭夫は、H・リーツマンの著作から示唆を受けて、「地域教会史」という見方を提示した。これは、キリスト教会の展開を地域との関係の中でとらえようとするもので、具体的には、ある地域にキリスト教が導入されたとき、導入されたのはどの地域のキリスト教で、どのようにして伝達されたのか、またそれを受けとる地域では、どのような人々がどのように理解し、どのような組織を作っていったのか、さらにまた、それは別の地域にどのように伝達されていったのかを明らかにしようとしたのである。「キリスト教ないし教会の自己同一性と地域性の交錯した地域教会史には、人文科学、社会科学を駆使し、これに神学的な検討を加えた研究が必要になる」と土肥は述べているが、これは適切な指摘であろう。(37) 宣教を当然の使命と考え、またそれを支える世俗的権力を有していたキリスト教においてさえも、その過程は、地域文化との対応の中で、ジグザグの歩みをとらざるをえなかったからである。そうした歩みを続けながら教団のアイデンティティを保持するためには、結局、組織による統合の形成に向かわざるをえなかった。ローマ・カトリック教会は、ローマ教皇と教皇庁によって統合がなされているが、プロテスタント諸教会の場合には、同じような組織は存在しない。そこでプロテスタント諸教会でも何らかの国際的統合組織が求められ、十九世紀から二十世紀にかけて「世界教会運動」(Ecumenical Movement)が起こされた。その結果、一九四八年に「世界教会協議会」(WCC)が設立され、やがてカトリック教会もこれに協力するようになった。これは個別的なものを統合する運動であったが、やがてこれもまた逆に地域化していくことになり、現場に即した組織になるとともに、統合力は弱まっていった。日本にかかわるところで言えば、「アジア・キリスト教協議会」(CCA)、「日本キリスト教協議会」(NCC)が設立される。(38) キリスト教において典型を見出すことができるこうした教団の動向は、布教形態を異にするイスラームにおいても、ほぼ同じような形で現れる。(39) 比較的新しい宗教集団も、地域を越えて自己展開を図るにあたっては、多かれ少なかれ類似した道をたどる。グローバリゼーションが進む現代にあっては、宗教運動の志向に見られる共通性も今後ますます進んでいくと思われる。

宗教文化の越境を考える際に注目しなければならないことは、繰り返し働く地域化の動機によって、教団およびその活動に何が起こるのかということである。そこでは、最初の宣教・布教の意図を越えて、また、諸教団の折衝にかかわる予想を越えて、地域に根差した民俗文化の影響が加わり、それら全体が総合的に新しい宗教文化として現れる。こうした現象は、従来キリスト教の事例を中心として、“adaptation”(適応)、“accommodation”

（適合）、“indigenization”（土着化）、“contextualization”（文脈化）、“inculturation”（文化内開花）等の言葉を用いて論じられてきた。しかしここでも、術語の使用にはそれぞれの動機とねらいがあり、これらのうちのどれかを採用して、一般的に論じるわけにはいかない。しかしそれにもかかわらず、これらの術語で表現される事態の中には、宗教文化の新たな変容に対する一種の期待がうかがわれるのではないだろうか。そこでは、ある教団が一方的に宣教を行っているように見えても、実は受容する側から民俗文化に基づく揺り戻しが起こり、結果的には、まさに静かな「越境」が実現しているのである。しかしその越境の具体的な様相は、術語の多様性が示すように多様であるので、ひとつひとつの事例に即して明らかにされていかなければならない。

純粋な宣教・布教とは別の形で、比較的広く見られる宗教文化の越境の事例として、移民の宗教の場合があげられる。[40]ここでは挑戦的な宣教・布教よりもむしろ、移民に同伴して異なる地域文化の中に赴き、彼らの心を支えて、移民生活の困難を和らげる働きが教団の任務となっている。したがってそれぞれの教団は、さしあたり共通した社会的要請に応えねばならず、相互の競合関係は、ときには協力関係にとって代わられる。そうした活動を通して諸教団の間に消長が生じ、ある教団は移動した地域で新たにメンバーを獲得する。しかしそのときには、当初の教団に大きな変化が生じることも珍しくない。[41]移民の宗教ではなく、宣教師・布教師による教団活動の場合であっても、地域民俗文化が根強く、政治的・経済的状況がそれを下支えしつつ、外来文化に抵抗するならば、新しい宗教文化の誕生につながる。統合志向をもつ包括的教団であるがゆえに、変化の波を受けることが少ないとは言えない。中南米のフォーク・カトリシズム等を見ると、カトリック教会のような堅固で大規模な教団であっても、長い年月の間には、大きな変化が生じることがわかる。この場合にはまだ、カトリック教会が地域民俗文化を包摂する形にとどまっているが、その外枠自体が不明瞭になることもある。例えば、コンゴ民主共和国にあって、キリスト教と密接な関係をもちつつかなり多数の信者を獲得したキンバンギズム（Kimbanguism）は、本質的には明らかにキリスト教系「新宗教」と考えられる。これは、一九二〇年代にS・キンバングによって創始され、一九五〇年代から公認の教団となった。元来外来のバプティスト派を母体とするが、地域に根差しつつ、メシア運動として展開した。今のところ他の地域へは進出していないようであるが、メディアによる報道のされ方を見ると、地元では、既存のキリスト教会との境目はあまりはっきりしないのではないかと思われる。これは、世界基督教統一神霊協会等とともに、キリスト教信者数の統計をとろうとするものを悩ませている。

四　結　語

以上の考察から明らかなように、宗教学・宗教史学において、「宗教文化」という言葉が使用されるようになった背景には、それなりの必然的動機が働いている。神道のような社会的伝統を表現するのに、「宗教」という言葉はいまひとつぴったりしないので、むしろ「宗教文化」の方がよいという意識的な選択もあるが、無意識のうちにいつのまにか宗教文化という言い方を多用している場合もある。確かに宗教文化には同語反復的な響きもあるが、見方を変えれば、宗教とも文化とも割り切れないものを、これによって微妙に表現しようとしているとも言えよう。近年これが多用されるようになったということは、宗教概念をもって説明されてきた現実が、非常に多様になってきたことを意味するのではないだろうか。説明理論を組み立てるにあたっては、できるだけ事実に適合する術語を探さなければならないが、そのような術語が常に見つかるとはかぎらない。むしろ厳密に考えれば、見つからないのが常であり、多かれ少なかれ近似的なものに落ち着かざるをえない。しかも現代では、状況は流動的であるから、この傾向は一段と明らかである。術語が揺れ動くことによって、事柄があいまいになるのは望ましくないが、特定の術語に固執することによって、特定の社会的影響力をもつ言説が構成されることもある。そういう意味で、術語はたえず「はざま」の事実をすくいあげる柔軟性をもたなければならず、そのためには、ときには術語を補完する術語が必要になる。宗教文化という概念は必ずしも熟したものではないが、そうした方向へ向かう役割が期待されている。したがってここにさらに「越境」という言葉を付け加えることにも、さほどの違和感はないであろう。合成により拡張された意味合いをもつようになった「宗教文化」に、動的ニュアンスをもつ「越境」が付け加わることによって、たえず新たに変化していく現代の様相を一層具体的にとらえることができるであろう。

宗教文化越境論の要諦は、(一)複数の宗教運動のとらえ方が結果的には双方向的になることであるが、(二)運動の結果を特定教団の視点に基づいて安易にプラスやマイナスに評価しないことでもある。ただし、公共的視点からの社会的評価は、もとよりそれとは別に考えなければならない。(一)は越境という言葉に直接的には含まれていない意味であるが、たとい運動に対して完全に受身であっても、それはそれなりの宗教的行動にほかならないとする考え方である。宗教運動は、教理・教説を表に出し、言葉によって働きかける場合であっても、実際に地域に浸透するためには、日常生活の微細なひだを媒介とせざるをえない。働きかけが何の痕跡も残さないように見えても、時間の経過とともに思わぬ影響が浮かび上がることもあるし、働きかけた側においても、宣教・伝道等の経験が無意識のうちに自らの心に沈殿することがないとは言えない。したがって(二)のように、運動の結果を評価するにあたっては、特定教団の視点から一旦離れてみる必要が生じる。宣教・布教の結果が数値のうえでプラスに現れれば、その運動は当然注目に値することになるし、そうでない場合にも、なぜそうなったかについての分析が重要である。そこには、目に見えない形で特定の宗教的要因が働いている可能性もあるからである。もしそうであるとすれば、それもまさしく宗教文化の越境である。宗教運動の結果が地域社会にとって公共的にプラスではなく、何らかの意味でマイナスの形で現れた場合についても、同様に考えなければならない。マイナスの結果が誘因となって社会にある種の変化が生じたとすれば、それもまた、地域における宗教文化の越境の問題になる。実際総合的に見ると、しばしば小さな変化が大きな変化につながりうるのである。

越境する地域が近接していると、働く要因は微分される。例えば日本と韓国の場合、過去の歴史的経緯からして、単なる地域文化の問題だけでなく、国家や民族の問題も介在してくる。一般に宗教運動には、これらの要因が微妙に反映することが多い。宗教的活動は、国策による民族慰撫の手段ともなりうるし、反面、政治的抵抗運動の梃子にもなりうるからである。またこの地域における宗教文化の越境は、すでに別な地域で展開を遂げた既成教団・既成教派が宣教・布教を行い、それが一旦受容された後に、再び宣教・布教に転じるという事例を数多く含んでいる。つまりこれらは、二次的・三次的な宣教・布教活動なのである。しかも地域が受容する仕方は一様ではなく、民俗宗教的要因が加わっていく度合いにも差があるし、ときには、新宗教のカテゴリーに入れた方がよいと思われる現象も生じている。当然反社会的活動もないわけではないが、「反社会的」という概念は、あくまで特定の社会的コンテクストを前提とするものであるから、そのコンテクスト自体をどう評価するかは、また別の問題である。特にナショナリズムが関係する事例の場合には、「反社会性」のレッテルの使用にあたって、慎重な判断が求められるであろう。日本と韓国では、外来の既成教団として考えなければならないのは、主として仏教とキリスト教であり、新宗教運動にも、仏教系・キリスト教系のものが多い。しかしながら、儒教もまた隠然たる影響力を保持しており、宗教文化というくくりでものを考えるさいには、無視するわけにはいかない。

そういうわけで、日韓宗教文化の越境は、単に隣接する地域における宗教集団の相互関係という文化的問題にとどまらず、これら両国が経験してきた過去の歴史を反映する政治的・経済的問題でもある。さらに、文化の面だけに目をとめても、この越境の背後には、欧米文化や中国文化の動向が見え隠れする。いずれにしても、単純に割り切れない錯綜した現実に、「宗教文化の越境」という見方の大きな網をかけて、何がしかの認識をつかみとろうとするときには、思い込みと価値判断を最後まで保留し、まずあれこれの事実の綾を把握するように努めなければならないであろう。さしあたり必要なことは、変化する状況の中で、ひとつひとつの事実を確認しつつ、そのつながりの幅を見きわめ、宗教と文化をめぐる新しい概念と理論を構築していくことであろう。正しい宗教と誤った宗教の識別とか、正統と異端の判断とかを公共的場面で性急に下すことは、近代以後の社会には本質的になじまない。そのような判断は、少なくとも研究の場ではさし控えられるのが良識であり、もし必要であれば、最終的に個人の責任においてなされるべきであろう。

（1）Tomoko Masuzawa, "Culture," in Mark C. Taylor (ed.), *Critical Terms for Religious Studies*, Chicago, 1998, p.70. 増澤知子「文化」、M・C・テイラー編、奥山倫明監訳『宗教学必須用語二二』刀水書房、二〇〇八年、四八〇頁（葛西賢太訳）。
（2）*ibid.*, p.71. 同訳書、四八二頁。
（3）Edward Burnett Tylor, *Primitive Culture: Researches into Development of Mythology, Philosophy, Religion, Language, Art, and Custom*, London, 1871, *idem, The Origins of Culture*, New York, 1958, p.1（ペーパーバック版。書名が変更されている）。E・B・タイラー著、比屋根安定訳『原始文化』誠信書房、一九六二年、一頁。この翻訳はきわめて不正確な抄訳であるので、引用にあたっては、すべて原文から訳しなおす必要があることを確認しておかなければならない。
（4）Bronislaw Malinowski, *A Scientific Theory of Culture*, North Carolina, 1944. B・マリノフスキー著、姫岡勤・上子武次訳『文化の科学的理論』岩波書店、一九五八年、四二頁。
（5）*ibid.* 同訳書、一六六頁。
（6）Clifford Geertz, *The Interpretation of Cultures*, New York, 1973, p.5. C・ギアーツ著、吉田禎吾・柳川啓一・中牧弘允・板橋作美訳『文化の解釈学』一、岩波書店、一九八七年、六頁。
（7）ギアーツはこの「脈絡」という言葉を次のように説明する——「解釈できる記号（signs）の互いに絡み合った体系（領域によって異なる用語を無視すれば、私が象徴と呼ぶものにあたる）として、文化は力（power）ではなく、社会事象・行動・制度・過程などの原因とされるようなものではない。それは脈絡であり、そのなかで社会事象・行動・制度・過程などが理解できるように——つまり厚く(thickly)——表現されているものなのである」(*ibid.*, p.14. 同訳書、二四頁(訳文は前掲の邦訳と同じではない))。ここでギアーツは、G・ライルの「厚い表現」(thick description)という言い方を援用している。

(8) Wilfred Cantwell Smith, *The Meaning and End of Religion*, New York, 1962, Renewed Minneapolis, 1991 (Foreword by John Hick).

(9) *ibid.*, p.vii (Foreword).

(10) Talal Asad, "Reading a Modern Classic: W. C. Smith's 'The Meaning and End of Religion,'" in Hent de Vries / Samuel Weber (eds.), *Religion and Media*, California, 2001. T・アサド著、中村圭志訳「比較宗教学の古典を読む——W・C・スミス『宗教の意味と目的』」磯前順一、T・アサド編『宗教を語りなおす——近代的カテゴリーの再考』みすず書房、二〇〇六年、二四—五〇頁。

(11) 同前『宗教を語りなおす』二八—二九頁。

(12) 同書、二四—二五頁。

(13) 同書、三六頁。

(14) Talal Asad, *Genealogies of Religion: Discipline and Reasons of Power in Christianity and Islam*, Baltimore, 1993. T・アサド著、中村圭志訳『宗教の系譜——キリスト教とイスラムにおける権力の根拠と訓練』岩波書店、二〇〇四年。

(15) *ibid.*, p.29. 同訳書、三四頁。

(16) C. Geertz, *op. cit.*, p.90. 同訳書I、一五〇—一五一頁。

(17) *ibid.*, p.125. 同訳書、二〇八頁。

(18) T. Asad, *op. cit.*, p.53. 同訳書、五七頁。

(19) *ibid.*, p.53. 同訳書、五八頁。

(20) *ibid.*, p.1. 同訳書、一頁。

(21) *ibid.*, p.7-9. 同訳書、九—一一頁。

(22) 翻訳語として「宗教」が導入された経緯、および、この言説が日本社会で果たした役割については、磯前順一『近代日本の宗教言説とその系譜——宗教・国家・神道』岩波書店、二〇〇三年、特に一三頁と三八頁。

(23) 文部省調査局宗務課編『宗教の定義をめぐる諸問題』文部省、一九六一年。

(24)　岸本英夫『宗教学』大明堂、一九六一年、一七―一八頁。
(25)　Helmut Richard Niebuhr, *Christ and Culture*, New York, 1951, 2001. H・R・ニーバー著、赤城泰訳『キリストと文化』日本基督教団出版局、一九六七年。
(26)　ニーバーの次のような発言がそのことを表している――「しかしながら、キリストと文化の問題に対して比較的包括的で知解可能な解答を叙述するわれわれの能力がどのようなものであっても、それらの解答はすべて、「汝かしこまで進み行くべし、されどそれを越ゆべからず」と命じる一つの道徳的命令において自己の限界に行きあたるのである。しかも、ある意味においてわれわれはさらに進んで、一つの結論に到達しなければならない。その前進の歩みは理解の面において踏み出されるものでなく、その結論は理論的な洞察や展望の領域において到達されうるものではない。それらはむしろ、考慮から行動へ、洞察から決断へ、という連動において企てられかつ到達されるのである」(*ibid.*, p.232. 同訳書、三五九頁)。
(27)　*ibid.*, p.39. 同訳書、六七頁。
(28)　Terry Eagleton, *The Idea of Culture*, London, 2000. T・イーグルトン著、大橋洋一訳『文化とは何か』松柏社、二〇〇六年。
(29)　イーグルトンの論旨は入り組んでいるが、それなりに明快である――「事実はどうか。わたしたちは自然と文化のはざまに生きている――精神分析的には、このはざまは、きわめて興味深いものだが――それが問題なのである。文化はわたしたちの自然(本性)ではない。文化はわたしたちの自然(本性)の一部であって、それがわたしたちの生き方をむつかしくしている。文化はたんに自然にとってかわっているのではない。そうではなくて、文化は自然を補足する。つまり必要なものであると同時に余剰なものとして。わたしたちは文化的存在として生まれてはいないが、かといって、自己充足的な自然的存在として生まれてもいない。わたしたちは、もし生き延びてゆくのなら、文化を絶対に必要とするような、よるべのない無力の肉体的自然をたずさえる存在として生まれているのだ。文化は、わたしたちの自然の核心において空白を埋める『補足物』である。わたしたちの物質的欲求は、文化的な屈折をうけることになる」(*ibid.*, p.99. 同訳書、二三九頁)。
(30)　吉満義彦『文化と宗教の理念』(吉満義彦著作集1)、みすず書房、一九四七年。
(31)　Paul Tillich, *Theology of Culture*, New York, 1951, p.42. P・ティリッヒ著、茂洋訳『文化の神学』新教出版社、一九六八年、六三頁。
(32)　ティリッヒはこの命題に続けて、次のように述べている――「かかる考察は、宗教と文化との二元論の設定を完全に阻止することとなる。いかなる宗教的活動も、制度化された宗教内におけるもののみならず、魂の最も深い働きにおいてもすべて、文化的に形造られるのである」。

(33) 日本におけるこのような宗教文化越境論の先駆的試みとしては、中牧弘允編『神々の相克——文化接触と土着主義』新泉社、一九八二年がある。

(34) 第二次世界大戦のころ、当時の熱河省承徳を中心として中国大陸に、現地の言葉でキリスト教を伝道しようとした日本人の体験が、記録として残されている。伝道の初めには、日本人の立場は欧米宣教師と類似したものであったが、やがてそれは大きく変わっていく。今日これをどう評価するかについては、いろいろな見方があるであろう。この種の試みを手放しで礼賛する時代は過ぎ去った。飯沼二郎編『熱河宣教の記録』未来社、一九六五年。

(35) 比較的対立の構図が少ない仏教においても、相手を受けいれる教化方法である「摂受」とともに、相手を破折し伏する教化方法である「折伏」が説かれる。日本仏教では、日蓮が折伏を強調したところから、創価学会がこれを実行に移した。戸田城聖監修・創価学会教学部編纂『折伏教典』創価学会、一九五一年、校訂再版、一九五八年。

(36) 圓仁著、深谷憲一訳『入唐求法巡礼行記』中公文庫、一九九〇年。これには付録として、「入唐新求聖教目録」が付されており、圓仁がもたらした教典等の内容がわかるようになっている。

(37) 土肥昭夫『歴史の証言——日本プロテスタント・キリスト教史より』教文館、二〇〇四年、九—三七頁。

(38) 例えばアジア・キリスト教協議会設立の経緯については、山本俊正『アジア・エキュメニカル運動史』新教出版社、二〇〇七年が参考になる。

(39) 一九六二年にジュネーヴで創設された「イスラーム世界連盟」(ラービタ)、一九五二年に設立され、一九六八年に宗教法人として認可された「日本ムスリム協会」等は、若干性格を異にするが、類似した組織と言えるであろう。

(40) 日本人の移民と宗教の関係を広い視野から論じた開拓的な仕事としては、井上順孝『海を渡った日本宗教——移民社会の内と外』弘文堂、一九八五年、中牧弘允『新世界の日本宗教——日本の神々と異文明』平凡社、一九八六年がある。

(41) 日本人のハワイ移民、ブラジル移民と宗教との関係については、調査・研究の蓄積があり、それらを総合すると、移民にさいしての宗教文化の越境の実態が見えてくる。ハワイ移民と日系宗教との関係については、かつて東京大学宗教学研究室によって本格的な調査が行われ、一九七九年と一九八一年に報告書が出ている。柳川啓一・森岡清美編『ハワイ日系宗教の展開と現況——ハワイ日系人宗教調査中間報告書』一九七九年、『ハワイ日系人社会と日本宗教——ハワイ日系人宗教調査報告書』

一九八一年（いずれも非売品）。最近では、キリスト教を中心とした吉田亮による一連の研究がある。吉田亮『ハワイ日系二世とキリスト教移民教育——戦間期ハワイアンボードのアメリカ化教育活動』学術出版会、二〇〇八年。また、ブラジル移民と日系新宗教との関係については、渡辺雅子による研究がある。渡辺雅子『ブラジル日系新宗教の展開——異文化布教の課題と実践』東信堂、二〇〇一年。

第二章　伝播と受容の葛藤——日本におけるキリスト教の「宣教」

一　術語の動態——布教・伝道・宣教

前章で言及した宗教文化の越境の問題を、ここでは日本のキリスト教という具体的事例に即してさらに検討していきたい。日本語では、第一章でも述べたように、「布教」・「伝道」・「宣教」などの術語を用いて、宗教集団によるある種の活動を表現することが慣例となっている。これらの言葉の間には、用いる人や状況によって若干ニュアンスの相違が生じるようであるが、いざそれらを整理してそれぞれの術語の定義を試みようとしても、結局成功せず、使用者の判断にまかせざるをえないことになる。厳密な定義を求めれば、行きつくところは確かにそうなるとしても、実際の用例に照らしてみると、宗教集団の種類と状況に対応して、何となく大まかな傾向が浮かび上がってくる。しかも日本におけるキリスト教を考えるにあたっては、それぞれの傾向に何がしかの意図があるようにも思われるので、はじめにそのことにふれておきたい。ただしキリスト教の場合、これら三つの言葉はいずれにせよ翻訳語であることを、たえず意識しておく必要がある。

『日本国語大辞典』第二版、小学館、二〇〇一年にあげられている出典を見るかぎり、「布教」・「伝道」・「宣教」のうち、出典が最も古いのは「伝道」で、十三世紀の文献にすでに現れている(1)。それに対して「布教」・「宣教」が用いられ始めた時期はほぼ同じで、いずれも十九世紀以降である。元来の意味は三つともさほど異ならず、宗教の教理・教義を伝え広めることである。しかし中には、宗教の教えというよりも、広く思想・精神の意味で用いられた例もないわけではない(2)。開祖・教祖や明確な教理の体系をもたない宗教集団には、これらの言葉はあまりなじまない。したがって、民俗宗教などにはあてはまらないことになる。日本の場合、これらの言葉が用いられるのは、主として外来宗教に対してである。仏教の場合、「布教」が用いられることが多いが、「伝道」もしばしば見られる。布教にあたって相手に働きかける姿勢の相違が、「摂受」と「折伏」によって表されることもある。前者は、「衆生の善を受け入れ、収めとって導くこと」であるが、後者は、「悪人・悪法を打ち砕き、迷いを覚まさせること」であり、「破邪」とも言われる。いずれも仏典に由来するが、「折伏」という教化方法は特に日蓮によって重視されたため、日蓮宗系の新宗教では、これが布教のやり方となった。イスラームは日本ではあまり広がっていないが、必要に応じて「布教」という言葉を用いるようである。民族集団と合致したイスラームには、仏教やキリスト教にみられるような「布教」概念はそもそも存在しなかったが、十九世紀以降キリスト教の影響によって、「布教師」にあたる職能が見られるようになったと言われている。

結局、これらの術語が最も自覚的に用いられてきたのは、キリスト教においてなのである。そこでは三つの術語すべてが用いられてきたが、現代では微妙なニュアンスの相違が考えられている場合もある。それらは通常、英語で言えば“mission”の翻訳語であるが、時には“proclamation”もしくは“evangelism”の翻訳語となることもある。“proclamation”は、キリスト教用語としてはギリシア語の「ケーリュグマ」(*κήρυγμα*、このギリシア語の元来の意味は〝宣教〟であるが、現代神学では、新約諸文書に内的統一性を与えている核のようなものをさす）の英訳であり、行動よりも教説の中心的内容を示唆し、「宣教」という日本語と結びつく。それに対して“evangelism”はむしろ行動の意味に近く、「伝道」と訳されることが多い。“mission”は基本的には「派遣」を意味するが、時に「使命」と訳されることもある。それは、福音書の中に、イエスが弟子たちを世界に「派遣」する記事があり、この個所がキリスト教的な“mission”概念の根拠になっているわけであるが、こうした活動はキリスト教徒たるものの「使命」であると考えられたためである。[3]「折伏」とまでは言わないまでも、キリスト教の布教・伝道・宣教には、相手を改宗させるという意味が含まれており、無教会主義の集会を除けば、改宗者は「洗礼」を受けるという行為を通して、自らの信仰を公けに告白しなければならない。そこに付きまとう力による強制というニュアンスを和らげることが、近代の“mission”の課題となった。しかし、罪の中にある者たち、滅びに向かう者たちに救いの恩恵を宣べ伝えるというキリスト教の基本姿勢は、言葉を変えてみても、どうしても残ってしまうように見える。

「布教」は仏教やイスラームでも用いられるわけであるから、キリスト教でもこれを自らの公式の術語として定着させればよいように思われるが、実際にはそうはならない。公式の用法としては、ローマ教皇庁の行政機関（Congregatio de Propaganda Fide）が「布教聖省」と訳されている程度である。自らを他の宗教集団から峻別しようとするキリスト教徒の意識がここにも現れているのであろうか。さらにプロテスタント教会においてはいつのまにか、「伝道」という言葉が、他の二つの翻訳語とはやや異なる意味合いを帯びてきたように見える。そこでは「伝道師」は、まだ正式の「牧師」として認められていない段階の聖職志願者を指しており、また「伝道所」は、自立した本来の「教会」にまで育っていない信徒の集まりの場所の呼称である。ここでは、「伝道」の対象となる人々を、未成熟なものとして信徒から区別する意識が現れているのかもしれない。こうした考え方に立てば、伝道の成否は、獲得した信徒の数如何によって計られることになる。実際かつてのプロテスタント「伝道集会」は、最後の決心者の数を成果として誇りにしていた。しかし宗教集団の共生を目指す現代の風潮に伴って、キリスト教でもこのような考え方は、少なくとも表面上は次第に退き、キリスト教以外の人々とも協働して、この世のための神の働きに参画することが重視されるようになった。「伝道」という言葉は依然として用いられているが、国内的・国際的共同活動に携わる組織の名称のためには、どちらかと言えば、「宣教」という言葉が選ばれることが多くなってきた。このように、欧米語がもとになっている場合でも、必ずしもその元来の意味に対応しないところには、日本独特の事情が反映しているのであろう。(4)

ところで、布教・伝道・宣教などと呼ばれてきた宗教活動は、改宗のような信徒同士もしくは宗教集団同士の折衝を意味するだけではなく、一般に政治・経済・文化などの問題にも微妙に関わってくる。宗教活動が政治を動かしたり、地域間の通商に影響を及ぼしたりすることもあるが、宗教自体が文化現象であることからして、何よりも宗教活動と文化の越境が深く関わっている。事実ある宗教集団の布教がきっかけとなって文化の越境が起こり、それが政治や経済に影響を及ぼしていくという場合が少なくない。特に戦争の時代にあっては、いろいろな国策との関連で、この種の宗教活動が注目を集めてきた。例えば、アジア・太平洋戦争末期の日本の出版物には、そうした関心が反映されている。一九四四(昭和一九)年に財団法人・民俗学協会調査部により千部限定で出版された『傳道と民族政策——大東亜圏の基督教傳道』によれば、そのあたりの問題状況をうかがい知ることができる。(5)この調査は、「基督教団の人間救済意図を無視することが偏狭である如く、傳道とこの東侵勢力との提携を看過することも亦事実の真相を蔽ふものである」という認識のうえに立ち、「大東亜諸民族に対する指導、懐柔の方途として基督教の有した深刻機微なる役割」を究明することを目指す。その結果、伝道にさいしては、必ず既存の宗教と新来の宗教との間に戦いがあること、そこでは文化闘争を通じて執拗な抵抗が起こり、新来の宗教は、受けいれられたとしても、形態や内容を異にするものとならざるをえないこと、要するに伝道という活動は、精神的なもののみならず、非常に広い事象に関わることが明らかにされる(6)。こうした現象は、もはや宗教の越境もしくは文化の越境としてよりも、総合的に宗教文化の越境としてとらえられるべきものであろう。

さらに、その前年である一九四三(昭和一八)年に出版された小林珍雄『布教と文化』は、大東亜共栄圏諸地域におけるカトリック事情を述べ、そこに見られる諸問題を指摘しようとしたものである(7)。著者の基本的意図は、カトリック教会の布教と当時の日本の国策とを重ね合わせて、大東亜共栄圏の建設を正当化し、それがとるべき方向を示唆することであった――「我が国の目下総力をあげて戦ひ且つ建設しつつある大東亜共栄圏の問題が、思想の方面から見れば、結局一つの冠絶した精神と真理との宇内に向かっての宣揚に外ならない限り、同じ世界の涯まで福音を宣べ宗教を布かんと努力しつつあるカトリック布教と、その精神に於いて一脈相通ずるものがある筈であり、又布教の方法と組織に於いても、必ずや他山の石とするに足るものがなければならない(8)」。特に「布教の法王」と呼ばれたピウス一一世(一九二二—三九年)の事績が紹介され、「布教学」の発達に伴って、「布教博覧会」が開催され(一九二五年、ローマ)、「布教博物館」が建設されたこと(一九二六年、ローマ)などが指摘される。つまり著者によれば、カトリック教会の布教は、布教地の文化に深く永続的な影響を与えるのであり、この点の指摘は、先に引用した調査報告とも重なり合う(9)。その影響が及ぶ現実的範囲も具体的に記されている。それはまず、土地耕作・植林・工業・漁業など産業の振興から始まり、印刷術の発達、自然科学・地理学・言語学・民俗学などの研究促進に及ぶ。自然科学の中では、天文学・気象学・博物学などの成果が著しい。しかし、布教と関係の深い学術として特記すべきは医学であった。これには、病院・児童や老人のための福祉施設の建設、衛生思想の普及などが伴っている。確かに、日本文化におけるキリスト教の影響を見ても、教育事業特に女子教育に関わるプロテスタント諸教会の貢献は決して小さくはない。それについてはいろいろと考えるべき問題があるが、独立に論じた方がよい事柄であるので、後の章であらためてとりあげることにする。

　小林珍雄がカトリック教会の翻訳語で「布教学」と言ったものは、今日プロテスタント諸教会では通常「宣教学」と呼ばれ、これが"missiology"の訳語とされている。"missiology"は実践神学の一部であるが、必ずしもその枠に納まるものではない。カトリック教会では、前述のように、布教学が広く諸学問に関わる形で展開されており、プロテスタント諸教会の宣教学でも、同様な方向が追求されている。いずれにしても、これは単なる異教徒説得術ではなく、この世の現実的諸問題に対するキリスト教の貢献の可能性を考えるものであり、ある意味では、キリスト教神学全体が目指すべき機能と結びついたものと言える。[10] 十六世紀にまでさかのぼるカトリック教会の布教学の長い展開過程に対して、プロテスタント諸教会の宣教学は、どちらかと言えば、二十世紀になってから形をなしてきたものである。すなわち、一九四八(昭和二三)年に「世界教会協議会」(World Council of Churches＝ＷＣＣ)が創立され、同じ年に「日本キリスト教協議会」(National Christian Council in Japan＝ＮＣＣ)も設立されて、「世界教会運動」(Ecumenical Movement)が展開されることになり、これがプロテスタント的宣教学の出発点となった。その後カトリック教会も、第二ヴァティカン公会議(一九六二―六五年)を通してそれに接近したが、今日カトリック教会と世界教会協議会との関係は微妙である。さらに、世界教会運動を中心とする宣教理解は、当初から広い視野に基づいてこの世の現実に向かうものであったが、日本のプロテスタント的宣教学は、こうした路線に対する反発のゆえか、いつのまにか「説教学」に力点をおくものになりつつあるように見える。ここには、日本のキリスト教特にプロテスタント諸教会の抜きがたい体質である言葉や理論へのこだわりが現れているように思われるが、これも問題の指摘だけにとどめておく。

二 近代日本におけるキリスト教の伝来とその受容

日本におけるキリスト教の布教・伝道・宣教を考えるにあたっては、どのような方法でこのテーマを扱うかが問題となる。そこでこのたびは、ひとつ中心となる視点を定めて、そこから過去と未来を展望し、問題を整理していくという方法をとることにしたい。二〇〇九(平成二一)年に、日本のプロテスタント諸教会では、日本プロテスタント宣教一五〇年を記念するプロジェクトが立ちあげられた。ところが、ここにはいろいろと問題が現れているので、これを視点として日本のキリスト教の根本的性格をふりかえりつつ、こうしたプロジェクトが立ち現れた背景を考えてみることにする。(11) 「日本プロテスタント宣教一五〇年」という言い方は、日米修好通商条約に基づいて、一八五九(安政六)年に、アメリカ聖公会、アメリカ長老教会、アメリカ・オランダ改革派教会の宣教師たちが来日したことを、日本プロテスタント宣教の開始と見なす理解に基づいている。しかしこれに対しては、強い反論が現れた。すなわち、B・ベッテルハイムによる琉球伝道は一八四六(弘化三)年に始まっており、そこから数えれば、二〇〇九(平成二一)年は「宣教一六三年」にほかならないことになる。「一六三年」ではなく「一五〇年」とするのは、「日本開国」を起点とするものの考え方の反映であり、沖縄を無視することにつながっているというわけである。このプロジェクトの中心になった団体は、いわゆる「福音派」(当事者による呼称は「純福音主義諸団体」)の連合組織である「日本福音同盟」(Japan Evangelical Association＝ＪＥＡ)であった。そこでは早速その抗議を「重く受けとめ」、「日本プロテスタント宣教一五〇周年」という名称を「日本プロテスタント宣教一五〇年」に変更した。しかしながら、抗議をした側はこの程度の修正では必ずしも納得しておらず、「総じてナンセンス」と受けとめているようである。ここには、外来宗教であるキリスト教が日本の国内政治との関係で抱えこまざるをえない困難な問題がひそんでおり、それがこのプロジェクトをきっかけとして顕在化したのである。[12]

そもそも日本のキリスト教はプロテスタントだけではない。歴史的には最も早くカトリック教会が宣教を行っているし、小規模ではあるが、日本ハリストス正教会もある。そのほか、日本独自のキリスト教的小集団も、ある面では、無視できない文化的影響力をもっている。さらに、日本社会とキリスト教の関係を考えるにあたっては、キリスト教を手がかりとして発生した新宗教に対しても、十分に考慮を払わなければならない。[13] それにもかかわらず、今日日本におけるキリスト教の宣教を語るためには、まずプロテスタントから始めなければならなかったのには、それなりのわけがある。かつてキリシタン禁止の高札撤去後に、日本社会へ活発に働きかけたのは、再建されたカトリック教会よりもむしろプロテスタント諸教会であった。カトリック宣教の中心となったパリ外国宣教会が、明治新政府と必ずしもうまくいかなかったということもあるようであるが、[14] 何よりもプロテスタント宣教師たちの手法が近代日本社会のニーズと合致していたという事実がその原因であった。アメリカ人を中心とするプロテスタント宣教師たちは、しばしば自ら医師や技術者であり、そうでないときにも、その種の人々をともなうことが多かった。またあるものは、教師として教育機関を作ることに情熱をもっていた。それに対してカトリック修道会は、どちらかと言えば、社会福祉事業に力を注いだ。近代日本は、性急に欧米先進文明特に技術をとりいれようとしていたので、キリスト教の教えの内容はともかく、プロテスタント宣教師の行う事業に強い関心を示した。かくして、日本文化への現実的影響力という点では、プロテスタント諸教会が主導権をもち続けたのである。

しかしながら、日本へ最初に伝来したキリスト教がカトリックであったという歴史的事実は確認しておかなければならない。教科書的解説によれば、日本へ初めてキリスト教を伝えたのはF・ザヴィエル（シャヴィエルまたはハビエルとも呼ばれる）であるとされている。彼は一五四九（天文一八）年に鹿児島に上陸し、一五五一（天文二〇）年まで鹿児島・平戸・山口で布教活動を行った。ザヴィエルを派遣したイエズス会（Societas Jesu＝ＳＪ）は、ロヨラのイグナティウスが中心となって一五四〇（天文九）年に正式に認可された男子修道会で、戦闘的な布教活動を特徴としていた。その積極性は、ポルトガルの植民政策と無関係ではないとしても、カトリック教会の歴史の中で目立っており、のちのプロテスタントの活発な宣教活動にも比すべきものであった。日本ではこれが鎖国政策によって阻まれ、弾圧されたことは、カトリック教会にとってまことに不運であったと言えよう。ザヴィエル以前にキリスト教が日本に伝来した形跡もないわけではないが、確証は存在しない。いずれにしても、それはカトリック教会の流れに属するものである。日本に伝えられて迫害されたカトリシズムは、隠れキリシタンの教えすなわちキリシタニズムとなって存続した。これは、日本におけるキリスト教の文化内変容の一例として理解されている。前述のように、一八七三（明治六）年になってキリシタン禁制の高札が撤去されたのちに、カトリシズムの再布教が行われたが、カトリック教会がますます世界的な統合組織として力を発揮する時代に向かいつつあったので、日本のカトリック教会も、まずはその大きな流れに従うことになった。日本カトリック教会は、一九九九（平成一一）年に「ザヴィエル渡来四五〇年祭」を、二〇〇六（平成一八）年には「ザヴィエル生誕五〇〇年祭」を挙行した。その間、日本社会への文化的貢献としては、最初期からの社会福祉事業に加えて、プロテスタントよりもやや遅れて始まった各種の教育事業や思想・文学への影響などが指摘されるであろう。しかしプロテスタント諸教会の場合とは異なり、日本カトリック教会による日本以外の地域への宣教活動・文化的働きかけはほとんど見られない[15]。カトリック教会・プロテスタント諸教会以外にも、世界的な組織につながるものとして日本ハリストス正教会があるが、その活動はあまり目立たない。さしあたり、一八六一（文久一）年にニコライ（これは本名ではない）によって宣教が開始されたこと、近年彼の大部な日記が翻訳・出版されたことを指摘するにとどめる。

そこであらためて、近代日本におけるプロテスタント宣教の問題に立ちかえるわけであるが、そのためにまず確認しておかなければならないのは、前述の「日本プロテスタント宣教一五〇年」のプロジェクトの中心になったのが福音派およびそれに準ずるグループであったという事実である。つまり、現時点でのプロテスタント諸教会の中で最も活発で結集力が強いのはこの信徒集団なのである。これは、世界的に見てもある程度共通した傾向であるが、現在日本におけるプロテスタントの宣教を語ることが決して単純な問題ではなくなったという事態を示唆している。福音派をいきなり「ファンダメンタリスト」と決めつけ、アメリカ合衆国のキリスト教保守主義と日本の福音派を直結させるわけにはいかないが、両者が無関係でないこともまた確かである。少なくとも日本のプロテスタントの歴史の中では、福音派が主流でないことは明らかであろう。しかし先のプロジェクトに見られるように、近年では、日本のプロテスタント諸教会のまとまった活動を考えるさいには、福音派の存在を無視するわけにはいかなくなりつつある。かつて日本のプロテスタント諸教会が初めて全体として大きな盛上りを見せたのは、一八八三(明治一六)年東京で開催された「第三回全国基督教信徒大親睦会」であった。小崎弘道によれば、そこでは「十年ならずして我国は基督教国となるであろう」という信念が共有されたのである。ところが、一九〇九(明治四二)年に開催された「宣教開始五〇年記念会」に対しては、当時からさまざまな疑問が提起されていた。アジア・太平洋戦争後には一時的なキリスト教ブームがあったが、それも一九五九(昭和三四)年の「宣教一〇〇年記念大会」になると、一万人の参加者を集めながらも、いまひとつ盛上りに欠けることになったようである。そうは言っても、これらの記念行事は一応プロテスタント諸教会の主流派によって企画・運営されたものであったが[16]、このたびの「一五〇年」においては、事情は異なっていた。記念行事の中心を、七月八日・九日にパシフィコ横浜で開催された「日本プロテスタント宣教一五〇周年記念大会」と見なせば、一応これはエキュメニカル派・福音派・聖霊派の共同開催であったが、エキュメニカル派(主流派)がひとつにまとまったとは考えにくい。延べ一万六〇〇〇人が参加したと言われているが、正確な数字はわからない。

ここに至るまでに福音派は、主流派とは別に、自らの歩みを着実に形づくってきた。アメリカ合衆国の超教派伝道団体である「ワールド・ビジョン」は、一九五九(昭和三四)年に「大阪クルセード」を、一九六一(昭和三六)年には「東京クリスチャンクルセード」を開催した。日本でもこれらを超教派の体制で受けいれたが、その大衆伝道の手法と政治的色彩に対しては、批判が相次いだ。そのため、一九六七(昭和四二)年にビリー・グラハム伝道協会主催により東京で開催された「ビリー・グラハム国際大会」は、同種の集会であったが、福音派のみがこれに協力する形になった。ところが、一九六〇年代の終りころから、日本のキリスト教界の状況は大きく変わり始める。この時期は、世界的に激しい変動の時代であり、「一九六八年問題」として最近いろいろと議論されているところである。日本のキリスト教界の動揺もそれと連動するもので、組織的安定を誇るカトリック教会すら例外ではありえなかった。そこでは、第二ヴァティカン公会議以後の状況がそれと重なり合うことになった。さまざまな出来事の分析は別の機会に譲るとして、さしあたり、動揺の結果として生じた日本のプロテスタント諸教会の大きな変化には注目しておかなければならない。それはひとことで言うならば、「福音派」に属する諸教派のめざましい発展である。それとは反対に、日本基督教協議会系の伝統的諸教派は、万博問題をめぐる神学的・政治的路線対立に基づく分裂のために、慢性的な教勢不振にあえぐことになった。この状況は今日に至るまで続いており、「日本プロテスタント宣教一五〇年」のプロジェクトは、現時点における福音派興隆の象徴であった。

キリスト教におけるこのような福音派台頭の原因を探っていくとき、これを諸宗教に見られるいわゆる「ファンダメンタリズム」の台頭と重ね合わせて考えることも可能であろう。もちろん福音派を一概にファンダメンタリズムという範疇でひとくくりにするわけにはいかないが、かつて「世俗化」と呼ばれた現代社会の特徴がその根底にあることは確かであろう。

そこで、このプロジェクトを生みだした福音派の活動のプロセスをもう少し詳しく見ておくことにする。一連のクルセードの時代を受けて、まさに問題の一九六八(昭和四三)年に、日本の福音派を代表する機関として「日本福音同盟」が結成された。これはその後、純福音主義諸団体の一致協力に大きな役割を果たしていく。まずこの機関が中心となって、一九七四(昭和四九)年に第一回日本伝道会議が京都で開催された。そこでは「日本をキリストへ」というスローガンが掲げられ、「京都宣言」が採択された。しかも同じ年にスイスのローザンヌで、同じく福音主義系の「世界伝道会議」が開催され、日本の福音派は、国際的な協力体制に支えられて歩むことになったのである。そこで採択された「ローザンヌ誓約」は、「伝道」とともに「社会的責任」の重要性を説き、政治的活動から距離をとる福音派の特質を保持しながらも、社会的趨勢に対する予防線を張った。その後、一九八二(昭和五七)年に京都で第二回日本伝道会議、一九九一(平成三)年塩原で第三回日本伝道会議、二〇〇〇(平成一二)年沖縄で第四回日本伝道会議が開かれ、それぞれ「宣言」が採択されている。そして二〇〇九(平成二一)年九月札幌コンベンションセンターで、第五回日本伝道会議が開催された。テーマは「危機の時代における宣教協力――もっと広くもっと深く」であり、二〇〇〇人以上が参加し、「札幌宣言」が採択された。これは「日本プロテスタント宣教一五〇年」記念行事のひとつでもあった。伝統的主流派も一応の協力体制を組んだとは言え、メンバーがこれに積極的に参加することはほとんどなかったのではないかと思われる。二〇一〇(平成二二)年は、一九一〇(明治四三)年に開催されたエディンバラ世界宣教会議の一〇〇周年にあたる。日本の伝統的主流派とも関係の深い国際的なエキュメニカル運動の出発点となったこの会議の一〇〇周年をきっかけとして、世界のプロテスタント諸教会がどう動くか、また日本の教会がそれにどう関わるかは注目に値する。これは本来伝統的主流派の課題であるが、福音派も独自に、南アフリカのケープタウンで、第三回ローザンヌ会議を計画した。二十一世紀も十年目を迎え、キリスト教をめぐる世界の情勢は急速に変わりつつあり、日本の諸宗教の中で小さな部分を占めるにすぎないキリスト教は、生き残りの成否をも含めて、そのあり方を問われている。

三　現代日本社会におけるキリスト教宣教の可能性——アジア社会とのかかわりの中で

日本のプロテスタント諸教会において、一九六〇年代に福音派が台頭してきた事情については先に述べたが、同じような変化が実は世界的傾向であった。ただしそうは言っても、ヨーロッパとアメリカ合衆国とでは多少状況が異なるし、アジアやアフリカと日本は、それぞれ独自の地域的な問題を抱えている。しかしグローバルに見て、現代のキリスト教界には、共通した方向が現れているのである。英国国教会の神学者A・マクグラスによれば、「未来のキリスト教の形を左右すると思われる四つの流れ」は、ローマ・カトリック、ペンテコスタリズム、福音派、東方正教会である。そして「主流のプロテスタントは、少なくとも今のままの形では、西洋では、二十一世紀には生き残ることはできないように思われる」とまで言われている。[17] これは警告的発言で、若干誇張があるにしても、大筋においては当たっているのではないかと思われる。そうであるとすれば、欧米のキリスト教に依存してきた日本のキリスト教も、同じような道をたどる可能性がある。現に一九七〇年代以降の日本のプロテスタント諸教会に見られる教勢の衰退は、その方向を示唆している。すでに一九七五年四月に、日本基督教団の信徒向け雑誌『信徒の友』に、「もはや日本のプロテスタントを代表する教派は、伝統的教派ではなく、福音派に移りつつあります」というある牧師の発言が載せられている。これは次第に現実となり、一九八三年の礼拝出席者数は、日本基督教団の五万五〇〇〇人に対して、福音派は一一万七〇〇〇人を数え、実に二倍以上になっている。[18] 一般に信徒数の統計というのは、教団から離れていった信徒の数を入れていないので、教会の現状を推し計る手がかりにはなりにくい。しかし、この礼拝出席者数は、教会活動の盛衰を直接反映しているので、こうした数字は、日本基督教団にとっては、かなり深刻な事態を表すものと言えよう。

マクグラスがあげる四つの流れのうち、日本では、福音派以外の成長についてはあまり目立っていない。しかしローマ・カトリック教会は、一九六〇年代にプロテスタント諸教会と共通した経験をしているにもかかわらず、少なくとも信徒数は減少していないし、教会活動に衰退の兆しは見られない。確かに聖職志願者は減っているが、これはまた別の問題であろう。ペンテコスタリズムは南アメリカやアフリカで活性化しているが、その影響は日本へはさほど及んでいない。また東方正教会は、欧米では移民との関係で存在感を発揮するが、日本では事情が異なる。したがって今日、日本のキリスト教で問題になるのは、やはりプロテスタント諸教会なかんずく福音派である。この状況は、後に述べるように、多少異なる形においてではあるが、韓国のキリスト教にも通じるところがある。しかし、広い視野からこれをとりあげるためにまず、伝統的主流派と福音派とのこうした対立の根底にあると考えられる近代文化特有の問題をおさえておかなければならない。

表面的な出来事からすれば、日本のプロテスタント諸教会の混乱は、一九七〇年大阪で開催された日本万国博覧会のもつ政治的意味合いをめぐって準備段階で教会内の意見が分かれ、キリスト教館の出展に反対する運動が繰り広げられたことに始まる。その結果、日本基督教団の中には、「社会派」と「教会派」の対立が生じ、これがその後長く尾を引くことになる。大ざっぱに言えば、この社会派が伝統的主流派と重なり、教会派が福音派的傾向と重なっていくのであるが、もちろんそれらの間には、単純な二分法では処理できない多様で微妙な主張が交錯している。むしろ本来見すえなければならない問題は、もっと根本的な動向であり、それは欧米の近代文化に端を発し、世界の多くの文化で共有されつつある思想的変容であろう。ヨーロッパ近代は、人間理性を重んずる啓蒙主義によってキリスト教信仰の一元化が動揺し、そこから広がる自由な雰囲気の中で科学・技術が展開していくという道をたどった。キリスト教界では、そうした新しい動向と従来の神学との調停を求めて、いわゆる自由主義神学が成立した。しかしこういう場合の常として、ここでも同時に、新しい動向と全面的に対決する形で、従来の立場を強調する保守的集団も現れた。日本へは、欧米留学経験者を中心に自由主義神学もしくはそれを意識した神学が流入し、それらに対して福音主義的リアクションも起こったが、知識人層に浸透した日本のキリスト教においては、全体としてやはり、近代精神を体現する自由主義神学の影響が強かった。しかし日本文化そのものには、自由主義神学を生みだす必然的動機はなく、近代化の進展とともに、欧米から文化現象の一環としてこれをとりいれたにすぎなかった。さらに自由主義神学を批判する弁証法神学の流れに関しても、受容の仕方は本質的に変わらなかった。結局すべてが未消化なままに、日本のキリスト教界は揺れ動いていったのである。そこには、強い主体的動機がないだけに、欧米のキリスト教の動きよりも、むしろキリスト教を越えた現代宗教全般に見られる特徴がいち早くすでに現れてきているように見える。

しかし最後にそれに言及するに先立って、日本のキリスト教界のこの現状を、アジアの隣接地域におけるキリスト教とのかかわりの中で、あらためてとらえなおしておこう。ここではアジア全体について論じる余裕はないので、一例として中国をとりあげ、日本とのかかわりを考えることによって、日本のキリスト教の特徴を明らかにしておきたい。中国へのキリスト教の伝来は、周知のように、七世紀のネストリウス派キリスト教すなわち景教の伝来にまでさかのぼるが、これと日本とのかかわりは各種伝説のレベルにとどまる。その後十三世紀にフランシスコ会の布教が行われたが、非漢民族の信徒が多く、やがて元王朝とともに衰退した。キリスト教の宣教が中国と日本の両者を巻きこむのは、やはり十六世紀末のイエズス会の活動以降のことであろう。そのイエズス会が十七—十八世紀に中国で惹きおこした典礼論争は、キリスト教宣教にあたって、アジア地域の伝統文化をどこまで許容するかという問題をめぐるものであり、後に浮かび上がってくる運動の伏線となるものであった。[19] しかし中国と日本に共通した問題点が顕在化してくるためには、プロテスタント宣教を待たなければならなかった。それは、一八〇七(文化四)年R・モリソンの中国渡来に始まるが、彼の宣教戦略の射程には、すでに日本が入っていた。その後の中国プロテスタント諸教会の展開は、前述の日本における歩みとは大分異なっていた。その個別的経緯については、ここでは省略せざるをえないが、現代に焦点を合わせて、比較すべき問題点だけを述べてみたいと思う。まず何と言っても、中華人民共和国の体制内で形成されたキリスト教の特徴に目を向ける必要がある。それは、二十世紀中ごろに起こった「三自運動」に最もよく現れている。「三自」とは「自治自養自伝」の略であるが、単なる中国教会自立運動ではなく、教会革新運動・反帝国主義運動・愛国運動であった。[20] そしてその根底には、一九二〇年代の「本色教会論」があった。「本色」とは、生まれながらの血筋・家柄・素性や土着のものを意味し、「本色教会」は英語では“indigenous church”と言われた。要するに、中国的な・中国人の教会を形成しようという主張である。その背景にあるのは当時の反キリスト教運動・新文化運動であり、強固なナショナリズムである。[21] 興味深いのは、この中国教会自立運動が実は世界教会運動と結合していたという事実である。[22] ただしそれは、中国教会自立運動のひとつの潮流すなわち合同型(中国教会の合同を目ざす型)についてのみ言えることで、もうひとつの潮流すなわち個別型(合同に反対する型)はその方向をとらなかった。中国プロテスタント諸教会のうち、いわゆる根本主義者たちすなわち福音派はこの個別型に属しており、三自運動には初めから加わらなかったのである。

ここから中国のキリスト教と日本のキリスト教との分岐点が見えてくるように思われる。最初はともに欧米のキリスト教会の布教戦略の一環として形成されてきた中日両国のキリスト教は、その後の過程においては、それぞれかなり異なった展開の軌跡を示している。何よりも異なるのは、キリスト教とナショナリズムとの関係であろう。中国へ伝来したキリスト教は、カトリック教会もプロテスタント諸教会も、中国ナショナリズムの強い抵抗に会い、それとの妥協・変質を余儀なくされる。三自運動・本色教会論などは、その傾向を典型的に表している。これを全面的に中華人民共和国の政治体制に帰するわけにはいかないであろう。それに対して、日本のキリスト教特にプロテスタント教会主流派に見られるのは、強い反ナショナリズム的傾向である。そのきっかけとなったのは、アジア・太平洋戦争にさいして、キリスト教会が日本のナショナリズムにとりこまれたという自己反省である。しかしこれに伴って実際には、プロテスタント教会主流派は、主体的に日本の文化へ目を向ける動機を失い、欧米のキリスト教に伴う文化をそのままとりいれるという従来からあった傾向をますます強め、日本社会から遊離していった。その結果、一九七〇年代以降、欧米で世界教会運動すなわち世界教会協議会を中心とする活動が衰微するにつれて、日本のプロテスタント教会主流派も、政治的色彩をもつ混乱に巻きこまれてしまったのである。そこから福音派が勃興してきたことは前述のとおりである。福音派はもともと社会問題から距離をとっており、ナショナリズムとの関係も慎重である。中国のプロテスタント主流派は世界教会運動と結びついていたが、それによって自らのナショナリズム志向を変更することはなかったので、欧米のプロテスタント主流派が衰微しても、ナショナリズムを梃子としてその影響を免れ、これまでのところでは、伝統的主流派に代わって福音派が台頭することもないように見える。ちなみに韓国では、中国の場合と同様に、キリスト教とナショナリズムとの結びつきは強く、この傾向は教派の別を越えて見られる。アジア・太平洋戦争中は、抗日運動にキリスト教が深く関わっていた。ただし韓国のキリスト教は、シャマニズム的文化伝統のゆえか、見方によっては全体として福音派的色彩を帯びており、この点では中国のキリスト教と異なり、また日本のキリスト教とも異なっている。このような性格をもった韓国のキリスト教が、アジアのキリスト教としては珍しく驚異的発展を遂げていることは、よく知られているところである。この現象は、福音派の世界的な成長と背景を共有していると思われる。

最後に、日本におけるキリスト教宣教を現代宗教一般の視点からふりかえりながら、今後の可能性について、簡単にふれておきたいと思う。日本の文化に接近する動機をもたず、ナショナリズムを嫌う日本のキリスト教特にプロテスタント主流派は、欧米のモデルにつき従う形で、信徒数減少の道をたどっていくと思われる。それに対して、カトリック教会はさほど変わらず、福音派諸教会は当分の間増加を続けるのではないかと予想される。これは世界的趨勢に沿っているのであるが、現実の形態は地域によって若干ニュアンスを異にしている。中国のキリスト教は、今後ますます欧米的伝統と結びついたキリスト教という色合いを脱却していくと考えられる。韓国のキリスト教は、欧米的色合いをある程度保持しながらも、今や逆に日本を含めて世界へ向かって宣教のわざを進めつつあるように見える。これまでの歴史において、かつては日本から諸外国へ向かうキリスト教宣教の試みもないわけではなかった[23]。しかしそれらはあまり実を結ばず、日本人移民に伴う日本宗教の働きのように、一定の成果を収めることはなかったと言えよう[24]。この点に関しては、事態は今後もあまり変わらないであろう。予想される表面的な現象の推移はおおよそこのようなものであるが、さらにこの現象にもう少し立ち入り、その底流にあるものにふれておく必要がある。問題の中心は、世界的に共通したプロテスタント主流派における信徒数減少の意味であり、また、中国の本色教会論等に見られるキリスト教の変質の意味である。ここに見られるのは、果たしてキリスト教消滅への歩みであろうか。それともキリスト教の新たな脱皮であろうか。現時点でこの問いに的確に応えることは難しい。しかしともかく、確立された組織・制度をもつ歴史的宗教集団としてのキリスト教は、今後もある程度の規模を保ちながら、当分の間存続するであろう。それは次第にグローバル化し、カトリック教会や福音派諸教会等のようにはっきりと目に見える形態をとることになる。しかしながら他方、プロテスタント諸教会やキリスト教諸団体の多くは、若干屈折した宗教的志向を抱きながら、限定された組織的宗教集団の枠を越えていく可能性をもっている。近年"inculturation"（「文化内開花」）と呼ばれるようになった現象、また、現代宗教学で「宗教」概念に代わるものとして措定されている「スピリチュアリティ」という概念は、この可能性に通じるのではないかと思われる。

日本のキリスト教において、「布教」や「伝道」よりもむしろ「宣教」という言葉が意識的に用いられるようになった背景には、広くキリスト教徒以外の人々とともにこの世の課題を担おうとする姿勢を重視する考え方があったことについては、はじめに指摘しておいた。こうした考え方は、意識的にせよ無意識的にせよ、近現代の世界のキリスト教を貫く通奏低音になっている。[25] それが日本では、こうした術語の使い分けとして現れたとも考えられよう。日本におけるキリスト教の宣教の問題を考えるにあたっては、統計的数字だけを判断材料にするのではなく、また、真偽・善悪を即断したがる教会内的な価値観を越えて、「宗教文化」のレベルでこれをとらえかえす視点が必要であろう。各地域間の状況の差異とともに、そこから見えてくる全体的趨勢を的確におさえることによって、「キリスト教の宣教と受容」というテーマは、近現代社会の文化を理解するための重要な手がかりとなりうるであろう。

（1）道元『正法眼蔵』第二十五（渓声山色）（一二三一―五三年）に次のように記されている――「阿耨菩提に伝道授業の仏祖おほし」。増谷文雄の現代語訳は「最高の智慧の授受については、仏祖の先例が多い」。

（2）夏目漱石『草枕』（一九〇六年）に、「布教」を用いて次のように記されている――「王維や淵明の境界を今の世に布教して広げやうと云う心掛も何もない」。

（3）「全世界に行って、すべての造られたものに福音を宣べ伝えなさい。信じて洗礼を受ける者は救われるが、信じない者は滅びの宣告を受ける」（マルコによる福音書一六・一五―一六）、「わたしは天と地の一切の権能を授かっている。だから、あなたがたは行って、すべての民をわたしの弟子にしなさい。彼らに父と子と聖霊の名によって洗礼を授け、あなたがたに命じておいたことをすべて守るように教えなさい。わたしは世の終りまで、いつもあなたがたと共にいる」(マタイによる福音書二八・一八—二〇)などのイエスの言葉伝承がその根拠とされている(日本語の聖書の引用はすべて新共同訳)。

(4) 最近プロテスタント教会では、このように術語が使い分けられている事態をふまえて、「社会活動としての「宣教」が「伝道」の上位概念となる逆転」を批判する論調も現れている。日本基督教団日本伝道一五〇年記念行事準備委員会編『キリストこそ我が救い——日本伝道一五〇年の歩み』日本キリスト教団出版局、二〇〇九年、六八頁(上田光正)。こうした近年の動向とは全く別のコンテクストで、かつて有賀鐵太郎は、「伝道」を「宣教」と言い換えることに対して疑問を表明していた。彼は、「教」よりも「道」を重んじたのである。有賀鐵太郎『歩みは光のうちに』記念版(非売品)、一九七七年、二一〇—二一九頁。「道」は、日本文化ではかなり広く共有されている価値であり、和辻哲郎の倫理学は、「道」のイメージを原型とする思考をはらんでいる。熊野純彦『和辻哲郎』岩波新書、二〇〇九年、一一一頁。このような文化的背景から考えると、「伝道」という言葉はまた別の意味を帯びてくる。

(5) 民族学協会調査部『傳道と民族政策——大東亜圏の基督教傳道』彰考書院、一九四四年(丸川仁夫担当)。

(6) 同書の「緒論」(六頁)には次のように記されているが、これは同書の内容をよく表している——「本書に於ては大東亜圏に於ける基督教傳道を中心としてこれらの問題を幾分たりとも究明叙述せんと試みたのであるが、既に古い時代から、その傳道は、戦争、政治工作、外交々渉、通商交通、文化伝播の問題と錯綜聯關して行はれてゐる。究極の目的は人間信仰の變革にあり、新信徒の獲得にあったとしても、それの行はれる動機・手段は決して單純でない。のみならず、その目標も、直接に傳道にたづさわる宣教者或は教團にあっては他意なく熱心に追求されたとしても、彼等を現實に動かす力は更に別個に存在することが多いのであり、從つてこの目的が他のために利用されることも少くないのである。卽ち屢々、本質的には宗教に甚だ冷淡な為政者、權力者によって傳道がその政策の具に利用されさえする。よし直接傳道に當る者は純なる志向をもって献身してゐようとも、それだけでその傳道の可否は速斷さるべきでない」。伝道に伴う諸事業は当然かなりの財源を必要とするし、それにたずさわる宣教師の生活が、現地の多くの人々の生活感覚から遊離することもありうる。Jonathan J. Bonk, *Missions and Money: Affluence as a Western Missionary Problem*, New York, 1991.

(7) 小林珍雄『布教と文化』甲鳥書林、一九四三年。

(8) 同書「はしがき」。

(9) 同書、二〇頁——「宣教師は通常、神學校又は修道院で適當な勉學修練を經て、司祭に敍品されると、上長の命ずる布教地に赴いて布教に従事する。父祖の故国をあとにし、自らは決して家庭を營まず(司祭の獨身制)、風習言語を全く異にした僻地にそこで骨を埋めるべく出發するのである。ここに普通の學術探検家や企業家の事業と、布教事業との根本的態様の差が示されてゐるのである。たゞ神の光榮の為にといふこの至上命令が、あらゆる困苦を克服させる力を與へ、又神助あるが故に必ずいつかは布教の成功すべしといふ希望と、之に伴ふ落ち付きとを與へてゐるのである。彼らの理想は英雄に非ずして聖者である。そこに普通の植民企業や探検旅行と區別される布教の指導理念がひそんでゐるわけであり、そこから又、布教の文化に與へる永續性も出てくるのである」。

(10) 石田順朗『教会の伝道』聖文舎、一九七二年、一〇頁・注(一)。

(11) これに関しては、いくつかの資料が出版されている。第五回日本伝道会議・プロテスタント宣教一五〇年プロジェクト編『日本開国とプロテスタント宣教一五〇年』いのちのことば社、二〇〇九年、前掲『キリストこそ我が救い――日本伝道一五〇年の歩み』。

(12) 問題の一端は、次の小冊子からうかがい知ることができる。信州夏期宣教講座編『アイヌ伝道等をめぐって・日本宣教の光と影』いのちのことば社、二〇〇四年。

(13) Mark R. Mullins, *Christianity Made in Japan: A Study of Indigenous Movements*, Honolulu, 1998. M・R・マリンズ著、高崎恵訳『メイド・イン・ジャパンのキリスト教』トランスビュー、二〇〇五年。

(14) 海老沢有道・大内三郎『日本キリスト教史』日本基督教団出版局、一九七〇年、一二三頁。

(15) カトリック教会の宣教があくまで教皇庁を中心とする事業であるのに対して、プロテスタント諸教会の場合、前述の「世界教会運動」を推進する「世界教会協議会」と結びつくことによって、成果はともかく、日本から諸外国への宣教という動機が生まれた。「アジア・キリスト教協議会」(Christian Conference of Asia＝CCA)の活動などがその例である。山本俊正『アジア・エキュメニカル運動史』新教出版社、二〇〇七年。

(16) 「宣教一〇〇年記念大会」は、一九五九年に日本基督教協議会の主催によって行われた。この組織は、日本基督教団等六教派・八団体で構成される連絡協議機関であり、福音派諸団体は、これに協力する形で独自の運動を展開した。

(17) Alister E. McGrath, *The Future of Christianity*, Oxford, 2002. A・E・マクグラス著、本多峰子訳『キリスト教の将来』教文館、二〇〇二年、一四三頁。

(18) 中村敏『日本キリスト教宣教史――ザビエル以前から今日まで』いのちのことば社、二〇〇九年、三二六―三二七頁。

（19）矢沢利彦『中国とキリスト教――典礼問題』近藤出版社、一九七二年。
（20）山本澄子『中国キリスト教史研究――プロテスタントの「土着化」を中心として』東京大学出版会、一九七二年、一九〇頁。中国プロテスタント教会のこの特色は、すでに十九世紀末頃から次第に形成されてきたものである。石原謙は、「中国にあってはキリスト教宣教は純粋な福音の説教ではなく、一種の文化啓蒙運動を意味した」と述べているが、この観察は的確であると思われる。石原謙『日本キリスト教史論』新教出版社、一九六七年、一四頁および三三頁。
（21）前掲『中国キリスト教史研究』三一九頁。
（22）同書、三三九頁。
（23）例えば、前章で言及した飯沼二郎編『熱河宣教の記録』未来社、一九六五年。しかし、本来の宣教という意味で現実的成果をあげた例はほとんどなかった。
（24）井上順孝『海を渡った日本宗教――移民社会の内と外』弘文堂、一九八五年。中牧弘允『新世界の日本宗教――日本の神々と異文明』平凡社、一九八六年。
（25）キリスト教の“mission”についての最近の考え方については、Francis Anekwe Oborji, *Concepts of Mission: The Evolution of Contemporary Missiology*, New York, 2006を、世界教会協議会による公式の宣教論を知るための資料としては、世界教会協議会世界宣教・伝道委員会編、神田健次監修、加藤誠訳『和解と癒し――二一世紀における世界の伝道・宣教論』キリスト新聞社、二〇一〇年を参照。

第三章 宗教教育の公共性

一 近代日本が直面した宗教教育論の迷路

宗教文化の影響が最も現実的かつ継続的に問われる場のひとつは教育の分野であろう。しかしここではさまざまな契機が複合的に現れるので、問題の扱い方は容易ではない。特に宗教教育の制度的展開は、それぞれの地域文化に対応して大きく変化する。近代社会では、最終的には公教育における宗教教育の可能性が問われなければならないが、そこには社会状況に応じて、多くの困難な課題がある。そのため日本ではこれまで、この課題を正面から扱うことを避ける傾向が見られたが、それは問題の先送りにすぎず、現代では、先送りはすでに限界に近づきつつある。しかも限界は先鋭な形では現れず、潜在的な社会のひずみとして、静かに進行しているようである。欧米の文物をそれなりの仕方でいち早くとりこんできた近代日本の為政者にとって、たえず気にかかる存在は、その文物と不可分に結びついた「宗教」と呼ばれる人間の営みであった。さしあたり対応しなければならない相手の具体的イメージはキリスト教宣教師であったが、それとともに明治初年以来翻訳語として急速に定着していった「宗教」概念も、やや漠然とした一般的意味合いをもつがゆえに、問題を拡大していくことになった。キリスト教宣教師が学校の設立に熱心であったこともあって、「宗教」問題は、為政者の意識の中では「教育」問題とつながっていった。かくして為政者が漠然と感じていた不安は、かなりはっきりした具体的問いとして現れてきたわけである。そのような流れにひとつのくさびを打ちこんだのは、一八九〇(明治二三)年一〇月三〇日に発布された「教育ニ関スル勅語」であった。これはのちに、「宗教的情操」という言葉との関連であらためて注目され、潜在的に影響力が持続していたことが明らかになる。(1)

その方向に従いながら、宗教と教育の問題を大きく動かすに至ったのは、一八九九(明治三二)年八月三日の文部省訓令第一二号「一般ノ教育ヲシテ宗教外ニ特立セシムルノ件」であった。これは、「官立公立学校及学科課程ニ関シ法令ノ規定アル学校」においては、宗教上の教育や宗教上の儀式を禁ずるもので、特に当時発展しつつあったキリスト教系の学校に与えた衝撃は大きかった。実際ここでの「宗教」としては、キリスト教が考えられていたと言われている。キリスト教系学校はこれによって、どのような学校制度の形を選ぶかの決断を迫られ、その後それぞれ異なった展開を示すことになる。ともあれ、文部省訓令第一二号にはやや勇み足の気配もあり、当局にとってもあまり好ましくない結果が現れはじめたようで、やがてこれを修正する必要が生じた。そこでも ち出されたのが、次に述べるように、「宗教的情操」という概念で、これには、具体的な宗派・教団を越えた一般的・理念的意味内容を表すことが期待されていた。そしてこれ以降、宗教的情操概念は、そうした期待を背負いながら、陰に陽に、日本の宗教教育論に影響を及ぼしてきたのである。しかし、その期待は適切なものであったのか、そもそもこの概念はどこに由来するものなのかがまず確認されなければならない。

行政資料の中で「宗教的情操」という言葉がはっきりと表現されたのは、一九三五(昭和一〇)年一一月二八日の文部次官通牒発普第一六〇「宗教的情操の涵養に関する留意事項」であろう。ここでは先の文部省訓令第一二号の運用に適正さが欠けていたことが認められており、これが宗教的情操の涵養を妨げるものではないことが説かれている[2]。ところがその文言を見ると、「宗派的教育」と「宗教的教育」が同一視されており[3]、「一宗一派ニ偏セザル様特ニ注意スベシ」という警告にもかかわらず、「宗教的」の意味は不明確なままである。ここで説かれる宗教的情操の涵養は、実際には学校教育を通じて行われるのであり、当時の流れからすれば、「学校教育上特ニ留意スベキ事項」として書かれているように、その内容は、修身・公民・哲学・国史その他の教材を用いて、教育勅語を敷衍することにならざるをえなかった[4]。それは「宗派的教育」もしくは「宗教的教育」とは見なされなかったのである。しかし、私立学校で実際に行われていた宗派的教育の内容まで規制することは事実上困難であり、やがて戦後になると、一九四五(昭和二〇)年一〇月一五日の文部省訓令第八号「私立学校ニ於ケル宗教教育ニ開スル件」によって、これを公認することになる。ただしここでも、その「宗教教育」と宗教的情操教育との関係は明らかにされなかった。

「宗教的情操教育」という表現が不明確なままで流布していくことになった背景には、「宗教」のみならず「情操」も、翻訳語として流動的な性格をもたざるをえなかったという事情がある。『日本国語大辞典』第二版、小学館、二〇〇一年によれば、「情操」という語は、一八七九(明治一二)年に西周が sentiment, feeling, Gefühl の訳語として用いたことがきっかけとなって、明治二十年代以降、sentiment の訳語として定着したとされている。その結果、情操は「道徳的、芸術的、宗教的などの高次な価値をもった感情で、情緒と比べてさらに複雑な感情」であると言われる。このような意味合いがかなり観念的であるためか、今日では「情操」は、心理学用語としてはあまり通用していないようである。それにもかかわらず、これが日本の法律用語に入り込んだのは、しばしば指摘されているように[5]、A・マクドゥガルに始まるアメリカの心理学の影響によるものかもしれない[6]。確かに、前述の「留意事項」が出されたときには、マクドゥガルの説はすでに広がっていたが、彼の考え方を受け継いだG・W・オルポートの宗教的情操論は、詳しく翻訳・紹介された割には、法律レベルへはさほど影響を与えなかったように見える。

オルポートは人格を生成の過程においてとらえ、宗教的情操(religious sentiment)もその中に位置づける。彼によれば、人間は児童期の宗教を脱して、「よく分化した成熟した宗教的情操を開発するところのいろいろな能力を示す」[7]。したがって、「発達をとげた宗教的情操」は、それの多種多様な経験的起源からのみ理解するわけにはいかない[8]。オルポートの考える宗教的情操は、個々人の発達に伴って成熟していくものなのであり、単一化されるものではない[9]。この点で彼の見方は、F・シュライアーマッハーとも、R・オットーとも異なっている[10]。したがって、シュライアーマッハーの用いるGefühlは、オルポートの言うsentimentとは重ならない[11]。オルポートは、他人による見方はともかく、自分自身としては、「心理学的」に研究を進めているつもりであり、「科学者として普く」という自覚をもっていた。日本語の「宗教的情操」の意味するところは、これらのいずれとも異なるが、いつのまにか何となく、一種の実体的内容をさし示すようになっていった。

法令の文言の中で「宗派的教育」と「宗教的教育」が同一視された例については先にふれたが、その延長線上で、一九四六(昭和二一)年一一月三日に公布された日本国憲法第二〇条(「国及びその機関は、宗教教育その他いかなる宗教的活動もしてはならない」)も、実際には複数の解釈の余地を残さざるをえないことになった。そのため翌年の教育基本法では、「宗教教育」という言葉は、「特定の宗教のための宗教教育」と言い換えられなければならなかったのである。これらの法令に用いられてきた宗教概念は、既成宗教集団を表すと同時に、もっと広い意味合いをも含んでいるように見える。したがって、翻訳語としての「宗教」の意味は確定されず、むしろすでに少しずつ拡散される気配すら示していた。これにもうひとつあいまいな「情操」という言葉が結びつき、「宗教的情操」が語られるきっかけを作ったのが、前述の文部次官通牒であったが、戦後道徳教育が強調されるようになった折に、これが再び表面にもち出されることになった。もし「情操」がシュライアーマッハーの言う「感情」に通ずるものであるとすれば、これと「道徳」との結びつきは考えられないことなのであるが、日本語のレベルでは、何の抵抗もなく二つは結びついていったのである。

一九五八(昭和三三)年三月一五日の文部省通達「小学校・中学校における道徳の実施要領について」を受けて、一九六六(昭和四一)年一〇月三一日には、中央教育審議会答申の別記「期待される人間像」が発表された。ここでは、「生命の根源すなわち聖なるものに対する畏敬の念」が「真の宗教的情操」として推奨されている。すなわち、「宗教的情操」は今や積極的な意味内容をもったのであり、「畏敬」という言葉が新たに注目を集めた。これによって宗教的情操教育には、特定の宗派教育から離れて、独立した可能性が開かれるように見えたのである。それから二〇年たった一九八六(昭和六一)年四月二三日に、臨時教育審議会が「教育改革に関する第二次答申」を出したが、ここでは「畏敬」に関わる表現が少し変わり、「人間の力をこえるものを畏敬する心」となっている。[12]これとの連関で説かれているのは「徳育の充実」であり、そのために学校教育は、かなり広げられた形でとらえなおされている。すなわち、「福祉施設その他におけるボランティア活動や社会奉仕活動」も学校教育にとりこまれているのである。このように宗教的情操の内容は、宗教概念と同じような道をたどり、次第に拡散していく。そのためか「宗教的情操教育」という言葉は、近年の行政資料からは姿を消している。しかし、「情操」が実践的な「活動」と結びついたものとしてとらえられたということは重要であり、これについては後に述べることにする。

日本宗教学会は、戦後繰り返し「宗教と教育」の問題と取り組んできた。その動向は、行政資料に現れた宗教(教育)理解の揺れに対応するものであったとも言えよう。[13]戦後早くも一九四七(昭和二二)年には、当学会主催で「宗教と教育」公開講演会が企画・実施された。さらに一九五〇(昭和二五)年に、「学校に於ける宗教知識の教育について」の共同討議がもたれ、これを受けて、翌一九五一(昭和二六)年、「宗教と教育委員会」が設置された。そしてそこが中心となって、一九五二(昭和二七)年に、「我国の教育機関に於ける宗教知識の普及徹底を要望する」総会決議がなされるに至る。これらの動きは、日本国憲法や教育基本法の制定に対応するものであったと考えられる。その後一九五七(昭和三二)年になって、新たに「教育教養委員会」が設置されるが、これも、道徳教育を重視する文部省の動きに伴う時局対応的な臨時委員会であった。そのため一九六六(昭和四一)年には、「教育教養委員会」と「宗教と教育委員会」とが一本化され、「宗教と教育に関する委員会」が設置されるに至る。この年はまさに、「期待される人間像」が出された年であり、総会決議によって、これの検討が当委員会に付託されたのである。「宗教と教育に関する委員会」は、鈴木出版から二つの論集を編集・出版しており、これらは今日なお、宗教教育論の基礎資料となっている。一九七五(昭和五〇)年の『現代青少年の宗教意識』と一九八五(昭和六〇)年の『宗教教育の理論と実際』である。

以上見てきたような日本宗教学会の活動は、文部行政に対応しながら日本の宗教教育論を方向づけるものであり、ある点では、行政に先がけるものでもあった。もちろんここには多様な見解があり、ひとつの方向で一致を見ることはほとんどありえなかったとは言え、そのつどの論議は問題の深化に寄与していった。「宗教的情操」という問題の表現に対しても、日本宗教学会では賛否両論があったが、宗派的教育にたずさわる立場からは、概してこの表現に対する好意的意見が多かった(14)。翻訳語としての「情操」の由来を考えれば、これが例えばキリスト教教育と容易に結びつくのは当然である。しかしそれだけに、日本の行政によるこの言葉の用い方との間には、何がしかのずれが生じざるをえないであろう。この問題を含めて、日本の宗教教育論の新しい展開に宗教学が貢献することができた最大の論点は、やはり「宗教」概念の再検討であったと思われる(15)。これによって、自明のことのように語られていた「宗教的情操教育」は、もう一度「宗教」と「情操」の関係から洗いなおされなければならなくなったのである。行政資料にこの言葉があまり見られなくなってきたのは、理由のないことではない。

近代日本の宗教教育論は、使用する概念設定の不十分さゆえに迷路に入り込み、そのため文部行政の当事者も、問題の重要性を感じていたにもかかわらず、これと正面から取り組むことを避けてきたように思われる。その不十分な概念設定の中心が「宗教的情操」であったことは、これまで述べてきたとおりである。そこで、それによって実際にどのような形で行詰りが生じたかを、さらに立ちいって検討してみる必要がある。まず、宗教教育論において、いつのまにか自明の前提であるかのように定着している宗派教育・宗教知識教育・宗教的情操教育という三分法をもう一度見なおしてみなければならないであろう。三分法がいつから語られるようになったのかは明らかでないが、少なくとも一九三五(昭和一〇)年の文部次官通牒がその重要なきっかけになったことは確かであると思われる。ただしここでは、「宗派的教育」に対して、「宗教的情操の涵養」があげられ、両者の区別が強調されるにもかかわらず、この「宗派的教育」が同時に「宗教的教育」と言い換えられたことによって、概念の混乱が生じていることは、すでに述べたとおりである。他方、「宗教知識教育」については、行政資料の中であまり言及されないが、これを他の二つから分離することはさほど簡単ではなく、慎重に考察されなければならない。

さらに、近代日本の宗教教育論が行き詰まったもうひとつの原因は、学校教育・家庭教育・社会教育の混同であった。宗教教育の三分法の場合には、区別の妥当性が問題であったが、学校教育・家庭教育・社会教育の場合には、公的制度としての学校が他の二つとは性格を異にするにもかかわらず、宗教教育論ではそれをあまり意識していないことが問題なのである。家庭や社会は、宗教教育にとって重要な場であるが、法令にはあまりなじまない。したがって、法令は主として、制度と結びついた学校教育に関わろうとし、宗教教育に関しても、そのかなりの部分を家庭や社会に譲り、それによって学校教育を補完しようとしているように見える。しかし、特に実際の宗教教育の現場においては、これらの違いを明確に区別することは難しい。したがって宗教教育論においては、学校教育という場の限定を自覚的にとりあげる必要がある。政策との対応に動機づけられた日本宗教学会の動向が主として学校教育を検討課題としたのは、その意味で適切であったと思われる。学会における決議文には、ほとんどの場合、「学校」ないし「教育機関」という言葉が含まれている。(16) しかも、学会という組織の性格を考えれば、学校教育の中でも特に大学教育が関心の対象になったのも当然であろう。そこで、以上指摘した二つの問題点をふまえて、次に、行詰りを乗り越える道をさぐるために、もう一度、使用されてきた概念の整理・分析を試みるところから始めることにしたい。

二　諸概念の整理と再検討

宗教教育に関連して用いられる諸概念の再検討に先立って、まず、今日の日本社会で「宗教教育」そのものの可能性がどう見られているかについて、一般的合意の方向をさぐっておこう。旧・教育基本法第九条第一項の趣旨(「宗教に関する寛容の態度及び宗教の社会生活における地位は、教育上これを尊重しなければならない」)は、後に述べるように、新・教育基本法でも、若干の文言を加えてそのまま引き継がれた(第一五条)。現在、宗教教育を真正面から否定する主張は、少なくとも表向きには現れにくい。しかし、二十世紀中頃には、まだその種の主張もないわけではなかった。それは、旧・教育基本法が、日本国憲法第二〇条に保障された「信教の自由」のうえに立って、国家神道の禁止を前提とするものであるというそれ自体は妥当な意識が強く残っていたためであろう。

例えば三井為友は、「現代社会において、宗教が是認される積極的意味」とされているものを列挙して吟味し、それらが必ずしも成り立つわけではないことを論証しようとした。[17]その結果彼は、「従来宗教教育の名のもとに呼ばれてきたものは、ほとんどすべて宗教宣伝であった」と断ずる。むしろ、「迷信邪教に陥らないような人間形成をこそ、宗教教育と呼ぶべきであろう」というのが彼の主張であった。「科学的・合理的精神」を楽観的に語る点に、ややアナクロニズムを感じさせることを除けば、この主張は、今日の状況の中でも案外説得力をもちうるかもしれないと考えられる。文部省もかつて文部次官通牒（一九三五（昭和一〇）年）の中で、「公序良俗ヲ害フガ如キ迷信ハ之ヲ打破スルニ力ムベシ」と述べていたし、「カルト」被害防止に備える教育の必要性を説く最近の傾向も、三井の主張と軌を一にするからである。これは一種の啓蒙主義的発想に基づくものであり、宗教問題を考えるさいには、いつも出発点として意識にとどめておく必要があろう。[18]

宗教教育の意義をあえて否定はしないまでも、現代日本社会では、公教育の場に宗教問題をもちこむことに対しては、警戒する風潮が強い。その原因はもちろん、公教育における宗教の扱い方が、方法として確立していないためでもあるが、そもそもその方法を論じようという意欲があまり見られない。相沢久は、「すべての宗教および宗派のための宗教教育ということは、（中略）ほとんど不可能である」から、「国およびその機関は、宗教教育をしてはならないことになる」と言う。[19]彼によれば、絶対的政教分離と相対的政教分離というしばしば引用される類型化は「すぐれてアメリカ的」であり、「わが国の政教分離は絶対的分離もしくは完全分離たるべきもの」なのである。しかしこれは、「敵対的分離」になってはならない。政教分離は「自立的な自己目的」ではなく、「信教の自由の実現に奉仕するもの」だからである。この考え方は、程度の差はあるとしても、基本的にはかなり広がっているのではないかと思われる。つまり、公教育と宗教教育を結びつけることに対する消極的姿勢は、現代日本社会のかなりの部分に共通したものと言えよう。その意味では、宗教教育は元来宗派教育であったという論調にも、それなりの説得力があるわけである。しかしそうであるからと言って、宗派的背景をもつ日本の私立学校で宗派教育が成功しているかどうかを問うと、必ずしも肯定的答えは出てこないであろう。ここに日本の宗教問題の複雑な性格がうかがわれる。ともかく日本の宗教教育は、このように宗教教育そのものを消極的に扱う文化的環境の中で考えられなければならないのである。

日本の社会で宗教教育の可能性を論ずるにあたっては、このようにさまざまな条件を考慮に入れることになるとすれば、そこで想定される宗教教育の内容も、見方によってはかなり錯綜しており、容易に分類できるようなものではない。文部次官通牒に現れた「宗教的情操の涵養」という言葉がきっかけとなって定着した宗教教育の三分法が、やがて限界に立ちいたったのは当然であろう。これは、宗教教育と言われてきたものを、広い視野から考察した結果出てきた分類法ではなかったのである。近年三分法に代わるものとして、五分法(菅原伸郎[20])や六分法(藤原聖子[21])、さらに、宗教的情操教育を分節する見方(吉田敦彦[22])、などが提唱されてきた。しかし、三分法をもう少し精密化して分類を完成させればすむほど、問題は簡単ではない。これらの分類の試みは、宗教教育と呼ばれるものの裾野の広がりをあらためて認識させてくれたが、他方、本当に考えるべき課題が分類とは別のところにあることを示唆するものでもあった。つまり、「宗教」という限定をつけない情操教育や知識教育について、もう少し理解を深めておくのでなければ、これらを「宗教」と結びつけて宗教教育の分類を試みても、議論が不毛に終りかねないのである。

情操教育や知識教育は、宗教教育の場合にかぎらず広く用いられている概念であり、翻訳語としての「情操」にまつわる不安定さにもかかわらず、教育システム全般を考えるにあたっては、それなりの位置づけを与えられている。学校教育においては、両者がともに重要であることは論を待たないが、それぞれの比重はやや異なるものとしてとらえられてきたように見える。つまり、学校の教育活動は、主として知識・技術を授けることであると理解されてきたのである。この点については、いろいろと議論はあるとしても、基本的には今日もなお変わっていないのではないかと思われる。海後宗臣の言葉を借りれば、「学校は情操教育を施すことを主たる仕事として存立している教育の場所ではない」ことになる。[23]「若しも学校が情操教育をその最も重要な教育目標としていたとするならば、その建築様式、教育計画、教育者の資質等が今日の学校とは著しく異なったものとならねばならない」のである。もちろん学校では、情操についての知識、情操についての理を教えることはできる。しかし「情操教育は、教室の知識教授以外のところにこそ、その本領をなすものがあると考えて、これを探求しようとしている」わけである。情操は「何かを媒介としてそれと結び合って展開」するもので、教育されるものはその媒介に触れて、「自己教育」をすることになる。「情操は生活の中で何時とはなしに形成されて、その人を特質づけている」。要するに、情操教育は、学校教育よりも家庭教育・社会教育と深く関わっている。したがって、その対象となる年齢は、学校教育で言えば、主に初等・中等教育の段階である。

それでは学校教育では、情操教育は二次的なものとして扱われてよいかと言えば、決してそうではない。通常情操は、音楽や美術などによって養われると考えられている。ところが、脳科学者時実利彦によれば、「どんな教科であっても、情操の心は育成される」。「児童や生徒をして、授業や学習に喜びの心を体得させることができれば、立派な情操教育がなされている」のである。[24]すなわち、知識教育の内容にも情操教育に関わる知識が含まれており、情操教育には知識教育からの通路が開かれている。それゆえ、情操教育と知識教育との間に明確な一線を引くことはできず、両者は相互に連関している。ただし、学校という制度が知識教育に適しているため、学校教育においては、知識教育にプライオリティがあるように見える。学校教育はそのことをおさえたうえで、意識的に情操教育と取り組まなければならない。

情操と知識、さらに情操教育と知識教育についての以上のような見通しは、宗教的情操教育や宗教知識教育を語るさいの基本的前提となる。特定の理念的価値と結びついた「宗教的情操」なるものを突発的に導入するわけにはいかない所以である。「情操」と「知識」がどのように「宗教」と結びつき、それらが「教育」の場でどのように媒介されるのかが、まずは明らかにされる必要がある。宗教集団と情操教育との間には、もともと親和性があった。再び海後宗臣によれば、中世の日本における教育は主として寺院において行われており、「宗教による情操教育に主力が注がれていた」。それに対して、「学校は近世の初めに情操教育を主とした寺院の教育体制を否定して出てきたものである(25)」。そこでは、「知識技術の教育のための場面」が作られていった。寺院の情操教育は一種の宗派教育であるから、近世の学校は宗派教育からの脱却となり、公教育はその路線に沿って展開されてきたわけである。しかし、学校教育の中心となる知識技術の教育には、当然文化に関する知識が大きな比重を占めなければならず、そこにはいわゆる宗教現象が広く関わってくる。宗派教育を避けようとして、宗教的知識をも除外してしまうと、学校教育の内容に大きな欠落が生じることになる。したがって、宗派教育とは区別された宗教知識教育がどうしても必要になり、そこから新たに宗教的情操への道も整えられなければならないのである。

一九三五(昭和一〇)年の文部次官通牒が「宗教的情操」という言葉を導入したことは、先の文部省訓令第一二号(一八九九(明治三二)年)の運用に適正さが欠けていたことを指摘し、それを修正もしくは補正すべくなされた問題提起として受けとめるかぎりでは、積極的意義をもちうるものであった。ところがこれには、近代学校教育に不可欠の知識教育による媒介を経ずに、いきなり情操教育を目指そうとした点で、無理があった。宗教集団から独立した形で宗教的情操を語ることの難しさに対する自覚も、そこには不足していたと言えよう。しかも、特殊な政治的方向性が宗教的情操に加味されたことは、この問題を冷静に検討していくためには不幸なことであった。宗教的情操教育という表現は日本特有のものであり、諸外国では通用しにくいとの指摘も当たっていないわけではない。訓令第一二号の修正はもっと別の方向で考えられるべきであったが、当時の日本の状況では、それは期待できなかったのかもしれない。

三 新しい方向の模索

要するに、さしあたり考えるべき問題は、日本の公教育の中で宗教教育をなしうるとすれば、それはどのような形をとるのかということである。ただし、私立学校の宗教教育についても、考えねばならない重要な課題が存在しないわけではない。宗教色のない私立学校には、国公立学校の場合と同じような状況があるし、宗教的背景をもった私立学校にはまた、独特な問題がある。私立学校なのだから、その設立にあたった宗教集団の宗派教育にまかせておけばよいというふうに単純にはいかない。私立学校も今や、助成金のこともあって公的性格をもっているし、また、宗派教育がただちにうまくいく時代でもない。宗教教育のあり方をめぐって、国公立学校と私立学校とを比較する試みは、従来あまり多くはなかった。しかし、この議論は別の機会に譲ることにして、ここでは問題を、国公立学校を中心とする公教育に限定して考察していきたい。政教分離の原則に基づく場合でも、公教育の中での宗教教育が全く不可能になるのではなく、注意すべきはそのやり方なのである。すなわち、宗教教育の内容は、まず一定のレベル以上の宗教知識教育を基礎とするものでなければならず、「一定のレベル」ということの中には、知識の対象の範囲の広さも含まれる。知識である以上、当然宗派的知識にも及ぶが、それは教団の神学・教学とは趣を異にする。そこでは知識内容の公共的性格が確保されなければならないし、教育の成果も、公益性との関係を推し計りながら評価されることになるであろう。

二十世紀後半以降国際的規模で始まった「宗教」概念再考をめぐる議論は、日本における宗教教育論にも影響を与えるはずであるが、今のところ、かつてのように、行政をも巻きこんだ動きは見られない。結局、日本の宗教教育論が入り込んだ迷路の中では、まだ出口が見えないのかもしれない。しかし、迷路に入るきっかけとなった「宗教的情操の涵養」という言葉は、宗教概念再考の流れの中で、あらためて吟味されることが求められているのではないだろうか。この言葉における「宗教的」と「情操」との結びつきが、議論の行詰りを招いたとも考えられるからである。そこで、再考の対象となった宗教概念をまずはずして、情操と知識を検討し、しかるのちに初めて、これらが教育のどの場面、どの次元で宗教と結びつきうるのかを考察するという手続きが浮かび上がってくる。宗教概念が流動的であるかぎり、考察の結果も流動的であるが、それがかえって考察の継続を保障し、行詰りを避けるのに役立つのではないかと思われる。

知識教育と情操教育がともに学校教育にとって必要なものと考えられてきたことには、疑問の余地はない。それは、国公立の学校においても、私立の学校においても同様である。さらに、これら両者は分かち難く結びついており、一般的に知識教育が情操教育の基礎になっていることは前述のとおりである。知識・感情・意志が相互に交錯する人間の生を媒介として歴史的に成立していくのが宗教集団のあり方であるとすれば、キリスト教や仏教などの具体的・現実的な既成教団が知識教育や情操教育と結びつくのは、ごく自然なことであろう。しかしそのさい、キリスト教的知識(情操)や仏教的知識(情操)等々は、あくまで歴史的文化伝統を媒介として形をとるのであるから、それぞれの伝統を越えた一段と高次の公共の場が設定されたときには、相対化されざるをえない。しかしながらその相対化は、いきなり一般的な「宗教的」知識(情操)の立場からなされるのではない。もちろんそうした立場を想定することはありうるし、むしろなければならないが、それはあくまで作業仮説にとどまる。特に宗教的情操の内容を安易に定式化してとらえると、しばしば指摘されてきたように、結果的には特定の宗派や政治的意図と重なりやすい。かつて中央教育審議会答申の「期待される人間像」(一九六六(昭和四一)年)は、「真の宗教的情操」を定式化しようとしたが、一般的に説得力をもつには至らなかった。この定式の表現が、やがて学習指導要領の中で変えられていったという事実が、まさにそのことを示している。宗教的情操を一般化する作業仮説は、広い宗教知識の集積に基づいて、繰り返し立てられなければならないのである。

それでは宗教教育は、特定の宗派教育でない場合には、宗教的情操教育を目指したとしても、所詮宗教的情操に関する知識の修得に終るのであろうか。宗教知識教育を基礎におく以上、確かにそうなるようにも思われる。しかしそこにとどまるとすれば、それは果たして宗教教育という独立した呼称に価するであろうか。各国の宗教教育の実情は多種多様であり、おしなべて依然としてそれぞれの宗派教育が中心であるが、多民族共生の風潮の中で、次第に宗教知識教育が重視されるようになってきていることも事実である[26]。そのような状況において、従来の宗教教育の伝統には、どのような可能性が開かれているのであろうか。ここでもう一度、知識教育と情操教育との関連の仕方に目を向けてみよう。知識教育は確かに情操教育の基礎になっていると思われるが、情操教育は、知識を実践の次元へ移すという点で、知識教育とは異なる。情操は概念の理解によるよりも、むしろ具体的実践を通して現れ出る。宗教集団においては、それぞれの教団が特有の儀礼をもっており、これがその教団構成員の情操を導いていく。例えばキリスト教の場合、賛美歌朗唱や祈祷を含む公同の礼拝や時には各種の奉仕活動を通して、信徒を訓練していく。こうした現状からすれば、宗教的情操は既成教団の儀礼的実践を通してしか涵養されないという説にも、一理あるように見える。つまり、その見方では、宗教的情操はキリスト教的情操・仏教的情操等々でしかありえないことになるのである。

しかし、知識を実践の次元へ移すということは、その知識の中では明確であった教団の境界線が、現実の場で流動化するということを意味するのではないだろうか。教団の中で涵養された情操が何らかの実践の形をとっていく場は、教団の内部にとどまらず、世俗的領域にまで広がる。そこでは、他の諸教団や非宗教的諸団体も活動しており、実践の可能性はそれらとの折衝の中で決定される。そのさい、実践の形が特定の教団儀礼の枠を越え、他教団や非宗教的団体の実践活動との間に共通性を見出すこともありうる。それを動機づけるのが、個別的教団の制約を脱した仮説的な「宗教的情操」であろう。それがプラスの形で発現した場合に想定されるのは、例えば「無償の貢献」とか「他者のための奉仕」とかにつながる情操かもしれないが、情操の形が常にプラスの形になるとはかぎらないので、「宗教的情操」の内容を簡単に規定するわけにはいかない。またこれの涵養は、しばしば期待されるように、道徳教育に代わるものを提供するわけにはいかず、それとは一線を画した独自の感覚の修得を目指す[27]。やはり「宗教」という独自の概念が要請されざるをえないのはそのためである。それでは、道徳教育とは区別される宗教的情操教育とはどのようなものであろうか。

もし宗教的情操なるものが、個別教団の儀礼を媒介として、社会的現実の中でのある種の実践活動を支えるものとして芽生えていくとすれば、宗教的情操を涵養する教育を正当化するのは、その実践活動の「公共性」であろう。それは、教団相互の間で通用する公共性であるのみならず、社会全体に関わる公共性でなければならない。この「公共性」という概念は、二十世紀末頃になって広く関心を集めるようになり、その意味内容も、従来とは別の角度から理解されるようになった。すなわち、個と共同体という対置を設定して、共同体の側に公共性を設定するというこれまでの発想法が再検討されていったのである。例えば齋藤純一は、H・アーレントやM・フーコーによりながら、「自己と公共性を複数の位相と次元において関係づける見方」を説くが、これは、宗教的情操を考えるにあたっても重要な見方であろう[28]。それによれば、自己はそれ自体複数のアイデンティティであり、次元を異にする複数の「間」を生きている。「自己が何らかの単一の集団——家族であれ、会社であれ、宗教的共同体であれ、民族的共同体であれ、国民国家であれ——に排他的に同一化しようとする場合」には、「過剰同一化」・「傷ついた愛着」が生じる[29]。自己にとっての危機は、アイデンティティが欠けていることではなく、逆に、あるひとつの絶対的な価値が自己を支配するような「アイデンティティという危機」なのである。

「宗教」と呼ばれてきた人間の「信」のシステムは、一見このような考え方とは相入れないように思われるかもしれない。しかし、果たしてそうであろうか。特定のイデオロギーと教団組織に排他的に同一化し、急速に閉鎖的になっていくことによって、崩壊の道をたどった宗教集団は少なくなかったのではないだろうか。新しい時代の宗教教育は、そのような人間の「危機」を避けるという方向で考えられるべきであろう。宗教集団に見られるこの危機が、宗教集団固有のものではなく、人間に普遍的に生じうる危機のひとつであることは、先に引用した齋藤の説からも明らかである。「信」に依拠する生き方は、まさに排他性と背中合わせであるだけに、この普遍的な問題を集約し、「アイデンティティという危機」の構造を先鋭に示していると言えよう。こうした危機のとらえ方の基礎になっているのは、「私たちが恐れねばならないのは、アイデンティティを失うことではなく、他者を失うことである。他者を失うということは、応答される可能性を失うということである」と説くアーレントの考えであろう。(30)もし公教育としての宗教教育に宗教的情操教育が含まれうるとすれば、それは、ここで述べたような新しい公共性理解につながる実践活動をうながすものとなる必要があろう。

とは言え、学校教育の中でそのような情操教育を行うことは果たして可能であろうか。もちろんそこでは実際には、カリキュラムの問題、担当しうる教員の資質の問題等々困難が山積しているので、可能であるとしても、それはさしあたり一種の思考実験にとどまることは言うまでもない。比較的考えやすいのは、特定の教団と結びついた私立学校の場合であり、そこでは、宗派的儀礼の実践を含む当該教団の情操教育をカリキュラムに組み入れることができるであろう。(31)しかし、宗教色のない私立学校や国立学校では、そのような方法はとりえない。(32)そこでは、カリキュラムを組むために、すでに公共性を実証された「宗教的情操」が準備されていなければならないわけであるが、それはあくまで仮説にとどまるからである。宗派的情操教育から一般的意味での宗教的情操教育へいたるプロセスは、逆転させることができないにもかかわらず、公教育では、最初からその終着点を前提としなければならないのである。それでは、宗教的情操教育の可能性が、公教育には全く無縁かというと、必ずしもそうではない。「宗教」という概念が諸教団の最大公約数として仮説的に用いられるかぎり、それと情操教育とを関係づける試みを放棄する必要はない。

近代以降の学校教育では、知識教育が中心となることは避けられないが、それを基礎として、もしくはそれを媒介として、情操教育を構築することも、広く社会的に求められている。そこで宗教教育に焦点を合わせる場合にも、宗教知識教育と言われるものの内実を、もう少し立ちいって考察しておくことにしたい。多様な文化的伝統につながる宗教知識教育の必要性は、現代社会の各方面でますます高まっている。ところが、この種の知識の場合、その出発点はどうしても歴史的な既成宗教集団に関する知識になるので、当然宗派的色彩をもった知識にならざるをえない。そのため、公教育としての学校教育においては、それをとりいれることに抵抗が生じるのである。確かに、宗教知識である以上、特定宗派との接触を避けるわけにはいかないとしても、単にその宗派との み接触するのではない。宗派的な知識とは成立動機を異にする宗教知識は、宗教を文化の次元でとりあげるのであるから、地域文化といえども、歴史的推移の中で理解するためには、複数の教団や宗教的現象に関する知識が必要になる。知識教育を遂行しようとする限り、「宗派的」知識教育も、実際上「宗教的」知識教育として展開されざるをえない。キリスト教の知識や仏教の知識だけで、学校制度の中の宗教教育が成り立っていた時代は、欧米や仏教圏でも、確実に過ぎ去りつつある。さらにイスラーム圏で今後どのようになっていくかは注目されるところである。そうした情勢の中にあって、日本ではむしろ公教育の中でこそ、積極的に宗教知識教育のシステムが開発されて然るべきであろう。

それではそのさい、宗教知識教育のあり方としては、どのようなことが考えられるであろうか。宗教知識を独立した教科にしなくても、国語や歴史などの教科と合併させることができるのではないかという意見もある。しかし、これらの教科の中で与えられる宗教知識にはおのずから限界があり、部分的知識は誤解につながることもある。宗教と呼ばれてきた人間の営みは、やはり具体的事実を媒介として総合的にとらえられなければならない。すなわち、キリスト教・仏教・神道等々についての知識を横断する「宗教」知識のカリキュラムが、独自に設けられることが望ましいのである。それは、人間に普遍的に見られる「信」の動機を、良きにつけ悪しきにつけ、あらためて自覚させる機会となる。そこから、偏見・独断・思い込み・差別意識など負の志向が認識されるとともに、自らの積極的な価値観の発見がうながされるであろう。

宗教知識教育においてとりあげられるべき宗教知識の内容であるが、通常学校教育の教科書に現れる宗教情報は、それぞれの教団の有する教典の教えが多いので、宗教知識と言えば、思想的・理念的なものを思い浮かべがちである。しかし、宗教的なものを総合的に理解するためには、それだけでは不十分であろう(33)。宗教知識教育が宗教教育の一環として、宗教的情操教育へ通ずる道をもっているとすれば、そこで扱われる知識には、宗教的行動に関する知識も含まれていなければならない。しかもその宗教的行動は過去の事実にとどまらず、現代社会にも同じように現れているという視点が重要である。すなわち、宗教知識教育にあたって求められている知識は、教典や教団をめぐる歴史的事実や思想的問題だけでなく、現代の社会・文化現象との連関における教団や個人のふるまいや儀礼的行動の実態にまで及ぶ必要がある。もちろん知識だけでは宗教的情操は生まれてこない。宗派的儀礼行動についての知識を総合しつつ、「宗教的なもの」に基づく行動の共通した方向の意味を身をもってわきまえさせ、そこに公共性の萌芽を見出していく探求の過程に、各人が自主的に参加しうるようにするのが、本来の宗教教育であろう。したがって、宗教知識にまつわる宗教的情操修得の可能性は、最終的にはそれぞれの自立的個人にまかされることになる。公教育の場合、それが生みだす成果は、特定教団に帰依するという形をとるよりも、むしろ、宗教的行動(公的次元における「信」の発現)の社会的許容範囲の認識とか、寛容の意義のとらえなおしとかを学ぶことになるのではないだろうか。

新・教育基本法全体についてはいろいろと批判があるが、宗教教育に対しては、これはさほど消極的ではなく、旧・教育基本法から後退しているようには見えない[34]。確かに、宗教教育にふれた第一五条(「宗教に関する寛容の態度、宗教に関する一般的な教養及び宗教の社会生活における地位は、教育上尊重されなければならない」)の意味するところは必ずしも明確ではない。「宗教的情操」という言葉を避けて、「宗教に関する一般的な教養」という表現をとったようにも見えるが、この概念をもちこむことによって、かえって事態を複雑にしたと言えなくもない。従来の「教養」という概念に対する消極的評価は、近年一部では次第に定着しつつあるからである[35]。しかしこの表現はあいまいであるだけに、運用によって意味を盛りこむことも可能であろう。宗教知識教育と宗教的情操教育とを公共性を媒介にして結びつけたところに、「宗教に関する一般的な教養」の教育を期待することはできないであろうか。要するに、二十世紀後半における宗教概念再検討の流れを受けて今日では、宗教教育の可能性をめぐる日本の議論も、新しい段階に入りつつあるように思われる。

(1)　以下において引用する行政資料については、国学院大学日本文化研究所編、井上順孝責任編集『宗教と教育——日本の宗教教育の歴史と現状』弘文堂、一九九七年の付属資料を参照。

(2)　そこには次のように記されている——「明治三十二年文部省訓令第十二号ハ当該学校ニ於テ特定ノ教派宗派教会等ノ教義ヲ教ヘ又ハ儀式ヲ行フヲ禁止スルノ趣旨ニ有之宗教的情操ヲ涵養シ以テ人格ノ陶冶ニ資スルハ固ヨリ之ヲ妨グルモノニアラズ然ルニ従来之ガ運用ニ関シ往々其(ノ)適正ヲ欠キ為ニ教育上迫憾ノ点無シトセザルヲ以テ今般此等学校ニ於ケル宗教的情操ノ涵養ニ関シ留意スベキ要項ヲ左ノ通定メタリ〔後略〕」。

(3)　一方において、学校教育には「宗派的教育」がなじまないことを説きながら、他方ではこれを言い換えて、「学校ニ於テ宗教的教育ヲ施スコトハ絶対ニ之ヲ許サザルモ〔後略〕」と記している。つまりここでは、「宗派的教育」と「宗教的教育」が混同されているのである。

(4)　「留意事項」には次のような表現が見られる——「但シ学校教育ハ固ヨリ教育勅語ヲ中心トシテ行ハルベキモノナルガ故

ニ之ト矛盾スルガ如キ内容及方法ヲ以テ宗教的情操ヲ涵養スルガ如キコトアルベカラズ」。

(5) 例えば、日本宗教学会「宗教と教育に関する委員会」編『宗教教育の理論と実際』(以下『理論と実際』と略記)、鈴木出版、一九八五年における家塚高志による説明(一三頁)。

(6) William McDougall, *An Introduction to Social Psychology*, London, 1908, 1963. マクドゥガルは、同上書の一〇四—一三六頁で、"the sentiments"という概念の効用を述べている。

(7) Gordon W. Allport, *The Individual and His Religion*, New York, 1950. G・W・オルポート著、原谷達夫訳『個人と宗教』岩波書店、一九五三年、一六〇頁。

(8) *idem*, *Becoming*, New Haven, 1955. G・W・オルポート著、豊沢登訳『人間の形成——人格心理学のための基礎的考察』理想社、一九五九年、二〇四頁。

(9) *idem*, *Pattern and Growth in Personality*, New York, 1937, 1961——"Thus we cannot say for Certain how common is the comprehensive religious sentiment as a unifying philosophy of life" (p.303).

(10) *idem*, *The Individual and His Religion*, 前掲訳『個人と宗教』三—四頁。

(11) Friedrich Schleiermacher, *Über die Religion: Reden an die Gebildeten unter ihrer Verachtern*, Berlin, 1799, Hamburg, 1958, 1970, S.29. F・シュライエルマッハー著、高橋英夫訳『宗教論——宗教を軽んずる教養人への講話』筑摩書房、一九九一年——「宗教の本質は、思惟することでも行動することでもない。それは直観(Anschauung)と感情(Gefühl)である」(四二頁)。

(12) この変化について思想的に検討したものとしては、岩田文昭「道徳教育における〈宗教性〉」国際宗教研究所編『現代宗教二〇〇七・宗教教育の地平』秋山書店、二〇〇七年、八四—一〇四頁。

(13) 以下に述べる日本宗教学会の動向については、日本宗教学会五十周年記念事業委員会編『日本宗教学会五十年史』日本宗教学会、一九八〇年、および『理論と実際』における脇本平也の「序文」を参照。

(14) 「宗教と教育に関する委員会」の成果に先立って出版された『宗教学辞典』で「宗教と教育」の項目を担当した安斎伸は、「宗教情操教育」を拡大・深化させる必要性を説いている。小口偉一・堀一郎監修『宗教学辞典』東京大学出版会、一九七三年、三三五—三四一頁。当時の日本宗教学会においては、安斎伸だけではなく、複数の宗派的立場から、宗教的情操教育が支持されていたようである。その点は、今日の状況とはやや異なる。

(15) W・C・スミスからT・アサドに至る宗教概念再検討の動きについては、Wilfred Cantwell Smith, *The Meaning and*

End of Religion, New York, 1962, Renewed Minneapolis, 1991. 磯前順一、T・アサド編『宗教を語りなおす――近代的カテゴリーの再考』みすず書房、二〇〇六年。また日本語の「宗教」については、磯前順一『近代日本の宗教言説とその系譜』岩波書店、二〇〇五年。

(16) ただし、「宗教と教育に関する委員会」が編集した前述の二冊の出版物では、家庭教育や社会教育も視野にとりこまれている。『現代青少年の宗教意識』では、「社会教育と宗教」にひとつの章がさかれており(二九七―三三〇頁)、『理論と実際』でも、「宗教教育の実態」を報告した章の中で、「学校における宗教教育」とともに、「家庭における宗教教育」(二三二―二四二頁)と「社会における宗教教育」(二四三―二八九頁)がとりあげられている。

(17) 三井為友「宗教教育」(長田新監修『教育基本法』新評論、一九五七年)永井憲一編『政治教育・宗教教育』(『教育基本法文献選集』七)、学陽書房、一九七八年、二九四―三〇〇頁。三井によれば、宗教の積極的意味とされてきたのは、(一)国民の道徳生活の向上に役立つ、(二)個人の人格の完成に役立つ、(三)民主主義社会の建設に役立つ、(四)平和主義社会の建設に役立つの四点である。これらをひとつひとつ退けていく彼の論法は、きわめて素朴ではあるが、それだけに当たっているところもないわけではない。

(18) 「宗教が真にその力を蓄え、いかなる批判にも堪えうるものとなろうとするならば、相手が完全な独立人であり、完全な自由を享有している成人を対象にして、聴衆の往還離散の自由な辻説法に身をまかせるべきであって、学校教育という特定のしくまれた場の中に潜入すべきではあるまい」との発言(前掲『政治教育・宗教教育』三〇〇頁)は、安易な宗教教育論を退けるだけの迫力をもっている。広い意味での「宗教批判」は、近代宗教学成立の根本動機であったが、この動機は、今日なおさまざまに形を変えながら、宗教を考えるさいに生き続けている。最近の状況については、日本宗教学会『宗教研究』三五七(特集　宗教批判の諸相)、二〇〇八年参照。

(19) 相沢久「現代における宗教・国家・法――最近のわが国における政教分離と信教の自由」『上智法学論集』九巻二号、一九六五年、五八―八四頁、前掲『政治教育・宗教教育』三〇八―三二六頁。

(20) 菅原伸郎『宗教をどう教えるか』朝日新聞社、一九九九年、二〇四頁。

(21) 藤原聖子「英米の事例に見る宗教教育の新たな方向性」前掲『現代宗教二〇〇七・宗教教育の地平』二〇九―二三三頁。

(22) 吉田敦彦「市民的公共性と宗教的情操教育――NPO法人立のホリスティックな学校事例から」同前、二五一―二七六頁。

(23) 海後宗臣「学校における情操教育のあり方」(『新しい学校』四巻一二号、興文館、一九五二年)『教育内容・方法論』(『海

後宗臣著作集』第五巻）、東京書籍株式会社、一九八〇年、七四三―七五一頁。
(24)　時実利彦編著『情操・意志・創造性の教育』（教育学叢書第二〇巻）、第一法規出版株式会社、一九六九年、二〇一頁。
(25)　前掲「学校における情操教育のあり方」。
(26)　洗建「現代世界における宗教教育」前掲『理論と実際』一二〇―一三五頁。
(27)　宗教教育と道徳教育を同一視するのが不適切であることは、宗教を形而上学や道徳から区別したシュライアーマッハーを引合いに出すまでもなく明らかであろう。
(28)　齋藤純一『公共性』（「思考のフロンティア」シリーズ）、岩波書店、二〇〇〇年。「公共性」・「公共哲学」に関する文献は少なくないが、それらすべてが参照に価するわけではない。しかしここでは論評を避け、本書のみを引用するにとどめる。
(29)　同書、一〇二頁。
(30)　同書、一〇三頁。著者は最後に次のようにまとめている――「私たちの生の位相が複数であるように、公共性も複数の次元をもつ。私たちが一つの生／生命の位相のみを生きるわけではないように、公共性もどれか一つの次元のみが重要なわけではない。私たちはニーズとは何かについて解釈し、共通の世界について互いの意見を交わし、規範の正当性について論じ、けっして自らのものとしえない世界の一端が他者によって示されるのを待つ。私たちの〈間〉に形成される公共性はそうしたいくつかの次元にわたっている」。ここには、ポストモダン的ニュアンスと人間同士の完全な共同性に対する積極的断念があるように思われるが、この感覚に抵抗を感じる向きもあるかもしれない。
(31)　ただし、特定の教団と結びついた私立学校における「宗派的」情操教育が、現にここで言う「宗教的」情操教育を目指しているとはかぎらない。しかし他方、それらの教育が「宗派的」情操教育として本当に成功しているかどうかについても、評価が分かれるところであろう。
(32)　学校教育の中での宗教教育を制約する教育行政上の諸条件については、竹村牧男「学校における宗教教育の状況――教育行政面から」前掲『理論と実際』二二〇―二三一頁。
(33)　拙著『教典になった宗教』北海道大学図書刊行会、二〇〇二年、および、本書第八章参照。
(34)　キリスト教主義教育の立場から、新・教育基本法に対して、よくある全否定ではなしに「問題点の確認」を行ったものとしては、深谷松男『新・教育基本法を考える』日本キリスト教団出版局、二〇〇七年。
(35)　この問題を扱った文献も数多いが、わかりやすいまとめとしては、竹内洋『教養主義の没落――変わりゆくエリート学生文化』中公新書、二〇〇三年がよく知られている。

第四章　日本におけるキリスト教主義学校教育のディレンマ

一　「キリスト教主義学校教育」というイメージの形成

日本の教育をめぐる諸問題の中で、「宗教教育」はこれまできわめて扱いにくい問題として意識されてきた。そのためこれは「忘れられた問題」のようにも見えるが、それについての沈黙の背後には、実はたえずさまざまな思惑がくすぶっていたのである。この扱いにくさは、日本社会における宗教問題の難しさの反映であるとも言えよう。個別宗教集団は当然のこととして、自らの立場からの教化・教育を主張し、またそれを実践する。しかし、多様な宗教集団が並存する日本社会では、個別教団の手法を公教育に採用するわけにはいかない。宗教集団の立場からすれば、自らの宗教教育はそのまま社会的貢献につながると考えられているが、それが一般社会の常識と一致する保証はないので、意図された効果が現れるとはかぎらない。ところが他方、教団の意識とは多少異なったところで、社会的効果が発揮される場合もある。例えば日本における初期女子教育へのキリスト教の貢献などが、その一例としてあげられるであろう。そもそも日本社会では、宗教教育など、欧米に追従するもので教育の中心問題としてとりあげるには価しないという立場、あるいは、宗教教育はつまるところ道徳教育の一種とすべきであると考える立場もないわけではない。しかしながら、良きにつけ悪しきにつけグローバル化していく現代社会の状況は、安易な先入観にとらわれずにあらためて「宗教」現象を見ていく判断力をますます必要としている。この時点にあって宗教教育は、単に専門的研究集団にとってのみならず一般の人々にとっても、避けることのできない重要な課題として、議論の対象にならざるをえなくなったのではないだろうか。

ここでは「キリスト教主義学校教育」という特定の領域に分析の対象を限定し、日本における宗教教育問題一般への通路をそこから開いていくことを試みてみたい。キリスト教主義学校教育は、もちろん宗教教育の一種であり従来行われてきた宗教教育の分類法によれば、特定の宗教集団の価値観に基づく宗教教育という意味で、「宗派教育」に属する。(1) しかし宗派教育と言っても、キリスト教のように長く広い展開の歴史をもつ宗教集団にあっては、「キリスト教主義」の内実は必ずしも一義的ではない。またその教育が地域文化との折衝の中でなされる以上、宗派教育として単純に目的を達成するとは限らず、その影響はさまざまな紆余曲折の中で現れる。またここではさしあたり「学校教育」に考察を限定するが、宗教教育に関しては、それ以外に、家庭教育や教団内の教育（キリスト教で言う教会教育）あるいは教団関係の各種の社会教育なども無視できない。そのように考えると、「宗派教育」という概念の使用にも再考の余地があることが明らかになってくる。したがってキリスト教主義学校教育の問題を検討するにあたっては、宗教教育全体の問題を視野に入れておかなければならない。学校教育は、「学校」という一般的な社会制度を媒介とするかぎり、家庭や教会のような親密な集団を媒介とする教育とは異なって、おのずから教団の価値観と重なっていくものではない。したがって、キリスト教主義学校教育の問題を考えるにあたっては、「キリスト教主義」と「学校教育」を一旦切り離して扱うところから出発するべきであろう。

そこでまず、ここで用いようとしている「キリスト教主義学校教育」という言葉の歴史的背景とそこから浮かび上がる諸事情を整理しておかなければならない。今日「キリスト教主義学校」と呼ばれている学校は、当初外国の伝道団体によって設立され、財政的に支えられていたもので、明治時代には「ミッション・スクール」という呼称が一般的であった。しかし、外国の教会による伝道事業の手段を意味するこの呼称は、次第に実情に合わなくなり、さまざまな形での自立が志向されるようになった。その結果、例えば同志社は、一八八八(明治二一)年にアメリカン・ボードから独立し、意識的に「ミッション・スクール」であることをやめ、日本人の「キリスト教主義学校」になった。一九三二(昭和七)年に出版された日本におけるキリスト教教育についての報告書(エモリー大学図書館所蔵)では、もはや「ミッション・スクール」という言葉は用いておらず、「クリスチャン・スクール」が公式に用いられているという[2]。しかしながら、学校制度の発展とともに、教職員および学生の中におけるキリスト教徒の割合は、次第に減少していくのが一般的傾向であったので、当然「クリスチャン・スクール」という呼称はなじまず、これがその後広がることはなかった。今日からふりかえって考えれば、「伝道」というニュアンスを含んだ「ミッション」概念が、キリスト教理解の変化とともに、その後の日本社会であまり積極的に用いられず、日本のキリスト教界では、どちらかと言えば、「布教」・「宣教」という言葉に道を譲ることになってきた経緯はすでに述べたとおりである[3]。それに対して「ミッション・スクール」という呼称は、独特なファッショナブルなニュアンスを込めて用いられ、後に述べるように、キリスト教女子教育の展開に伴って、日本社会において功罪相半ばする文化的影響を与えることになった[4]。

それでは、「ミッション・スクール」・「クリスチャン・スクール」が「キリスト教主義学校」へと変わっていく経緯はどのようなものであったのだろうか。具体的事実としては、一九五一(昭和二六)年一一月二九日に開催された「基督教学校同盟」の理事会において、「基督教(主義)学校」・「基督教学校教育」という呼称を用いるという申合せがなされ、それ以後この呼称が一般的になったとされている。この申合せをした基督教学校同盟という団体は、一九一〇(明治四三)年四月に、同志社を中心として、キリスト教立の男子校十数校が集まって結成された「基督教教育同盟会」の流れを汲むものである。この会は、宗教教育を禁じる法令として知られている一八九九(明治三二)年八月三日発令の「文部省訓令第一二号」に対して抗議するための協力関係の中から生まれたものであった。[5] ただしこれはあくまでプロテスタント系の学校による組織であり、また男子校による組織であったことには注意しておかなければならない。近代の日本社会で学校教育事業に貢献したのは、少なくとも初期においてはもっぱらプロテスタント教会であり、カトリック教会(修道会)はむしろ社会福祉事業に力を注いだ。しかし今日ミッション・スクールというイメージには、後発のカトリック教育がかなり大きな影響を与えているのである。「基督教学校教育同盟」という正式名称は、一九五六(昭和三一)年の第四四回総会における決議によるものであった。その後一般の趨勢に従って、「基督教」は「キリスト教」と書き改められることになり、今日に至っている。

「キリスト教学校教育同盟」の設立に至る過程で重要なことは、前述の二つの問題点、すなわち、プロテスタント系学校とカトリック系学校との関係、および男子校と女子校との関係であった。日本のカトリック系学校の大半は、アジア・太平洋戦争終結後に来日した修道会によって設立されたものであるが、それ以前にもカトリック教会による教育事業はなかったわけではなく、私塾のような形で存在した。[6] しかしこうしたそれぞれの歴史は、プロテスタント系の学校とカトリック系の学校との間に、組織の面でも理念・方法の面でも、多くの相違を生みだしてきた。それらについては逐次検討していくが、さしあたり「キリスト教主義学校」という呼称との関係について言えば、カトリック系学校では、この呼称にこだわらず「カトリック学校」と呼ばれ、あるいは今なお「ミッション・スクール」という言い方がなされている。[7] そもそも「カトリック学校」は教会法によって定められたものであり、現実的にはローマ教皇庁の下にある司教区によって営まれている。したがって法的には、宗教法人であるカトリック教会と学校法人であるカトリック学校とは区別されなければならない。第二ヴァティカン公会議(一九六二―六五年)以降さまざまな変革がなされているとは言え、この大原則は変わらないので、教会との関係がかなりあいまいなプロテスタント系学校の場合とは、大きく事情が異なっている。「キリスト教学校教育同盟」にもカトリック系学校は加盟しておらず、これとは別に、一九七四年六月一日「日本カトリック学校連合会」(All Japan Catholic School Federation)が組織された。しかし二〇〇二年からは、両者の協力体制が志向されており、合同研修会である「キリスト教学校教育懇談会」が毎年開催されている。

男子校と女子校との関係は、カトリック教会ではさほど問題にならなかったが、プロテスタント系学校にあっては、事情は複雑である。一八七〇(明治三)年に創立されたプロテスタント系のフェリス女学院や女子学院などが、日本のキリスト教学校の先駆けとなり、同時に、日本の女子教育にキリスト教学校が大きく貢献する道を開いたという事実がこの背景にある。そうした事実はプロテスタント系女学校の意識を高め、一種のプライドを作りだしていった。文部省訓令第一二号によって、従来のキリスト教学校がキリスト教教育を続けた場合には、各種学校の扱いを受けることになり、上級学校への進学や徴兵猶予の特典を失うわけであるが、それに対する態度決定は、男子校と女子校とでは異なっていた。その違いは、当時の日本社会における男女の位置づけからすれば当然のことであり、信仰の内実の問題として扱うのは適当でないであろう。しかしそうした背景もあって、プロテスタント系女子校は、男子校とは別の協力組織を目指し、一九一三(大正二)年一〇月に「女子基督教教育会」を結成した。その後さまざまな経緯があったが、結局、男子校の組織と女子校の組織は合同することになり、一九二二(大正一一)年一一月にそれが実現した。名称は男子校の「基督教教育同盟会」を用いることになり、それが今日まで続いている。現在キリスト教学校教育同盟に加入している学校法人は一〇二である。二〇一〇年には同盟は創立一〇〇周年を迎えるので、それに向かって種々の事業計画が立てられた。そのひとつが『キリスト教学校教育同盟百年史』であり、これはかつてプロテスタント「宣教一〇〇年の記念」としてまとめられたプロテスタント学校教育の総括(8)に次ぐ試みである。日本の学校教育制度の中では、男女共学が今日の一般的傾向であるので、男子校と女子校の関係をめぐる問題もおのずから解決へ向かうように思われるが、その中にあってプロテスタント系学校組織（幼稚園から大学院に至る通常のコースに、さらに保育園・短期大学・各種専門学校などが加わってくる）に関しては、男子校と女子校との間に微妙な緊張関係が存続しているように見える。伝統的女子校は、今もって従来の姿勢を崩さない。「創設の歴史」がそれを正当化する。この緊張関係は、同じくプロテスタント系で社会教育に関わる「キリスト教青年会」（ＹＭＣＡ＝Young Men's Christian Association）と「日本キリスト教女子青年会」（ＹＷＣＡ＝Japan Young Woman's Christian Association）との間にも存在する。プロテスタント系組織で名称に「女性」（婦人）を含むものが少なくないことは、この辺の事情を反映しているのではないだろうか(9)。

二　日本文化とキリスト教主義

それでは、キリスト教主義学校教育と言うときの「キリスト教主義」とは何であろうか。すでに示唆してきたように、キリスト教主義教育の場としては、すべての宗教教育の場合と同じく、学校だけではなく、家庭や教会も考慮に入れなければならない。むしろ、キリスト教主義教育が純粋な形で実現されるのは、家庭や教会においてであり、学校制度を媒介とするときには、さまざまな問題が浮かび上がる。それは、学校が公共的性格をもった社会制度であり、そこにはキリスト教的理念とは必ずしも相容れない要素も介在するからである。したがって、キリスト教主義「学校」教育は、ある種の葛藤を抱えこむことになる。カトリック教会は、その辺の問題を感じとってか、家庭や教会におけるキリスト教主義教育を学校教育につなげようとする。[10] しかしプロテスタント諸教会は、キリスト教主義学校教育の理念を、教会とは別の形で設定しようとする。そのため他方において、プロテスタンティズムの場合には教会は一つではないので、そうならざるをえないのである。プロテスタント諸教会の教会教育は「脱学校化」する。[11] 結局、今日のキリスト教主義学校の教育目標は、「キリスト教主義又は精神に基づく人格教育」と規定してさし支えないことになる。[12] しかしこの「人格教育」はかなり広い意味をもちうるので、そこからキリスト教主義学校教育の困難な問題も生じてくる。それは、何かにつけてそれぞれの学校の「建学の精神」を繰り返し引合いに出すことによって解決するわけではない。

一八九九(明治三二)年の「文部省訓令第一二号」をめぐるさまざまな対応は、その後のキリスト教主義学校教育が抱えこんだ葛藤の出発点となった。ここでは、公共的性格をもつ学校制度と「キリスト教主義」との矛盾があからさまに示されたのである。この法令は、一九四五(昭和二〇)年一〇月一五日に発布された「文部省訓令第八号」により無効となり、ようやく宗教教育の可能性が開かれた。キリスト教主義学校もそれを受けて、新たに体制の立直しを図り、そこでは「キリスト教主義」の共通理念の明確化が課題となった。一九六一(昭和三六)年には、プロテスタント宣教一〇〇年の記念として、基督教学校教育同盟から、キリスト教学校教育の現状に関する総合的な報告書が出版された。その「序」(湯浅八郎)は、日本の教育界の「知的偏重」を批判し、次のように述べている――「キリスト教主義教育の特色は、徳育の分野において明徴な原理と目標と方法とをもってするその人格教育にあるといえよう。更に進んでその霊育にありとも主張できよう」。[13] ここで言われている「徳育」・「霊育」は、「人格教育」と結びつけられているので、先に述べた「今日のキリスト教主義学校教育の教育目標」と重なり合う。要するに、第二次世界大戦後今日に至るまで、「キリスト教主義」の共通理念はこのあたりにあったと言えよう。しかしながらこの発想は、結局、宗教教育を道徳教育もしくは「宗教的情操」の涵養と同一視することにつながり、新しい問題を生じさせるものとなるのではないだろうか。これについては、後の章であらためてとりあげることにする。

平塚益徳は、「キリストの教会」派の牧師平塚勇之助の次男として生まれた比較教育学者で、当時の日本の教育学界をリードし、キリスト教主義教育に関しても多くの業績を残した。その思想には、天皇制や教育勅語を重んじる傾向があったため、今日の日本のキリスト教界では無視されているが、その発言には、今なお傾聴すべき内容が多く含まれている。彼は、「ミッション・スクール」から「クリスチャン・スクール」へと名称が変わる時代を生きてきたが、結局「基督教主義学校」・「基督教主義教育」という概念を用いて、自らの論を展開している。彼によれば、「基督教主義学校」の定義は次のようになる――「日本・中国・印度其他の東洋諸国に於いて主として内外の基督教徒又は基督教に関心を懐く有志者達に依って設立維持され、その陶冶活動並に陶冶理想の一大基礎を濃淡深浅の差こそあれ等しく基督教的精神の宣揚に置く点に特色を有つ所の諸学校[14]」。ここではキリスト教主義の内容は「基督教的精神」としてとらえかえされている。この表現は前述の「徳育」・「霊育」・「人格教育」などとは異なり、道徳教育や宗教的情操の涵養への一般化には歯止めをかけているように見える。しかし「基督教的精神」の意味は、依然として不明確であり、最終的にはこの歯止めは効かなかった。

キリスト教主義学校教育というテーマは、平塚が終生抱き続けたものであったにもかかわらず、彼は、日本のキリスト教主義学校の歩みが成功したと考えることはできなかったようである。それはひとつには、彼が「我国独自の基督教主義教育」を目指し、その根本条件を「我国民精神との連関の下に基督教の本質、福音主義教育の本質が闡明せられること」としたためであろう[15]。そこから「如何にして教育勅語の精神を活かすか」という問題意識が生じ、「随って一般的基督教々育原理が如何なる形に於いて日本における陶冶方法になり得るかは慎重に吟味考察しなければならないのである。唯単に教育勅語に依る旨だけの宣言で満足することは断じて許されざる所である。我々は厳密なる意味に於いて基督教主義教育なる名称が果して許さるべきか否かを先ず吟味しなければならないのである」[16]。要するに彼は、キリスト教主義教育という概念は明瞭さを欠くと結論せざるをえなかったのである。これを一時期の反動的教育思想として退けることは簡単であろう。しかしここには、時代的制約を越えて考慮しなければならない問題が含まれているのではないだろうか。それを明らかにするためには、日本のキリスト教主義教育という概念が明瞭さを欠くに至った理由を、彼がどう考えていたのかを問うてみる必要がある。

平塚による分析を総合的にとらえかえしてみると、彼は、日本のキリスト教主義教育が本来の課題を避けてきたことが問題の根底にあると見なしていることがわかる。彼によれば、そうした事態が生じたのは、日本のキリスト教が初期の段階において、「数々の有利な条件」を享受していたためである――「当時にあって基督教は、之を伝へる者からも又伝へられる者からも全く西洋文明の一要素として観ぜられ、それが我国文化の一基礎づけとなるべきものたる点に関する反省は殆どなされてゐなかったと言い得るからである」[17]。彼はこの傾向を「キリスト教主義教育の東洋的特殊性」と名づけ、次のように言う――「それは欧米文化の移植機関として社会より著しき歓迎を受けたのである。随ってそれは本来あるべき姿に於ける基督教主義教育の齎したものではなかった」[18]。これは「基督教主義教育界の惰眠を貪る為の温床」となった[19]。しかしやがて、「西洋の宗教なるが故に」キリスト教が歓迎された時代から、「西洋の宗教なるが故に」キリスト教が排撃される時代に移る。その変化を日本のキリスト教は受けとめきれなかった――「当時に於いて確固たる、我が国民性に基づいた根強い信仰文化が追求されたならば、而してかゝる文化に基礎づけられ乃至はかゝる信仰文化を進んで生み出す如き学校の為の努力が払はれてゐたならば、軈《やが》て襲い来たった反動時代にあれ程の困窮は見せずに済んだと考へられる」[20]。要するに著者は、「キリスト教の本質」・「福音主義教育の本質」を日本の「国民精神」と結びつけ、「我国独自の基督教主義教育」を確立しなければならないと考えていたようである。[21]「本質」という概念には自由主義神学の影響が見られるし、「国民精神」という言い方には時代の影が感じられるが、ここで注目すべきは、キリスト教主義教育を地域文化と重ね合わせる発想であろう。[22]

すでに引用した文章から明らかなように、平塚益徳の比較教育学を文化論から切り離すことはできない。この著書の題名からして『日本基督教主義教育文化史』であり、これが「教育文化史的視点」から構成されていることがわかる。ここに彼の教育論の基本的視点があった。すなわちそれによれば、教育活動は文化的営みであり、文化はその活動と制度を通して歴史的に形成されていく。そして、そのようにして地域に蓄積されていった文化が人間を形成し、さらなる教育活動につながっていくわけである。そこに介在するのが学校制度である。著者が日本のキリスト教主義教育に期待したのは、「我が国民性に基づいた根強い信仰文化の形成」であり、それを生みだす「学校」制度であった。「教育文化史」は具体的・現実的な学校制度をたえず念頭におきつつ構成されるのであるから、単なる精神論ではない。キリスト教主義は「基督教的精神」と言い換えられているが、それを理解する場は、具体的・現実的な「信仰文化」のシステムであることには注意しておく必要がある。著者の観点では、その「信仰文化」は、欧米文化ならざる日本文化を媒介として形成されなければならないわけであるが、そのさいにはもうひとつの媒介カテゴリーとして、「宗教文化」との関係も問われなければならないであろう。この平塚の業績をふまえるならば、日本のキリスト教主義学校教育の問題は、文化論・宗教論との関連において位置づけられるとき、はじめて実質的検討の可能性が開かれることになる。今日の状況においては、こうした課題を強調する意義は大きい。キリスト教主義学校をめぐるその後の日本社会の状況は、かなり混乱したものだったからである。

そこに浮かび上がった問題を理解するためには、「ミッション・スクール」以来の日本のキリスト教主義学校が抱えてきたディレンマの主なものを具体的に指摘しておく必要がある。平塚は、中村屋を開業した相馬黒光の例をあげて、そのディレンマを示唆している。[23]こうした例をあげることに対しては、当然キリスト教会に反発があるであろうが、基督教学校教育同盟の総括的報告書でも、相馬黒光のケースへの言及はなされざるをえなかった。[24]たといこれが特殊な体験だとしても、その特殊性を通して、やはり否定しがたい普遍性が看取されるのではないかと思われる。それでは、相馬黒光の目から見た日本のキリスト教主義学校はどのようなものであったのだろうか。それは、一九三四(昭和九)年一月から六月にわたって『婦人の友』に連載された自伝的記録『黙移』に、余すところなく語られている。[25]一九三六(昭和一一)年に女性時代社から出版されたときの「序」で河井酔茗が述べているように、彼女は「宮城女学院より横浜のフェリスへ、フェリスより明治女学校へ、或はニコライへと、自己の理想をキリスト教のうちに求めたのであるが、現実に真理を追求して已まぬ若き心は、遂にキリスト教の信仰にも安んじなかった」。[26]その立場は、最終的には仏教に接近したようである。彼女が最も期待したのは明治女学校であったが、そこですら、「あまりに彩りの濃い手の込み過ぎた細工物を長く見ておられないのと同様な何だか妙な疲労を感じる」のである。[27]結局そこには「宗教思想はあっても信仰はなかった」ように思われた。[28]さらにそれに加えて、黒光の姉の星蓮子が日本基督教婦人矯風会会長矢島楫子の子息の許嫁となり、やがて破談となるに及び発狂するという事件が起こった。その経緯を通して黒光は、「姉の狂える魂の叫び」を受け、キリスト教社会事業の指導者である矢島楫子に対する不信をつのらせた。[29]これも特殊な体験のように見えるが、それまでに経てきたそれ以外のさまざまな黒光の体験を考え合わせると、必ずしもそうとも言いきれないようである。

『黙移』の中で相馬黒光が書き綴っている初期のキリスト教主義学校での出来事を見ると、そこで教師たちを支配していたある種の気風が、彼女には耐えきれなかった様子がうかがわれる。それは一部の外国人女性宣教師に典型的に現れているが、漠然とした気風であるだけに、やがて日本人教師の間にも何となく広がり、果てはキリスト教社会事業にも潜在的な影響を及ぼしたように思われる。[30] 一時期のキリスト教思想の傾向、特にピューリタニズムと重ね合わせられるある種の感覚がその根底にあったことが想定されるが、キリスト教を受けいれたときの日本の文化的状況、すなわち、「欧米先進文明」を丸ごと肯定する雰囲気が、それに拍車をかけたことも疑いえない。[31] キリスト教主義学校の教師たちは無意識のうちにそうした気風にしばられ、しばしばさらにそれを増幅するかたちで、忍耐力の限界に至るまで、観念的に自己意識を作りあげていった。相馬黒光や羽仁もと子が学んだ明治女学校の指導者巌本善治の立場をめぐる経緯、また、一八八五(明治一八)年創立された明治女学校自体が一九〇九(明治四二)年に閉校した事実も、広い視野に立って見れば、これと無関係ではないと思われる。キリスト教主義学校教育のそのようなたたずまいをどう評価するかは、初期の段階にとどまらず、今日に至るまで多少形を変えながら続いている根本的問題なのではないだろうか。その問題は、学校教育制度が日本社会で広範囲にわたって普及し、キリスト教主義学校教育がその中で相対化されていくにつれて、しだいに明確にならざるをえない。観念の産物にとどまっていた「キリスト教主義」は、文化としての学校制度を媒介として、現実に即して練りなおされなければならなかったのである。特にやがてキリスト教主義大学が設立されるに及んで、学校教育制度に加えてさらに近代的学問研究の方法が、キリスト教主義の直面する文化の問題として新たに浮かび上がる。そこから今日にまで続くキリスト教主義学校教育の葛藤が生みだされており、明らかにすべき根本的問題についでは、この状況分析を抜きにして論ずるわけにはいかない。

三 宗教文化教育としてのキリスト教主義教育

キリスト教主義と学校教育制度、さらに、キリスト教主義と近代的学問研究の方法との間の相克は、日本社会ではまず、宗教と教育の分離を命ずる法令として具体的に現れた。前述のように、一八九九(明治三二)年に発布された文部省訓令第一二号がそれであり、ここにはキリスト教主義学校教育に対する国家からの挑戦があった。これは、当時のキリスト教主義学校にとっては外圧であり、やがて制約条件はもっぱら公教育の方へ移ったように見えるが、学校教育制度そのものが公共性をもつかぎり、キリスト教主義学校も原理的には、この制約条件を免れるものではなかったことがのちに明らかになる。文部省訓令第一二号の発布に直面したキリスト教主義学校(男子校)の対応策には、さしあたり三つの型があった[32]。第一の型は「特権を返上して、キリスト教教育を施そうとし、もし志願者なくば、廃校もやむを得ないと、背水の陣をしいた学校」であり、青山学院・明治学院・東北学院などがそれに属する。ここで言う「特権」とは、徴兵猶予・上級学校進学許可のことである。第二の型は「特権を得るために、キリスト教教育の看板をおろし、文部省の法令による中学校となった学校」であり、立教学院中学・同志社がそうであった。そして第三の型は「キリスト教主義教育を断念したばかりでなく、ミッションとの関係をも絶ち、普通の私立中学校となった学校」であり、東洋英和学校がそれにあたる。これら三つの型のうち、第三の型の学校はやがて廃校となり、第一の型の学校も、生徒数の急激な減少に見舞われるに至った。ただし、これら男子校とは異なって、女子教育を目ざすキリスト教主義学校は、「特権」にこだわらずに自立した道を歩み、それなりの成果を収めていったことは記憶されなければならない。だがそのことの背景には、当時の日本社会における女性の位置づけの問題があったことは言うまでもない。

しかし、法令に反対する運動や陳情が功を奏し、一九〇一（明治三四）年には、キリスト教教育を行っていた学校（第一の型）にも「特権」が認められることになり、生徒数の減少傾向には歯止めがかかった。さらに一九三五（昭和一〇）年一一月二八日の文部次官通牒発普第一六〇は、「明治三十二年文部省訓令第十二号ハ当該学校ニ於テ特定ノ教派宗派教会等ノ教義ヲ教ヘ又ハ儀式ヲ行フヲ禁止スルノ趣旨ニ有之宗教的情操ヲ涵養シ以テ人格ノ陶冶ニ資スルハ固ヨリ之ヲ妨グルモノニアラズ」と述べ、ここにキリスト教主義教育には、新たな可能性が開かれるに至った。しかしこれをきっかけとして、この後、「宗教的情操」をめぐる実りのない論議が繰り返されるようになったことは、前の章で述べてきたとおりである。したがって、この文部次官通牒は、日本における宗教教育論の展開にはつながらなかったのである。キリスト教主義学校の場合に即して言えば、そこに内在する本来の問題は、実は第一の型と第二の型の間に存在するのではないかと思われる。それを考える手がかりとして、一八九八（明治三一）年に生じたいわゆる「同志社問題」をとりあげることにしたい。

「同志社問題」と呼ばれる事件は、文部省訓令第一二号が発布される前年に、それを先取りする形で起こったので、この呼称は、同志社の方針を批判する立場から用いられたものであろう。具体的に言えばこの事実とは、同志社が、不易の綱領とされた「基督教を以て徳育の基本とす」という文言を、通則から削除することを決定したため、信徒や宣教師たちの反対による一連の混乱が惹きおこされた経緯をさす。その削除はもちろん徴兵猶予の特典を得ることを目的としており、その結果同志社は第二の型になったわけであるが、その後の歩みを見ると、第三の型とは異なって同志社は存続し、そこからキリスト教が消え去ることもなかった。したがって同志社の決定は、必ずしも単純な意味でのキリスト教主義教育の放棄ではなかったことになる。そもそも日本においてキリスト教主義大学の問題を最初にとりあげたのは新島襄で、彼は同時に同志社の創立者でもあった。彼は一八八八（明治二一）年に「同志社大学設立の旨意」を発表し、自らの考えるキリスト教主義教育の方向を明らかにした。

その中で新島が構想した同志社は、伝道者の養成やキリスト教徒の育成を目指すのではなく、キリスト教の真理に基づいて生きる牧師・政治家・法律家・実業家・学者・教師・官吏・勤労者などの養成を目指すものであった[33]。松川成夫によれば、「彼の構想は留学中に知ったアメリカのカレッジをモデルにしており、人物を作る基礎をキリスト教におくことが彼の大学論の基本であった」。これは「キリスト教主義をその中核に据えるリベラルアーツ・カレッジの上に学術専門学部を設置した総合大学の構想」であり、当時の日本ではきわめてユニークな大学論であったと見なされる[34]。キリスト教主義教育についての同志社の理解が基本的にこのような方針に沿ったものであるとすれば、「同志社問題」の発生もさほど予想外のことではなかったのではないだろうか。新島が「設立の旨意」で語っている教育は「大学」教育であり、初等・中等教育はまた別に考えなければならないという意見もあるかもしれない。しかし、高等教育特に学問研究をも含めて考えなければ、今日、教育をめぐる問題は完結しないのである。そのことはやがて歴史の経過につれて明らかになっていくが、それにふれる前に、「同志社問題」の評価についてもう少し述べておくことにする。

この問題に対する批判的論稿として注目に価するのは、隅谷三喜男のものであろう[35]。これは、従来あまり参照されなかった宣教師史料あるいはミッション・ボード史料を用いて、日本キリスト教史研究を見直す試みのひとつとして、アメリカン・ボードの史料によって、同志社の問題の本質を考察しようとするものであった。隅谷が実際にとりあげたのは、この問題の前史、すなわち、小崎弘道の同志社社長辞任の背景となっているアメリカン・ボードの代表委員派遣をめぐる日米双方の諸文書である。四名の派遣委員は、周到な準備ののちに一八九五(明治二八)年来日し、その交渉の結果、同志社側は「同志社の目的は教育であって伝道事業ではない」ということれまでの原則を譲らず、アメリカン・ボードの寄付金や宣教師援助は、一八九八(明治三一)年をもって打ち切られることになった。まさにこの年が「同志社問題」の発生した年であり、翌年文部省訓令第一二号が発布されたのである。これらの出来事を概観すれば、この問題が唐突に起きたものではなく、その背景として、直接には組合教会のキリスト教理解があり、さらに根本的には、日本におけるキリスト教主義教育のあり方をめぐる不可避の問いかけがあると思われる。したがって、「同志社問題」をどう評価するかはきわめて重要なのである。

隅谷論文は、同志社の立場に対してかなり批判的である。彼によれば、同志社とボード・宣教師との対立の原因は、第一に、「社員会(Trustee)に関する理解の相違」であった(36)。アメリカ側の理解では、社員会は「受託者であり、寄付者の意図に従って財産を管理する人々」であるのに対して、同志社の側の理解では、「それは学校に寄附された資金であり、理事者(Trustee)は学校を適切に管理するためにそれを運用すればよい」。したがって、同志社側は通則を変更したが、アメリカ側はそれを「寄附者の意図」に反するものと見なしたのである。これに加えて対立の第二の原因として「大学における〈自由〉の問題」があった(37)。その「自由」には三つの意味がある。まずボードからの財政的独立、次に信条における自由、さらに「自由主義神学」と結びついた自由であった。対立の第一の原因は、事実関係としては隅谷の言うとおりであるが、日本のキリスト教会の自立という視点から考えれば、これも批判してすまされるべきことではない。それに対して対立の第二の原因は一層複雑であり、特に「自由主義神学」については、立ちいった考察が必要である。

隅谷は同志社の自由主義神学的傾向を批判して、次のように言う――「同志社が福音的信仰に立った上で、学問や見解の自由を認めることと、信仰自体を自由にすることとが混同されたのである。しかもその自由は、キリスト教を神道や天皇制と結合させる形で展開されようとしたから、宣教師たちはその〈自由〉に敏感たらざるをえなかったのである。派遣委員が人格神信仰を問題としたことも、その意味では見当違いではなかった。人格神信仰の伝統のない日本では、この点を明確にしないと、汎神論や理神論に容易に移行してしまうからである(38)」。この発言の問題点は二つある。前半の主旨は、同志社の自由主義神学的傾向と国家主義思想との結びつきを根拠にして、自由主義神学そのものの批判へと道を開こうとすることである。そのさい念頭にあるのは、海老名弾正以来の政治思想に対する拒否反応であろう。しかし、このような自由主義神学的傾向の日本的展開の評価と神道や天皇制の「異教的」色彩をめぐる宣教師たちの単純な反感とを混同してはならない。そういう意味で、自由主義神学についての今日的理解があらためて確認される必要がある。引用文の後半では、「人格神信仰」・「汎神論」・「理神論」などの言葉が出てくるが、これらもまた、初めに出てくる「福音的信仰」という言葉と関係づけながら再検討されなければならない。

まず「人格神信仰」という概念であるが、これは確かに日本語では、「汎神論」や「理神論」と対立するものとして用いられてきた。しかし後二者の定義が国際的にも比較的明確であるのに対して、「人格神」のイメージはさほどはっきりしない。明らかなことは、キリスト教の立場からは、「人格神信仰」がキリスト教信仰と同一視されているということだけである。しかし『広辞苑』（第六版）などは、日本やギリシアの神話の神々をも「人格神」に含まれるものとして説明している有様であり、キリスト教的用法が広く日本社会に受けいれられているわけではない。「人格神」がそのような不明確な概念にとどまるとすれば、これと対置された「汎神論」や「理神論」についての日本的理解も揺れ動いてくる。いずれにしても、キリスト教を基準として欧米で案出された宗教史的概念を安易に用いると、常にこの種の困難が付きまとうのである。「自由主義神学」についても、同じようなことが言える。一般的に言っても、自由主義神学対福音主義神学という対立図式は、今日では欧米においてすら、妥当性を失いつつある。自由主義神学のレッテルを貼って相手を切り捨てる論法は、所詮キリスト教会内部の「正統」をめぐる覇権争いにすぎず、「人格神」もそのコンテクストで用いられることが多い。しかし「福音主義」はさまざまな場面で現れるし、平塚益徳もこれを用いており、キリスト教主義教育と言うときの「キリスト教主義」は、一般にこれと密接に関係しているように見えるので、独立にとりあげて検討する必要があるのであろう。平塚の言う「基督教的精神」と「福音主義」との関係もよく考えてみなければならない。

最もはっきりした「福音主義」の用法は、「カトリシズム」に対置され、「プロテスタンティズム」と同じ意味で用いられる場合である。そこではこの名称は、教会史的に明確なイメージをもった対象をさしている。ところが、この言葉の用法はそれにとどまらない。もちろん実質的にはプロテスタント神学とつながってくるわけであるが、福音主義はその「主義」の内容を問う形で用いられ、徹底的にイエス・キリストの十字架による贖罪を強調する考え方をさす場合の方が、どちらかと言えば教会での一般的用法である。しかしそうなると、立場に微妙なずれが生じる可能性もあり、それが論争の種になる。このような論争として最もよく知られているのは、一九〇一(明治三四)年九月一一日から翌年七月二四日にかけて繰り広げられた海老名弾正と植村正久との間の論争(「福音主義論争」)である。(39) 海老名は同志社の当事者であるから、この論争の背景にある考え方は、「同志社問題」を解明するための資料としては十分に役立つであろう。それとともにこれは、現代にまで続く日本のプロテスタント教会内部におけるさまざまな論争にきっかけを与えたものでもあった。キリスト教主義学校教育の理念も、この論争のうねりの中に深く巻きこまれている。

植村は自らの理解する「福音主義」を説明して、次のように言う——「余輩は神人となりて世に下り、十字架に死して人の罪を贖ひたるを信ず。而して余輩の信ずる耶蘇基督は活ける神のひとり子にして、人類の祈りを受け、禮拝を受くべきものなり。此の信仰を主張し、此の信仰を人に傳ふるを以て主義とするは余輩の傳道なり。此の點にまで導かざれば傳道の目的を達すること能はざるべしとは、余輩の確信する所なり」。(40) ここでは、人間となった神が十字架上で死に、人間の罪を贖うというキリスト教の伝統的な教義が主張されており、これが植村の言う「福音主義」であった。これに対して海老名は、「神人となり」という句の真意を問うて、次のように言う——「元来神は永久不變と承知致候處此永久不變の神が人と成り給ふとは則ち一大變遷にして自家撞着にては無之候哉。足下の明確なる説明を承り度候。假りに人と成り給ふ事の出来るとすれば、神が人と成り給ふたる以上は神は最早神にては有間敷く、全く人にて候かと合點致され候。猿族が進化して人類と相成たる以上は、假令猿族の性質は尚遺存し居り候とも、最早猿にては決して無之全く人類にて候。神の人となり給ふたのも亦其の如くにては無之候哉[41]」。両者の主張は明快であるが、さらにその対立点がどこにあるかを、別な表現から探ってみよう。海老名は植村の言を、古来の信条を単に文字どおりに繰り返したものにすぎないと見なし、次のように述べる――「史的継承は吾人も大に重んずる所であるけれども、古代の形骸を其儘に傳ふるのは抑も歴史を滅却したものではないか。歴史といふことは文字其物よりして開展進化を意味して居る。吾人は古人の靈的生命を発展するを以て眞の史的繼承とするのである[42]」。ここには、「歴史的」信仰という概念をめぐる見解の相違が現れている。海老名によれば、自分は「眞理の探究者」であるのに対して、植村は「その保護者」であり、両者は「境涯」を異にするのである[43]。それを受けて植村は、海老名を「傳道に従事すべからざる研究者」と呼ぶ[44]。さらに海老名は、小崎弘道から「ユニテリアン」と評されたのに対して、それならいっそ「無神論」と言ったらどうかと挑発している[45]。しかし植村は譲らず、海老名が「基督の神性を認むと稱して、其の實神と人とを全く同一なるものと做す」と断じ、「其の弊や萬有神教に陥り、識らず識らず罪を無視して、佛教的の信念を抱くものとなる」と言う[46]。

要するに植村の考えでは、植村の信じるキリスト教は「基督の宗教、即ち換言すれば、基督の自ら奉じ且つ世に傳へられし道を謂うに過ぎざるなり」ということになり[47]、「基督を神とするか、将た人のみとするか、之が論點である」ことになる[48]。ここでは海老名の立場は、「獨逸の極端なる自由神学及び米国のユニテリアン主義」と重なり合うものと見なされ[49]、その帰結として植村は、「組合教会は其の大勢に於てゆにてりあん主義であろうか」と問いかけるのである[50]。そもそも自由主義神学とユニテリアン主義は同義ではないが、それぞれの多様な展開も、当時の情報ではほとんど把握されていないようである。したがって福音主義論争は、このようにレッテルを貼ってすむはずもなく、内実においてはその後も継続し、現在にまで至っているとも言えよう。ところが現実の日本の教会政治の中では、一九〇二(明治三五)年の日本福音同盟会第十二回大会において、海老名は除名された。やがて戦争や天皇制との対応の仕方をめぐる議論の中で、この種の判断は「正統的」立場と結びついていった。それにもかかわらず、海老名の思想に端を発する主張は決して消滅したわけではなく、形を変えて続く自由主義神学の流れと合流していった。『植村正久と其の時代』の編者(佐波亘)は、「福音主義論争」を編集するにあたって、次のような評言を書き記している――「話は變るが、その頃、雑誌界の王座を占めた『太陽』が、諸方面の人物の人気投票をやったことがあり、基督教界では海老名と植村が其の高點を争ひ(勿論両者の知る所ではなかったらうが)、結果はたしか海老名が最高點であったやうに思ふ[51]」。海老名の考え方は、キリストを人間と見なすという単純なものではなく、歴史的伝承はそれぞれの時代の中で再解釈されなければならないとするものであるならば、その支持者が絶えないことは十分に理解できる。

日本ではプロテスタント教会がカトリック教会に一歩先んじて、キリスト教主義学校教育を展開し、多くの私立学校教育なかんずく女子教育にめざましい成果をあげてきたことは確かであるが、その理念となった「キリスト教主義」は必ずしも自明な概念ではなく、「福音主義」をもってこれにおき換えることも難しいことが次第に明らかになってくる。このようなキリスト教主義の難点が最もはっきりと浮かび上がるのは、高等教育特に大学教育においてであった。「同志社問題」の背後にあったのは「同志社大学設立の旨意」であり、そこで言うキリスト教主義が論議の対象になったことは、すでに見たとおりである。これは、少し角度を変えて見れば、同志社が自らを大学として確立しようとしたとき、キリスト教主義との間にあつれきが生じたと言うこともできるのではないだろうか。本来の大学教育においては、教育的実践と並んで、学問的研究が重視されなければならない。

ここではキリスト教主義は、学問的研究との間で折合いをつける必要がある。これら両者の関係を矛盾的関係としてとらえたのが、一九六〇年代末に起こったキリスト教主義大学学園紛争であった。キリスト教主義大学に対して問題を提起した人たちの考えによれば、学問の自由・独立のためには、キリスト教主義をやめるべきで、それこそがキリスト教的なのである。[52]この主張は一定の支持を得たのちに、結局現実には敗北したが、キリスト教主義大学には、学問研究に伴う重い課題があることを示唆したことは確かであろう。第二次世界大戦後の日本のキリスト教主義学校に対して、一九四七年(昭和二二)年に北米およびカナダの教会の立場から、綿密な調査に基づく勧告を行ったいわゆる「ブランボー報告」(Thoburn T. Brumbaugh Report on a Study of Our Christian Schools in Japan)は、学問的レベルを高めることの重要性を説き、学問的・教育的に価値のない学校は閉校すべしとまで言っている。かつて基督教学校教育同盟がそれに注目し、さらに先に引用した平塚益徳による学的なキリスト教教育学の提唱にもふれていたことは興味深い。[53]すでに早い時期から、日本のキリスト教主義学校特に大学における学問的レベルが問題視されていたことを、ここからうかがい知ることができるであろう。

しかしこれは、キリスト教主義学校の当事者の努力によって解決しうるような問題ではない。この背景には、伝統的なキリスト教神学の中に見出される文化理解をめぐる葛藤がある。キリスト教神学は、キリスト教こそが文化の創造者であることを主張しながら、一般的に文化に呑みこまれること、文化と同一視されることを極力避けてきた。[54]しかし近代への歴史的展開につれて、キリスト教的文化の一元化は崩れ、諸学問はキリスト教神学からの自立へふみ出すことになった。さらに現代広がりつつあるグローバル化の傾向は、文化相互の越境を促進し、世界におけるキリスト教の位置づけには大きな変化が生じることになる。[55]こうした動向の中で、「キリスト教主義学校教育」の立場は根底から揺れ動かざるをえない。なかんずくキリスト教文化のプライオリティが前提とはならない日本社会においては、この動揺の幅は大きくなる。そもそも学校制度は文化であり、教育も学問も文化であることが、キリスト教主義学校によってあらためて認識されるようになるのである。[56] それらの文化がキリスト教に由来するという論法は、もはや現実には通用しない。キリスト教主義大学における学園紛争のとき、ある座談会の中で、当時の東京神学大学学長高崎毅によって語られた次のような発言は、まさに的確であり、象徴的ですらあった――「このキリスト教世界が崩壊したという状況が、ミッション・スクールの意味を失わせたのです。それに代るミッション・スクールのアイディアは何も出なかった。そのような中間の一種の大空位時代に生まれてきた言葉が、キリスト教主義学校という言葉なんですね。ですから、キリスト教主義学校ということそのことが、積極的な主張は何もなかった。そして、そこにキリスト教とヒューマニズムというものをアマルガムした、非常に奇妙なキリスト教的ジェントルマンといったことが言われている[57]」。こうした状況は今日もなお、さまざまな現象を通して再生産されているように思われる。[58]

要するに日本のキリスト教は、欧米のキリスト教神学における文化論をそのままとりいれ、自力で展開しようとしなかったので、地域文化との折衝の中で行き詰ったのである。その葛藤はいくつかの面で見られたが、キリスト教主義学校の抱える諸問題もまた、そこに由来する現象の一端ではないかと思われる。日本において宗教教育は、学校制度の公共性との兼合いが困難であるがゆえに、論議の対象から外されがちであった。「宗教的情操」という概念を導入して事態の打開が試みられたが、この概念がまた混乱の原因となった。[59] キリスト教主義学校教育もそのあおりを受け、日本社会における不利な立場をはねかえすべく、宗教的情操教育に代わるものを自らのうちに性急に求めようとした。プロテスタント系諸学校においては、それは結局「モラル教育」となり、現実の場面においては、日本の為政者が推し進めようとする「道徳教育」と原理的に区別することが難しくなった。その背後にある理念は、キリスト教主義学校教育は「人間教育」・「人格教育」であり、「一定の公教育の責任」を担う以上、「キリスト教的モラル教育の構築」を目指すべきだというものであった。[60] その考え方に沿って企画された青山学院大学のプロジェクトは、かなり大規模な調査を行い、そこから二冊の報告書が刊行されている。[61] しかしその結論は、「キリスト教学校の学校側のキリスト教教育の努力と生徒の意識との間にズレが見られる」ことであった。そうなった原因は、「学校礼拝において語られるメッセージには、中学生また高校生の身近な生活に関わるものが少ない」、「聖書のメッセージが現代の子供の生活に直結するものでない」という形でまとめられている。[62] これは率直な見方で、現状をよく反映しており、日本のキリスト教主義学校教育は、まさにこの点を掘り下げるところから再出発しなければならないのではないかと思われる。

まず、日本のキリスト教が最初期からとらわれてきた「キリスト教と文化」という対立図式を、あらためて検討しなおすことが重要であろう。自由主義神学に対して「福音主義」をふりかざす前述の議論も、この対立図式の安易な再生産にすぎない。「宗教」概念をどのようにとらえなおしてみても、明らかに「宗教現象」であるキリスト教は、本質的に文化から切り離すことはできない。伝統的宗教集団として定着したときには、キリスト教は最早「宗教文化」以外の何物でもない。そもそも地域文化と接点をもたなければ、「福音」が人間社会に定着するはずがないのである。キリスト教と文化を対立的にとらえようとする論法は、元来、地域文化を越えた展開を想定する宣教のレトリックだったのではないかと考えられる。そうであるとすれば、キリスト教主義学校教育は、何よりもまず、宗教文化の中のキリスト教という事実に目覚め、それに向かって人々の目を開かせる必要があるのである。それはさしあたり、宗教知識教育から始めなければならないであろう。教育の公共性を保障するのはやはり知識教育であり、そこで習得する現実に即した知識の量である。知識教育偏重の問題性を指摘する声もあるが、知識にとどまるのではなく、その後を考えるのであれば、問題はないと思われる。また、「そもそも「公教育」というシステムそのものが世俗化されたナショナリズムと共に成立し、これを維持発展させてきた」という見方もないわけではないが、これはもとをただせば欧米のカトリシズムの立場であり、一般化はされえない[63]。宗教文化に関する知識である以上、それは当然異なる宗教集団についての知識を含むし、芸術その他の文化現象も関わってくる。キリスト教を伝えようとする立場からすれば、このようなやり方は迂遠であるし、「福音」の純粋さを欠くと思われるかもしれないが、生きたキリスト教に到達するためには、実はこれが一番の早道なのである。

宗教教育においては、知識教育よりもむしろ人間の生き方を学ばせるべきであるという主張は、絶えることなく提起されている。宗教教育を道徳教育と重ね合わせる考え方もそこから生じる。これは元来宗教についての観念論的な見方に基づくのであるが、日本社会では比較的通りやすい。プロテスタンティズムの学校教育よりも遅れて始まったカトリシズムの学校教育においては、「「自分たちの学校のミッションとは何か」という問いを問い直す機会を逸してきた」ために、結果として「道徳論」が中心になったという指摘がなされているが[64]、この傾向は、ある意味ではプロテスタンティズムの側にも当てはまるようである。しかし、人類が9・11同時多発テロやオウム真理教事件、あるいは、「カルト」をめぐるさまざまな事件を体験し、「宗教と暴力」というテーマをも意識的にとりあげなければならなくなった今日、宗教教育と道徳教育との関係も、根本的にとらえなおす必要がある。今後新しい宗教教育の方向は、プラスにもマイナスにも揺れ動く人間存在の大きな幅を視野に入れつつ、その人間の重要な営みである「宗教」を、できるだけ多くの情報に基づき、強い関心と共感をもって学んでいくものとならなければならない。そのさい、キリスト教主義学校教育も例外となることはできない。カトリック教育の場合、しばしば「霊性」が重視され、深い次元の宗教教育は「霊性に根ざした自己受容」であると言われる[65]。この種の言い方はプロテスタントの側にも見られ、しかも国際的な広がりを示している[66]。その背後には、「スピリチュアリティ」をめぐる近年の議論の流れがあることは明らかであろう。しかしこの言葉は流行語であるだけに多義的であり、日本語の「スピリチュアリティ」と英語の“spirituality”との間の微妙な相違、あるいはまた、

spiritualityと「霊性」という翻訳語との間のずれなどに、もう少し注意を向けるべきであろう。[67] これは、文化的伝統の相違によるものと思われる。それを自覚しないと、日本では、「霊性」も結局「道徳」に吸収されてしまう可能性がある。

このように考えてくると、宗教教育は、その公共的性格を逸脱しないためには、いずれにせよ宗教知識教育から出発せざるをえないことがわかる。その場合の宗教知識は、既成宗教集団の成立ち等に関する個別的知識、教典や教義に関する思想的・体系的知識だけではなく、人間社会に見られる宗教的行動や現代におけるその生きた現れ方に関する知識をも含むものでなければならない。「宗教文化」という表現の意味するところはそこにある。したがって、「宗教文化教育」は狭義の「宗教知識教育」ではなく、従来「宗教的情操教育」・「宗派教育」と呼ばれてきた宗教教育の側面にも、ある点では通じるものである。従来のキリスト教主義学校教育で教育内容として想定されてきたものは、この「宗教文化」と比べると、もう少し限定されていたように見える。しかし今日ではこれは、「福音のあいまい化」をあまり恐れずに拡張された方がよいのではないかと思われる。それによって、「身近な生活」に関わるキリスト教主義、「生活に直結する」聖書のメッセージを伝えうる可能性が開かれてくるであろう。単なる「知識教育」に対する従来の批判的論調を意識して、「宗教文化教育」よりも、「宗教を考える教育」の方がよいとする説もあるが、[68] 基本的にはあまり変わらないので、わかりやすい前者の表現を用いることにしたいと思う。ただし、「宗教と人間生活との関係のより深層にまで入る教育」を目指すという「宗教を考える教育」のねらいは十分に評価されて然るべきであろう。[69] 日本におけるキリスト教主義学校教育は、欧米キリスト教神学がとらわれてきたような異文化を遠ざける議論を越えて、現にその中で生きている文化の具体的諸相に対して、もっと敏感になるべきであろう。

（1）日本宗教学会「宗教と教育に関する委員会」編『宗教教育の理論と実際』鈴木出版、一九八五年、一二頁。これ以外に「宗教知識教育」と「宗教情操教育」という概念を設ける三分類法が広く用いられてきたが、近年では、これを修正する試みがなされ始めたことは、すでに第三章で言及したとおりである。
（2）真野一隆『日本における宗教教育の可能性――キリスト教主義学校の明日に向けて』キリスト新聞社、一九八五年、一七―一八頁。
（3）これについては、本書第二章参照。
（4）佐藤八壽子『ミッション・スクール――あこがれの園』中公新書、二〇〇六年。本書は、「ミッション・スクール」というイメージが、「近代という『大きな物語』」の中でのわれわれ自身の「忌避と羨望」」を反映してきたことを、メディア論的に分析している。
（5）その意味では、悪名高き文部省訓令第一二号は、キリスト教立の学校が連合組織を結成するきっかけを作ったとも言えるであろう。文部省訓令第一二号に見られる「一般ノ教育ヲシテ宗教ノ外ニ特立セシムルハ学政上最必要トス」というやや粗雑な表現は、反対の動きを呼び起こすに十分なものであった。
（6）日本におけるカトリック系学校の歴史と実情については、次の諸論文に問題点が適切にまとめられている。佐々木裕子「カトリックの宗教教育――明治初期を中心に」国学院大学日本文化研究所編・井上順孝責任編集『宗教と教育――日本の宗教教育の歴史と現状』弘文堂、一九九七年、五五―七九頁。同「日本におけるキリスト教系学校の教育――その歴史と課題」国際宗教研究所編『現代宗教二〇〇七・宗教教育の地平』秋山書店、二〇〇七年、一〇六―一二六頁。
（7）同前「日本におけるキリスト教系学校の教育」一一〇―一一一頁。
（8）基督教学校教育同盟編『日本におけるキリスト教学校教育の現状』基督教学校教育同盟、一九六一年。
（9）それにひきかえ、プロテスタント教会立の「教会学校」(Church School)においては、男女の区別は見られない。これは「日曜学校」(Sunday School)と呼ばれているものと同じであるが、二十世紀の初頭から、その教会性を自覚する中で、教会学校という呼称の方が広がるに至った。教会学校の原型は元来十八世紀の英国の日曜学校にあるが、幾多の変遷を経て、十九世紀の日本のキリスト教会に伝えられた。カトリック教会の考えてきた学校教育は、本質的にこの教会学校につながるように思われる。日本のプロテスタント教会の場合、キリスト教学校制度と一般の学校制度との相違が必ずしも明確でないのは、キリスト教という宗教集団固有の教育の論理と公教育の理念との関係が十分に整理されていないためではないだろうか。日本で宗教教育の議論が避けられてきたことによる空白部分がここにも現れている。教会学校の意義をめぐる近年の種々の論点については、NCC教育部歴史編纂委員会編『教会教育の歩み——日曜学校から始まるキリスト教教育史』教文館、二〇〇七年。
(10) 真野は、「「伝道」のミッション(使命)が、学校組織の規模の拡大や時代の要請・社会情勢の変化に伴って弱まり、その結果、「伝道」よりも「一般教育」が重視されてきたという事実」を指摘する。前掲『日本における宗教教育の可能性』、二〇頁。
(11) 同書、一一五、一四六、一九九頁。
(12) 同書、二二頁。真野は、「その人間像あるいは人格の中核または基底に「信仰」を含めるか否か」、「もし「信仰」を含めないとしたら、それに代るものは一体何か」と問い(二二頁)、「キリスト教の信仰に基づく人格教育の「人格」の中に「信仰を含める」のが私の根本的理解である」と言う(三四頁)。しかしそれに続けてすぐ、「現実論としては、これは不可能ではないにしても極めて困難であり、至難の業である」と付け加えることを忘れない。
(13) 前掲『日本におけるキリスト教学校教育の現状』二頁。
(14) 平塚益徳『日本基督教主義教育文化史』(日独書院、一九三七年)『日本教育史』(平塚博士記念事業会編『平塚益徳著作集』第一巻)、教育開発研究所、一九八五年、五頁。
(15) 同前『日本教育史』一一〇頁。
(16) 同書、一〇八—一〇九頁。
(17) 同書、五〇頁。
(18) 同書、四四頁。
(19) 同書、一〇五頁。
(20) 同書、七四頁。
(21) 同書、一一〇頁。
(22) 「福音主義」という概念は重要であり、これについては歴史的に検討する必要があるので、後であらためてとりあげることにしたい。
(23) 平塚益徳「日本に於ける「基督教主義学校」——その過去・現在並びに将来に就いての一考察」(『新興基督教』五四号、一九三五年)前掲『日本教育史』一一三—一一四頁では、次のように述べられている——「私はその尊い記録の裡に明治時代初期のミッション・スクールの最も赤裸々な型を見せつけられるのである。それは純粋に、清き聖なる「学び家」である。併し乍ら、其処に漲る精神は、凡そ非教育的なものであった。惨ましき事に其処では形としての宗教は示されてゐるが真実そのものの宗教は不幸にして体験せられてはゐなかった。表面的「基督教教育」は行はれたが真の基督教教育は行はれてはゐなかった。少なくとも吾々にはかく感ぜられるのである。〔中略〕人或は言ふであらう。それは唯単なる特異な例証である、と。果たしてさうであらうか。私は決してそうではないと思ふ。その程度に於いて差こそあれ、当時のミッション・スクールの殆ど凡てはあゝした欠陥を有ってゐたのではあるまいか」。

(24)　前掲『日本におけるキリスト教学校教育の現状』六三頁――「もちろん、フェリスに学んだ相馬黒光のように、安息日を厳守することに、一種の抵抗を感じて、学校の反逆児のように見なされ、この生活に堪え得ずして、明治女学校に転じたという例もある」。

(25)　相馬黒光『黙移』(人間の記録二六)、日本図書センター、一九九七年。

(26)　同書、三〇〇―三〇一頁。

(27)　同書、一四五―一四六頁。

(28)　同書、九四頁。

(29)　同書、二九七頁。

(30)　相馬黒光は、最初に入学した宮城女学校における外国人女性校長のふるまいを次のように描写している――「初めは興奮を抑えるように見えましたけれど、だんだん感慨が胸に迫ったのでしょう。Go away! Go away! と左手の戸口を指して絶叫しました。満堂片唾をのんで極度に緊張いたしました。五人の先輩は徐に立ち上がり、少しうつむきながら順々に講堂から出て、永久に母校を去ってしまいました」同書、一一一頁。

(31)　平塚益徳は、「我国渡来の宣教師の教育的素養の欠如」を指摘する――「勿論邦人教師の中には、而して或る場合には宣教師にあって優れた教師を見出し得たであらうが、彼等は多くの場合教師であるよりも余りにも多く教誨師であった。〔中略〕彼等宣教師の中には教育事業を余りにもイージーゴーイングなものと考えてゐたものが多かったのではないかと考へられる」前掲『日本教育史』六五頁。確かに「教誨師」のイメージを宣教師と重ね合わせると、彼らの言動をよく理解できる場合がある。小檜山ルイは、来日した「アメリカ婦人宣教師」の働きとその影響を具体的事例に即して考察し、彼らが日本へもたらしたものが「単純な賞賛で片づけられる平坦な道程ではなかった」ことを明らかにしている。小檜山ルイ『アメリカ婦人宣教師――来日の背景とその影響』東京大学出版会、一九九二年、二八九頁。

(32) 前掲『日本におけるキリスト教学校教育の現状』七七—八二頁。
(33) 同志社編『新島襄教育宗教論集』岩波文庫、二〇一〇年、一八—三三頁。
(34) 久山康編『日本キリスト教教育史——思潮篇』キリスト教学校教育同盟(発売・創文社)、一九九三年、二七六頁(松川成夫発言)。
(35) 隅谷三喜男「同志社問題とアメリカンボード」『宮本武之助先生喜寿記念論集・キリスト教と教育の接点』日本YMCA同盟出版部、一九八二年、七三—九八頁。
(36) 同書、九三頁。隅谷はこの食い違いとの関連で、同志社の財産問題に言及しているが、これは、あらためてとりあげるべき重要な問題であろう。同書、九七頁・注(一二)。
(37) 同書、九三—九四頁。
(38) 同書、九四頁。
(39) 佐波亘編『植村正久と其の時代』第五巻、教文館、一九三八年、一九六六年復刻、二四三—四三八頁。
(40) 同書、二五一頁。
(41) 同書、二六五頁。
(42) 同書、二八二頁。
(43) 同書、二七四頁。
(44) 同書、二八四頁。
(45) 同書、二七四頁。
(46) 同書、三一五頁。
(47) 同書、三二三頁。
(48) 同書、三二八頁。
(49) 同書、三四九頁。
(50) 同書、三二八頁。
(51) 同書、二五二頁。
(52) 高尾利数編著『キリスト教主義大学の死と再生』新教出版社、一九六九年。そこには次のような記述が見られる——「キリスト教信仰が本来真に自由を基礎づけ、自由を促進するものであるならば、キリスト教主義大学と呼ばれるものは、逆説的に言えば、まさにキリスト教的であろうとするがゆえに、キリスト教主義であることをやめるべきなのである。なぜなら、キリスト教信仰こそ、「あらゆる勢力から離れて学問が独立する」ことのために、最も強力に貢献する力とならなければならないからである」(六五頁)。

(53)　前掲『日本における宗教教育の可能性』二六—二八、一一五頁。

(54)　キリスト教と文化との関係を分析した典型的なキリスト教神学の著作は、Helmut Richard Niebuhr, *Christ and Culture*, New York, 1951, 2001. H・R・ニーバー著、赤城泰訳『キリストと文化』日本基督教団出版局、一九六七年。これについては本書第一章参照。

(55)　本書第一章の「越境する宗教文化」は、この問題を扱ったものである。

(56)　前掲『日本キリスト教教育史——思潮篇』三三一頁(久山康発言)、四〇一頁(隅谷三喜男発言)、四一〇—四一一頁(松川成夫発言)。そういう意味では、初めから「教育文化」を説く平塚益徳は、問題を的確にとらえている。

(57)　前掲『キリスト教主義大学の死と再生』一六〇頁。

(58)　「個人の尊厳を重んじ、個人の自由な選択に基づく価値多元の社会を形成する人格の形成」に「キリスト教教育の課題」を設定しようとする主張は、「キリスト教的ジェントルマン」の理想と重なり合うように見える。倉松功・近藤勝彦『キリスト教大学の新しい挑戦』聖学院大学出版会、一九九八年、四四頁。また、「同志社と組合教会が理念として掲げようとした自由自治とか、自主独立の理念」に新島襄と熊本バンドをつなぐものを見出そうとし、「自主独立の人間はキリスト教によって生まれてくる」と考えることも、これに通ずる。キリスト教学校教育同盟編『日本キリスト教教育史——人物篇』創文社、一九七七年、四二頁(土肥昭夫発言)。

(59)　この問題については、前章で指摘したとおりである。

(60)　青山学院大学総合研究所キリスト教文化研究部編『モラル教育の再構築を目指して——モラルの危機とキリスト教』教文館、二〇〇八年、四頁。

(61)　同前編『キリスト教系中学校・高等学校生徒の道徳意識に関する研究——二〇〇四年度—二〇〇五年度調査研究報告書』同研究部、二〇〇六年、同『別冊・日本と韓国との比較調査研究』同研究部、二〇〇七年。

(62)　同前、二〇〇六年刊行報告書、二七五頁。

（63）　桑原直己「宗教色なき宗教教育の可能性」森一弘、田畑邦治、Ｍ・マタタ編『教会と学校での宗教教育再考――〈新しい教え〉を求めて』オリエンス宗教研究所、二〇〇九年、二六五頁。
（64）　佐々木裕子「明治以降のキリスト教教育史――宗教教育者の要請を展望して」同書、二四〇―二四一頁。
（65）　前掲「宗教色なき宗教教育の可能性」二五九頁。
（66）　Alister E. McGrath, *Religious Education in Great Britain: The Role of the Church of England in forming British Spirituality*, Tokyo, 2010. Ａ・Ｅ・マクグラス著、高橋義文訳『アリスター・Ｅ・マクグラス宗教教育を語る――イギリスの神学校はいま』キリスト新聞社、二〇一〇年、七八―七九、八六―八七頁。ここでは、“a burgeoning interest in spirituality” とか “systematic spirituality” とかの表現が用いられている。
（67）　これについては本書第六章参照。
（68）　宗教教育研究会編『宗教を考える教育』教文館、二〇一〇年。
（69）　磯岡哲也「国公立学校における「宗教を考える教育」の現状」同書、一一二頁。

第五章　スピリチュアリティ論と宗教文化（一）

二〇〇五年三月二四日から三〇日までの七日間、東京で開催された「国際宗教学宗教史会議」（ＩＡＨＲ）第一九回世界大会の模様を報道した朝日新聞（四月四日付夕刊）、毎日新聞（四月八日付夕刊）など一般紙の論調は、会議全体の流れとして、期せずして同じ方向を指摘していた。すなわち朝日新聞は、公開シンポジウムの発題者が、「社会とのかかわりの中で宗教を見据え、研究者も観察者から脱皮するよう訴えた」と総括し、これを「今回の大会の大きな枠組みを示すもの」としてとらえる。また毎日新聞は、「いずれにしても今後、宗教者とはまた違う「行動する宗教学者」の役割が高まるのは間違いないようだ」と結論づけている。これらの記事には、現場からの報告という形をとりながら、やや押しつけがましいジャーナリスト的な期待が表明されているようにも見える。そうであるとすれば、それを聞き流すよりも、むしろその注文を逆手にとって、今日ますます裾野を広げつつある宗教研究の中で、先端的な課題を主体的に担う方法を新たに明確化しておいた方がよいのではないかと思われる。それは、宗教概念の再考をめぐる現代の議論をさらに深めつつ積み重ねて、それを新たに宗教文化論として構築し、近代の実証主義的アプローチのゆえに一旦不明確になったように見える宗教学の「当事者性」を、ここで再確認していくことになるであろう。

一 作業仮説としてのスピリチュアリティ

今日一般に「当事者性」が問題になってきたのは、社会的弱者の権利との関係においてである。それは、従来の「専門家主義」や「パターナリズム(温情的庇護主義)」に対抗すべく創出された一種の運動家用語であり、「当事者主義」や「当事者本位」という言い方よりも、「当事者主権」という言い方が好まれる。[1] その立場は次のように説明される――「専門家が「客観性」の名においてやってきたことに対する批判が、ここにはある。というのも「客観性」や「中立性」の名のもとで、専門家は、現在ある支配的な秩序を維持することに貢献してきたからである。むしろ当事者学は、あなたはどの立場に立つのか、という問いを聞く人につきつけると言ってよい」[2]。専門家の客観性・中立性に対する批判を内容とするかぎり、この主張は特定の運動の標語を越えて、啓蒙主義以降の近代的学問の営為に広く適用されていく可能性を含んでいるのではないかと思われる。

狭義の宗教学は、すぐれて近代的な学問としてその歩みを進めてきたが、近年に至って、その対象と方法があらためて問いなおされるようになった。「対象」の問題はあとからとりあげるが、さしあたり宗教研究の「方法」が、ここで言う当事者性と関わってくる。ただし、宗教運動を即座に社会的弱者の運動論と結びつけることに対しては、十分に慎重である必要がある。[3] なかんずく、いわゆる「救済宗教」が宗教現象のすべてとは言えなくなった現代社会においては、その必要性が高まるであろう。[4] もっとも救済宗教の場合でも、実際には、教団の構成員に社会的弱者という意識があるとはかぎらない。[5] しかし、ヨーロッパ啓蒙主義の流れを汲む近代宗教学は、研究者の視点と研究対象そのものとを区別するのが常であったので、この種の区別に疑問を投げかける「当事者主権」論は、宗教学の方法に再考をうながすことになるのである。

近年、宗教研究との関連で当事者性が論じられるようになったとき、そこでは「ふたつの当事者性」が語られる。研究対象の当事者性と研究者の当事者性である。(6) 確かに従来、研究者と研究対象との間の距離は、宗教学においては自明のことであったが、前述の問題意識からすれば、少なくとも両者のかかわりを問いなおさなければならないであろう。研究対象の当事者性は、これまでにも、参与観察にあたって注意すべきこととして意識され続けてきた。それをふまえないと、宗教者の意味世界、さらに教団の共同性が構築されていく経緯が見えにくいと考えられるからである。他方、研究者の当事者性は、比較的最近になってから意識されるようになったもので、日本では、広く注目を集めたカルト問題、世界的には、宗教と暴力をめぐる問題がそのきっかけになったと考えられる。つまり研究者は、客観性・中立性の陰に身を隠すわけにはいかず、その研究活動は、「参与」していようといまいと、いずれにしても社会的責任を免れることはないと見なされるに至ったのである。

しかし、これら二つの当事者性の区別は、常に明確に認識されるものであろうか。「研究」である以上、主体と対象との間に何らかの意味での距離を想定するのは自然であろうが、宗教研究の場合、そこにはいくつかのレベルがある。研究者としては、宗教集団からできるだけ身を引いて批判的に観察する立場から、教団内に身をおいて内側からそれを理解しようとする立場、教団に帰属する自己自身をあらためて問いなおす立場まで、そのスタンスは多様である。しかもそうした立場は、時間の経過の中で一定であるとはかぎらない。そもそも研究対象の当事者性を全く理解せずに宗教現象を研究することはできないが、研究対象の社会的影響力がマイナスの形で現れるときには、そこから距離をとり、批判的に関わる度合いが増大するのが常である。しかし、批判的であるにせよ、理解のためのかかわりは、すでに当該教団の形成に参与する第一歩である。研究者の良心は、この点を自覚し続けるかぎりにおいてのみ保たれるのである。宗教研究者の社会的責任が問われるのは、二つの当事者性を意図的に分離し、自らを安全な立場において利を図ろうとするような場合であろう。比喩的に言えば、宗教研究者は、宗教現象を研究しようとするかぎり、すでに「手を汚している」のである。

　ところで現代では、宗教研究の当事者性をめぐる議論と並行して、宗教研究の対象そのものをめぐる議論が新たに展開されてきたことにも注目する必要がある。それは、一九六〇年代以降に浮かび上がってきた宗教概念再検討の試み(7)、さらに、スピリチュアリティという概念に対する強い関心(8)に支えられており、日本や欧米から始まった議論であるが、次第にそれ以外の文化圏にも影響を与えつつあるように見える。スピリチュアリティは、宗教概念が再検討される過程で、宗教概念に代わるもの、もしくは、それを補完するものとして、頻繁に用いられるようになったが、元来決して新しい概念ではない。しかも、今日広く使用されているにもかかわらず、その定義は必ずしも一致しない(9)。しかしこれは、学問的な概念の定義には常につきまとう傾向であるので、特に問題とするにはあたらない。宗教の定義がそうであったように、スピリチュアリティの定義もさしあたり作業仮説ということでさし支えないであろう。

　重要なことは、スピリチュアリティという言葉を用いることによって、どのような「作業」が可能になるのかである。宗教概念が流動化する中で、もしスピリチュアリティが宗教概念に代わるものになりうるとすれば、それは、従来イメージされてきた宗教なるものよりも広い現象領域をカヴァーできるものでなければならないことになる。その場合には、かなり大がかりな概念の再構築が必要であるが、結果的に概念の仮説的性格が克服されることは難しいであろう。しかしながら他方、スピリチュアリティが宗教概念を補完するものになる場合には、制度化されていく特定の宗教集団の外にあって、あるいは、内と外との境界領域にあって、内とのある種の連続性を求めようとして、この言葉が用いられることになる。そのような役割を期待しつつスピリチュアリティを用いることは、組織的・制度的教団のはざまに身をおく立場の主体性・当事者性を積極的に肯定しようとすることにつながる。これによって、実在する集団を連想させる「宗教」を研究するにあたって陥りやすい弁明の仕方、すなわち、対象から距離をとることによって「客観性」が保たれるという弁明の仕方が退けられる。宗教研究者は、研究対象である宗教的状況に否応なく巻きこまれ、退路を絶たれるのである。したがって、今日問われている宗教研究の当事者性の問題は、スピリチュアリティ概念の導入によって、あらためて展開の手がかりを得ることになる。

ちなみに、M・エリアーデによって企画された『宗教百科事典』の初版では、"Christian Spirituality" という項目しかなかったが、[10] 二〇〇五年に出版された第二版では、新たに "Spirituality" という独立項目が設けられるに至った。[11] そこでは、かつて宗教のひとつの面を表していたにすぎないスピリチュアリティ概念が、今日では宗教全体を問いなおすきっかけとなってきた事情が説明される。すなわち、既成宗教に「代わるもの」(an alternative) としてのスピリチュアリティの可能性が具体的に指摘されたあとで、これは「宗教研究の課題であるとともに、それから独立した研究課題でもある」と述べられている。実際に注目すべきスピリチュアリティとしてあげられたものは多種多様であるが、この事典の項目では、環境や人類の生存に関わるスピリチュアリティを中心として説明されている。しかし、"ecological spirituality" とか "green spirituality" とかは、日本社会ではまだあまりなじみがないようにも見える。どこに強調点をおくかは、文化のコンテクストによって相違が出てきて然るべきなのかもしれない。「宗教ではなくスピリチュアリティを求めた人々は、彼らなりの仕方で自分自身を展開しようと望んでいた」と述べられているところでは、やはり当事者性を自覚することの重要さが意識されていると言えよう。

かつて一九六〇年代に宗教概念の再検討が始まったときには、Th・ルックマンの「見えない宗教」という言葉などが与える印象から、従来宗教と呼ばれてきた人間の営みをかぎりなくあいまいなものにする傾向として、消極的に理解されがちであった。例えばかつて佐木秋夫は、日本宗教学会で、これを「宗教の没骨化」と呼んで批判していた。その背景には、唯物論者が宗教批判の明確な対象を失うことに対する不満があったと思われる。スピリチュアリティ概念の導入は、宗教概念再検討の流れを積極的にすくいとり、宗教を実体的に規定することをやめて、人間のふるまいの傾向性として定位しなおすことを意味していた。客観的実体としてはっきりした対象をおさえることはできないが、その代わりに、それに関わる主体の側の価値観と責任が問われるようになったのである。これをスピリチュアリティ論出現の思想的意味として理解することはできないであろうか。

二　キリスト教の歴史とスピリチュアリティ

スピリチュアリティを日本語になおそうとすると、通常「霊性」という言葉が思い浮かぶ。そのため日本のスピリチュアリティ論では、鈴木大拙の『日本的霊性』(初版は一九四四年)がしばしば引用される。[12] 彼によれば、霊性は、「物質」と対峙する二元論を前提として成り立つ「精神」とは異なり、その精神の奥に潜在している働らきをさす。[13] しかし、それはただちに「宗教意識」と言い換えられているように、結局宗教概念にかぎりなく近づき、両者の境目はあいまいになる。[14] それゆえ、今日問題になっているような事態を表すためには、霊性という用語はあまり適切ではない。もし代わりにスピリチュアリティという英語をそのまま日本語として用いるとすれば、それに先立って、この言葉の由来因縁をキリスト教周辺の文化的伝統の中に探っておく必要があるであろう。キリスト教周辺では、現在でも、そうした伝統的意味合いが生きていると思われるからである。現代の新しい状況を理解すべく、スピリチュアリティという言葉をあらためて自覚的に使用するためには、過去の文化的しがらみの何が受け継がれ、何が受け継がれなかったのかを見きわめておかなければならない。

「霊」もしくはそれに類似した言葉に訳されるような概念の起源は古代オリエントにまでさかのぼるし、「聖霊」論は、三位一体論との関連で、キリスト教の歴史とともに古いことは言うまでもない。カトリック教会では、神秘主義の展開に伴い、今日のスピリチュアリティと類似した形で、霊的な実践への注目が見られた。[15] プロテスタント教会でも、霊のイメージは継承されているが、どちらかと言えば、肉体と対置されて、鈴木大拙が言う精神の意味に近くなっているようにも見える。[16] 東方正教会も伝統的に、霊的なものを重視してきた。しかし、スピリチュアリティという概念が次第に意識的に注目されるようになるのは、やはり二十世紀後半になってからである。アメリカ合衆国において、伝統的プロテスタント教会の周辺から始まった「ペンテコステ運動」(Pentecostal movement)やカトリック教会内部の「カリスマ刷新運動」(Charismatic Renewal movement)なども、この趨勢の先駆けであろう。キリスト教的伝統にからんだこうした流れは、ひとつの形にまとまることはなく、どちらかと言えば、それぞれの時代において別な形をとり、主流の周辺にあって、時にはそれに対抗して批判的に関わることになった。したがって、現代のキーワードとなりつつあるスピリチュアリティも、必ずしもキリスト教的伝統から直接由来するものではなく、キリスト教をも含めて各地の文化の中に多様な形で存在した霊的イメージが、時代状況からの要請に対応して、ある種の形をとってきたものと言えるのではないであろうか。キリスト教におけるスピリチュアリティ論は、いわば受身の形で成立したものであろう。

ところが他方、宗教研究における当事者性の問題になると、スピリチュアリティの場合とは異なり、これとキリスト教的伝統との結びつきがはるかに緊密である。宗教と呼ばれてきた人間の営みを当事者の視点からロゴス化する試みとして、長い間の蓄積をもつのは、まさにキリスト教神学だからである。もちろん、いかなる宗教的立場についても当事者の弁証があり、その意味では、大なり小なり「神学」がありうるはずであるが、歴史的連続性の中で思想として展開され、文化に影響を与えてきたのはキリスト教神学であるから、やはりこれをモデルとしてとりあげざるをえない。ただし、キリスト教神学に課せられた第一の責務は、組織的・制度的教会を維持・発展させるための理論を構築することであり、確かに宗教集団の内側からのアプローチではあるが、必ずしもメンバー個人の当事者性を全面的にすくいあげるものであるとはかぎらない。その限定をふまえて、キリスト教神学はその歩みを続けてきたし、また続けている。しかし、個人の意識と制度との間には何がしかのずれが生じるのが常であり、キリスト教神学はそれを包みこむ形で展開した。かつて近代宗教学は、キリスト教神学を相対化するものとして、その存在を主張し始めた。やがて単純な客観性や実証性は退けられ、一種の再神学化が図られるが、そのさいには、人間個人に力点を移す問題意識が浮上してきた。もし、教会形成の論理としての大文字の「キリスト教神学」を脱構築し、宗教研究の当事者性と神学的方法を人間学的次元で結びつけることができるとすれば、キリスト教神学の伝統が今日の宗教研究の中で生かされることになる。新たな装いをとりつつあるスピリチュアリティ論は、そこへ重ね合わせられたとき、あらためて前向きに問題圏を共有するに至るであろう。

スピリチュアリティについて積極的に発言している現代のキリスト教神学者の一人は、英国のＡ・マクグラスである。二〇〇三年の来日にあたって行われた講義の中で、彼は、神学とスピリチュアリティとの関係について、わかりやすく語っている。[17] 彼によれば、キリスト教神学は啓蒙思想の影響の下で、「神学的正しさ」を知的に追求するようになったが、これだけでは「弱く罪深い人間の傷を癒す薬」とはならない。大事なのは「どのように感じ、どのように生きるか」であって、そのためにはスピリチュアリティに目を向けなければならないと言う。[18] つまり、ここで言うスピリチュアリティとは、「私たちが神に出会い、神を体験すること、そして、その出会いの結果、私たちの意識と生活が変容すること」なのである。[19] スピリチュアリティのこうした重要性にマクグラスが気づき始めたのは一九八九年以降のことで、それが真の意味で開花したのは一九九二年頃であったと言われる。[20]

スピリチュアリティ論に対する関心がキリスト教神学の中へ導入された時期についてのこの記述は、それが教会の枠を越えた広い社会的動向に触発されたものであったことを示唆している。ここで語られている時期は、まさに現代スピリチュアリティ論勃興期の射程内に入っているからである。次第に目につくようになったスピリチュアリティへの関心は、伝統的なキリスト教会の一部に自己反省をうながすようになり、マクグラスもそれを深刻に受けとめた。彼は英国国教の中で育ったが、いわゆる福音主義(リベラルな立場から見ればファンダメンタリズム)に強い親近感を抱いている。彼の見方からすれば、近代のキリスト教神学は主知主義に傾いており、今やその啓蒙思想に疲れてきたのである。確かに世界的に見て、現代のキリスト教会のうち発展しているのは福音主義的教派のみで、それ以外は衰退しつつあるので、この見方には説得力がある。しかしそうであるかぎり、マクグラスの主張は、基本的には「キリスト教的スピリチュアリティ」の復興である[21]。教会の外でスピリチュアリティが語られ始めたのを見て、教会が急いで自らの伝統の中からスピリチュアリティを探し出し、それを主張するようになったというのが、キリスト教会におけるスピリチュアリティ論出現の実態であろう[22]。

　マクグラスがスピリチュアリティに注目したのとほとんど同じ時期に、ドイツの神学者J・モルトマンは、彼の組織神学体系の一部として、霊の問題を扱った著作を出版した[23]。ここには、聖霊論をめぐるプロテスタント神学の微妙な立場が現れている。プロテスタント神学思想史においては、一九七〇年頃から、キリスト中心主義を説くK・バルトの神学や新正統主義に対する反動として、「霊の忘却」を嘆く傾向が生じ、一部にはそれが高じて、いわば霊にとりつかれたような現象も見られるようになった――「本当に霊にとりつかれた状態が、いわゆる「霊の忘却」にとってかわった[24]」。前述のペンテコステ運動やカリスマ運動がそれにあたり、これらの運動は、教会の主流からは、当然警戒心をもって迎えられた。モルトマンもこの傾向に「キリスト教のプラトン化」を感じとり、“Spiritualität”という表現に対しては消極的である。彼によれば、これは「身体に対する敵意と世界からの隔絶を形成し、共同体と自然の感性的経験よりも、魂の内的経験を優先させる結果をもたらす」ことになる[25]。

この見方は、物質・身体と対置された精神と“Spiritualität”を同一視することにつながっているが、現代のスピリチュアリティ論は、元来そのような対置を越えたところから出発したはずである。したがって、モルトマンのこの主張は、旧約聖書以来さまざまな言語による屈折を経験しながら持続的に保持されてきた霊概念を、ヨーロッパ的キリスト教の枠内にとどめようとする努力であるように見える。「極東的あるいはアフリカ的 Spiritualität について語ることは、この語の正確な意味を残念ながら再び曖昧にし、この意味を「宗教性」に還元してしまう」と言うとき[26]、彼の立場は明らかになる。ところが、この点を強調したことは、逆に彼の危機意識を浮かび上がらせる結果になっているのではないだろうか。実際このように自らの守備範囲を確定しようと努めながらも、彼の発言はいつのまにか揺れ動いていく。「霊そのものは経験の対象ではなく、経験の媒体・経験の場所であり、〔中略〕私たちは霊に関して語るのではなく、霊からのみ語ることができる」と言うときには[27]、むしろ近年のスピリチュアリティ論に通じる響きがあるようにも思われる。

キリスト教会をとり巻く現代社会の動向は、教会の現実がスピリチュアリティ現象へずれこんでいくことを避けようとしても、そのための十分な余裕を与えるとはかぎらない。そこにはある種の必然性が存在するとも考えられるからである。キリスト教思想では、古代以来「聖霊」概念が用いられており、教義学用語としては、これは三位一体論のひとつの構成要素となっている。それにもかかわらず西方教会の神学の中では、聖霊論はやや「継子」扱いをされてきた嫌いがあるが、今日の状況に対応するには、もう一度これに目を向けざるをえないであろう。礼拝の祝祷で語られる「聖霊の交わり」も、その動きの中で、礼拝論的に問いなおされることになるのではないかと考えられる[28]。モルトマンは結局、霊の問題を伝統的な三位一体論に集約し、「三位一体的霊の交わりの概念から出発するか、あるいはユニテリアン的霊の交わりの概念から出発するかどうかは、霊そのものの理解また神学的交わりの理解一般にとっても決定的な事柄である」と言うが[29]、世界的に見れば、キリスト教会内部でも、事態はそれほど単純ではない。

スピリチュアリティに対する関心が高まってくるのは一九七〇年代以降であるが、それ以前の二十世紀組織神学は、霊の問題をどのように見ていたのであろうか。組織神学の中では多少特殊な例に属するかもしれないが、P・ティリッヒは、一九六三年に『組織神学』第三巻を出版し、そこで「生と霊」(Life and the Spirit) の問題をとりあげた[30]。彼も、当時すでに現れつつあった「聖霊運動」(Spirit-movement)を意識しており、それに対応する形でこの問題を扱おうとする[31]。したがって、その扱い方はかなり慎重で、最終的にはやはり三位一体論に集約する。しかし、スピリチュアリティに対する警戒感がまだ芽生えていないためか、かなりリベラルな展開も見られ、キリスト教会の内部からスピリチュアリティへ向かう契機をうかがわせるところすらある。そもそもキリスト教神学が、父なる神、子なるキリストに加えて、聖霊概念をとりいれてきたことは、裏をかえせば、古代キリスト教会が周辺地域に向かって自らの立場を弁証するにあたり、不可欠の要素としてそれを必要としたということを意味するのかもしれない。

ティリッヒは、大文字で始まる“Church”に対してはかなり懐疑的であり、問題をもっと個々の人間の現実へ近づけ、「霊的共同体」(Spiritual Community)とか「霊的現臨」(Spiritual Presence)という言葉を用いる[32]。これについて説明するときには、彼は通常の教会論を越え出ているようにも見える――「霊的共同体には宗教的シンボルは存在しない。なぜなら、出会われた実在は、その全体性において、霊的現臨のシンボルだからである。そこではまた宗教的行為なるものも存在しない。なぜなら、すべての行為は自己超越の行為だからである[33]」。ここでは、宗教的シンボルや宗教的行為を前提としないスピリチュアルな働きが共同体形成の契機になることが述べられている。この考え方は、まさに現代のスピリチュアリティ論とも重なり合ってくるのではないだろうか。プロテスタント・キリスト教会の礼拝は、「主イエス・キリストの恵みと、神の愛と、聖霊の交わりとが、あなたがた一同と共にあるように」(日本基督教団口語式文)という祝祷でしめくくられる。この「聖霊の交わり」が、ティリッヒの言う霊的共同体に通じるならば、キリスト教は元来、スピリチュアリティ的衝動を自らの内に秘めてきたことにもなる(34)。

そのような意味では、正統的キリスト教にとって、三位一体論は両刃の剣のようなものと言えるであろう。一方においてそれは、さまざまな文化的伝統の中に存在する霊的志向を、キリスト論や創造論の中に組み入れる組織神学的な仕掛けとして働く。これによってキリスト教のアイデンティティは、現実には多くの屈折をはらみながらも何となく形成されていくことになる。しかしながら他方、そこには、組織的・制度的キリスト教会の枠を越え出る衝動が内蔵されている。それは、人間的生の現場に即して、教会組織の内と外の境目へ、さらにその周辺へと向かおうとするエネルギーを有する。このエネルギーは、教会の枠を越えていくベクトルを示しつつ働くものであるから、キリスト教のアイデンティティに動揺をもたらす。そのため、教会の中に霊的志向が強くなると、再び三位一体論の教義的限定が抑止力として浮上する。したがってスピリチュアルな要素は、伝統的キリスト教会にとって、活性化の要因になると同時に、アイデンティティの保持を難しくする可能性をも含んでいるのである(35)。

三　スピリチュアリティ概念の当事者的性格

ここであらためて、宗教研究における当事者性の問題とスピリチュアリティへの関心とが相互に連関していることを、結論的に確認しなければならない。一見したところでは、両者は必ずしも結びつかず、議論の展開も別々になされてきたからである。しかし、二〇世紀後半に、欧米や日本で盛んに論じられるようになった宗教概念再検討の動きをこの背景において考えると、やはり両者は連動しているように見えるのである。一九六〇年以降、多くの宗教研究者は、理念的共同体を表す宗教概念は、欧米近代の産物にほかならないという見方を共有するようになった[36]。換言すれば、宗教をめぐる本質主義的な理解に対して批判的な風潮が広がってきたのである。そこで、そのような意味を帯びるに至った宗教概念に代わって現れたのがスピリチュアリティであった。これは確かに、現代の宗教現象の内面化とそのダイナミックな広がりをよく表しており、理念的共同体としての宗教集団を越えた意味合いを含んでいる。しかし、スピリチュアリティという概念が本質主義を完全に脱しているかどうかについては、いろいろなとらえ方があるかもしれない[37]。ともあれ、特定宗教集団への所属が生みだす宗教論の当事者意識は、スピリチュアリティに視点を移すことによって揺らぐことになるであろう。近代から現代にかけて浮かび上がってきた主観―客観図式克服の傾向も、これと重なり合う。

前述のようにキリスト教神学は、一見したところでは、当事者性を意識した学問的伝統であったかのように見える。しかし、スピリチュアリティへの関心に現れている現代思想の個人化傾向に照らしてみると、今度は逆に、キリスト教神学と言えども、必ずしも当事者性を反映しているわけではないことが明らかになってくる。むしろ公式の神学が、一部の当事者からは大きくかけ離れたものとなる場合すらありうる。しかしながら、そこではしばしば、正統派神学のうちに含まれていた一種の霊的志向が活性化してくる。それとともに神学の当事者性は、正統派神学の立場から、その霊的志向の担い手に移っていくのである。キリスト教神学をめぐるこのような事態は、他の宗教集団にとっても、かなり有効性の高いモデルを提供するであろう。要するに教団においては、それを構成する個々の人間に焦点を合わせるかぎり、当事者性は、ダイナミックな振幅の中で考えられなければならないのである。およそ宗教集団なるものは、本来、内から外へ向かう契機と外から内へ向かう契機とのせめぎ合いの中で成り立っているのではないであろうか。そのバランスが崩れるとき、教団は社会的場面で危機に陥ることになる。

現代のスピリチュアリティ論が投げかける重要な問いは、宗教研究者は、どのようなスタンスをとるにしても、当事者であることを免れるわけにはいかないのではないかということである。研究者である以上、教団の内にあって、不動の神学によりかかりつつ公式の当事者性に安んずることはできないし、教団の外にあって、客観的に教団当事者を観察する中立的立場を主張し続けることもできない。双方の立場は非連続であるかのように見えるが、実は連続している。既存の宗教概念の枠を破るスピリチュアリティ論が示唆するのは、まさにその事実なのである。そうであるとすれば、どのような視点から宗教現象にアプローチしても、自らの位置をスピリチュアリティの中で自覚しているかぎり、当事者であることに変わりはないことになる。スピリチュアリティは、教団の内と外の境界線を流動化し、異なる教団同士をへだてている壁に風穴を明ける。スピリチュアリティを視野に入れつつ宗教現象にアプローチするときには、どのような立場をとろうとも、たえず当事者であることを要請される。したがって、ことさら宗教研究者の社会的責任云々と論じなくても、あらゆる研究者のそれぞれの形が、社会的意味をもっているのである。宗教研究者にとって大事なことは、宗教現象と思われるものに網をかけることによって描かれる見取図の中で、そのつどの座標軸を設定することであろう。そこでの自らの位置を知ることによって、研究は次第に当事者性を帯びてくるのである。

ところが他方、スピリチュアリティ論にはたえずあいまいさが付きまとうがゆえに、この言説が果たす機能は、社会的コンテクストによって、プラスにもマイナスにも評価されうるということに注意しておかなければならない。考えてみれば、そもそも宗教概念がそのような性格をもっていた。ここから、スピリチュアリティ論がカルトの反社会的活動を助長するという批判も出てくる。この批判は現実には、確かに当たっていないとは言えない。スピリチュアリティが「売りもの」として、商業的利益と結びつくようなときには、その種の危険性が指摘されて然るべきであろう。(38)しかしスピリチュアリティ概念は、キリスト教の歴史における用法が示すように、元来両義的であるところに、その役割があったのではないかと思われる。そうであるとすれば、これをもっぱら否定的に扱うのも適当であるとは言えないであろう。少なくとも現代のスピリチュアリティ言説は、近代欧米の宗教概念との対比で用いられるようになったわけであるから、実体的規定からは意識的に切り離されている。そうであるとすれば、むしろ積極的に、この概念を作業仮説的に用いて、現代の文化現象を読み解いていく方がよいのではないかと思われる。既存の概念のはざまに落ちる問題を拾いあげ、新たに公共的合意を作りあげていくことは、今日さまざまな領域で要請されているが、スピリチュアリティ論もその一環と考えることができるであろう。

(1) 中西正司・上野千鶴子『当事者主権』岩波新書、二〇〇三年。
(2) 同書、一七頁。
(3) かつて日本のマルクス主義者による新宗教研究は、社会的弱者の増大と新宗教運動の発生との関連を問題にした。つまり、未組織労働者層を新宗教集団が吸収してしまったと考えられたのである。
(4) 島薗進『現代救済宗教論』青弓社、一九九二年、七―二七頁。
(5) 新宗教運動の場合とは異なり、既成の大宗教集団においては、「救済宗教」の構造を保持しながらも、「弱者」意識は例えばキリスト教の「罪人」のような形で理念化され、社会的にはむしろ「強者」の地位に就くメンバーも少なからず現れる。
(6) 伊藤雅之・樫尾直樹・弓山達也編『スピリチュアリティの社会学――現代世界の宗教性の探求』世界思想社、二〇〇四年、一六―一八頁。
(7) 『宗教とはなにか』(『岩波講座宗教』1)岩波書店、二〇〇三年、特に深澤英隆「「宗教」の生誕――近代宗教概念の生成と呪縛」同上、二三―五四頁、および本書第一二章参照。
(8) 最近の動向を知るためには、島薗進『スピリチュアリティの興隆――新霊性文化とその周辺』岩波書店、二〇〇七年。
(9) 前掲『スピリチュアリティの社会学』における諸論稿は、これを新しく定義しようとする試みの振幅を示している。

（10）　Geoffrey Wainwright, "Christian Spirituality," in Mircea Eliade (editor in chief), *The Encyclopedia of Religion*, Vol.3, New York, 1987, pp.452-460.

（11）　Mary N. MacDonald, "Spirituality," in Lindsay Jones (editor in chief), *ibid.*, Second edition, Vol.13, New York, 2005, pp. 8718-8721.

（12）　鈴木大拙『日本的霊性』岩波文庫、一九七二年。

（13）　同書、一六―一七頁――「今までの二元的世界が、相克し相殺しないで、互譲し交歓し相即相入するようになるのは、人間霊性の覚醒にまつよりほかないのである」。

（14）　同書、一七頁――「霊性を宗教意識と言ってよい。〔中略〕即ち霊性に目覚めることによって初めて宗教がわかる」。

（15）　例えば一六世紀のイグナティウス・デ・ロヨラは、自らの神秘体験を「霊操」(exercios spirituals) として伝えようとした――「散歩したり、歩いたり、走ったりすることを体操 (exercios corporals) と言うように、霊操は魂を準備し、調えるあらゆる方法のことである」。Ignatius de Loyola, *Texte autographe des Exercices Spirituels et documents contemporains, 1525-1615*, Paris, 1986. イグナチオ・デ・ロヨラ著、門脇佳吉訳・解説『霊操』岩波文庫、一九九五年、五八頁。

（16）　近年発見されたJ・カルヴァン晩年の説教集の表題は、「霊的な飢え」(la famine spirituelle) となっている。Jean Calvin, *La famine spirituelle (sermon inédit sur Esaïe 55)*, Genève, 2000. J・カルヴァン著、野村信訳『霊性の飢饉――まことの充足を求めて』教文館、二〇〇一年。

（17）　A・E・マクグラス著、稲垣久和監訳『ポスト・モダン世界のキリスト教――二一世紀における福音の役割』教文館、二〇〇四年(講義の記録で、原文は未刊)。

（18）　同書、二〇三頁

（19）　同書、二〇五頁。

（20）　同書、二〇四頁。

（21）　マクグラスは、すでに二〇世紀末に、そのような考えをまとめている。Alister E. McGrath, *Christian Sprituality: An Introduction*, Oxford, 1999. A・E・マクグラス著、稲垣久和他訳『キリスト教の霊性』教文館、二〇〇六年。

（22）　Gordon Mursell (ed.), *The Story of Christian Spirituality: Two thousand years, from East to West*, Oxford, 2001. G・マーセル監修、青山学院大学総合研究所訳『キリスト教のスピリチュアリティ――その二千年の歴史』新教出版社、二〇〇六

年はその典型である。日本のキリスト教会に刺激を与えたのは、特に世界保健機構（WHO）による健康の定義（一九九九年）におけるスピリチュアリティの使用であったらしい。ちなみに、一五〇年の歴史をもつキリスト教的国際組織であるYMCAの正章は、円のうちに正三角形を描いたものである。これは“spirit”（精神）、“mind”（知性）、“body”（身体）の均整のとれた成長を示すもので、この組織がすでに早い時期から“spirit”の重要性に気づいていたことを表している。

(23)　Jürgen Moltmann, *Der Geist des Lebens: Eine ganzheitliche Pneumatologie*, Müünchen, 1991. J・モルトマン著、蓮見和男・沖野政弘訳『いのちの御霊――総体的聖霊論』（J・モルトマン組織神学論叢4）、新教出版社、一九九四年。

(24)　*ibid.* 同訳書、一八頁。

(25)　*ibid.* 同訳書、二八頁。モルトマンはまた別の箇所で、「すべてのギリシア・ラテンの教父たちは、同時代の人々のこのようなグノーシス的宗教性を敵として戦わなければならなかった。そしてほとんどの教父たちは、それに屈服し、このような宗教的欲求に応じたキリスト教的霊性を展開した。今日に至るまでプラトン的時間-永遠性の二元論は、黙示録的過去-将来の葛藤を排除し、麻痺させている」（一三八頁）とも言う。これはキリスト教の伝統的な批判図式であるが、現実は必ずしもそのように割り切れるわけではない。

(26)　*ibid.* 同訳書、一二八頁。「極東的あるいはアフリカ的 Spiritualität」なるものをモルトマンが正確に理解しているとは思われない。キリスト教会は長年にわたり、この種の言い方によって自らの世界を狭めてきた。

(27)　*ibid.* 同訳書、一三四頁。これに続けて、モルトマンは次のように言う――「神の霊は、私たちが経験をする広範な場である。私たちから非常に遠いのではなく、あまりにも近いから、私たちは聖霊についてほとんど知らない」。ここで語られていることは、彼が批判的に扱う「宗教性」とどう違うのであろうか。

(28)　キリスト教会における礼拝・典礼研究は、二十世紀になって大きな展開を遂げた。日本でも二十一世紀初頭以降、James F. White, *Introduction to Christian Worship*, Nashville, 1980, Third edition, Revised and expanded 2000. J・F・ホワイト著、越川弘英訳『キリスト教の礼拝』日本基督教団出版局、二〇〇〇年を始めとして、この分野における多くの著書・翻訳が出版されている。ホワイトは、キリスト教礼拝の歴史をふりかえりつつ将来を展望し、「聖霊は、キリスト教礼拝の歴史全体を通じて働き続けてきた」と言う。これが現時点で特に強調されていることに注目したい。James F. White, *A Brief History of Worship*, Nashville, 1993. J・F・ホワイト著、越川弘英訳『キリスト教礼拝の歴史』日本キリスト教団出版局、二〇〇二年、二七八―二七九頁。

(29)　J. Moltmann, *op. cit.* 前掲訳『いのちの御霊』三二四頁。

(30)　Paul Tillich, *Systematic Theology*, Vol.3, *Life and the Spirit, History and the Kingdom of God*, Chicago, 1963. P・ティリッヒ著、土居真俊訳『生と霊、歴史と神の国』(『組織神学』第三巻)、新教出版社、一九八四年。

(31)　*ibid.*, p.159. 同訳書、一六〇―一六一頁――「ここで私が告白しなければならないことは、この組織神学は本質的に、しかし、間接的に、聖霊運動に影響されているということである。それは、一方では、聖霊運動の西洋文化一般(シュライエルマッヘルのような神学者たちをも含めて)に対する影響によって、他方では、聖霊運動者たちからの、既成の宗教生活ならびに思想的諸形体に対する批判によって影響されているということである。しかし、まさにこの影響のゆえに、いくらかの批判的解説を加えることが順当であろう」。

(32)　*ibid.*, p.159. 同訳書、一九一頁――「霊的共同体は曖昧ではない。それは霊的現臨によって創造された新しき存在である」。

(33)　*ibid.*, p.168. 同訳書、二〇一頁。同じ箇所では、また次のようにも言われている――「霊的共同体においては、狭義の宗教は存在しないけれども、広義の宗教は、曖昧ならざる仕方で、道徳と結びついている」。この文章の後半部分については、もう少し検討が必要であろう。

(34)　ティリッヒによれば、霊的共同体は、諸々の宗教的共同体の中で共有されている要素と考えられているようである――「霊的共同体は他のグループと並ぶ一つのグループではない。それはむしろ、このようなグループの中に、すなわち、宗教的共同体の中に内在し、また働いている力であり、構造であるということである。もしそれらがキリストとしてのイエスにおける新しき存在の顕現に意識的に基礎づけられているならば、それらのグループは教会と呼ばれる。もしそれらが他の基礎の上に立っているならば、それらはシナゴーグ、神殿の会衆、神秘集団、修道団、祭祀集団、または運動と呼ばれる」(*ibid.*, p.173. 同訳書、二〇八頁)。

(35)　しかしティリッヒは、この事態を前向きにとらえている――「今や神学的困惑ないし単なる伝統への追随なしに、かの偉大なる言葉「父と子と聖霊の御名によりて」を口にすることができるであろうか。〔中略〕また「父なる神の愛、イエス・キリストの恵み、聖霊の交わり」によって、その祈りを聞く人々の中に迷信的な心象を呼び覚ますことなしに、祝祷をすることができるであろうか。私はそれは可能だと信じる。しかし、それは三一〔三位一体〕神の教義の根本的な改訂と、神的生命と霊的現臨の新しい理解を必要とする」(*ibid.*, p.311. 同訳書、三六八頁)。

(36) W・C・スミスは、そのような排他的で対照的な理念的共同体を"entity"と呼んでいる。Wilfred Cantwell Smith, *The Meaning and End of Religion*, New York, 1962, renewed Minneapolis, 1991.

(37) 「宗教」に代わるものとしてW・スミスが授起する"faith"という概念は、T・アサドによれば「(心の)内的状態」であり、ある種の本質主義であると言われる。Talal Asad, "Reading a Modern Classic: W. C. Smith's 'The Meaning and End of Religion,'" in Hent de Vries / Samuel Weber (eds.), *Religion and Media*, California, 2001. T・アサド著、中村圭志訳「比較宗教学の古典を読む――W・C・スミス『宗教の意味と目的』」磯前順一、タラル・アサド編『宗教を語りなおす――近代的カテゴリーの再考』みすず書房、二〇〇六年、二四―五〇頁。

(38) Jeremy Carrette/Richard King, *Selling Spirituality: The Silent takeover of religion*, London and New York, 2005.

第六章　スピリチュアリティ論と宗教文化（二）

一　術語の意味の拡散と歯止め

「「スピリチュアリティ」という語は、ここ二〇年くらいの間に、少しずつ日本語の世界の中で、一般的に使われはじめてきている」。「二十一世紀を迎えた現代の宗教文化を理解するうえで、この「スピリチュアリティ」は欠かせないキーワードである」という樫尾直樹の説明は、今日この問題を考える出発点を明確にするために有用であろう。(1)ここから確認すべきことは次の三点である。すなわち、われわれがとりあげようとする「スピリチュアリティ」概念は、(一)「ここ二〇年くらいの間」のものであること、(二)「日本語の世界」のものであること、(三)「宗教」ではなく「宗教文化」というくくり方で理解すべきものであることである。この確認は、概念の歴史的由来を問う手続きは必要であるとしても、そこに「本来の意味」を見出そうとするのではなく、言葉が用いられていく前向きのプロセスに注目し、現在の状況の中での用法を重視することを意味する。したがってこの場合、名詞の定義から出発する思考法は不要であろう。なお、以下の論述は、前章を前提としながら、それを補い

発展させる形で進められるので、一部分重複するところがあることをあらかじめことわっておかなければならない。(2)

そこで前述の三点について、筆者の視点から逐次考察していくことにする。第一に、今日あらためてスピリチュアリティという概念をとりあげることが何らかの意義をもつとすれば、それは、この概念の用法を時代的に現代に限定することによって、はじめて明らかになるであろう。英語の"spirituality"およびそれに対応する近代ヨーロッパ語の同義語、さらにそのもとになっている古典語、あるいはそれ以外の諸言語における類似語をさぐれば、議論はどんどん広がっていく。そうした探索にもそれなりの意義はあるが、ここではあくまで現代宗教論の一環として、スピリチュアリティ論をとりあげたい。そのためにはやはり、用法の時代的限定が必要なのである。この概念の使用を特に活性化するに至ったのには、それを要請する時代的背景があった。結論を先取りして言えば、その背景はやはり一九七〇年代以降の思想的状況ではなかったかと思われる。当該状況は基本的には先進文化地域に共通したものであるが、それでも地域によって若干現れ方を異にする。日本では、一九六〇年代におけるイデオロギーの終焉、各種の運動の挫折、個人の組織離れをふまえつつ、一九七〇年代以降には、生きがいや自分探しを目指す新たなネットワークの形成が求められるようになった。ここからスピリチュアリティ論を含むさまざまな新しい動きが生じてきたのである。樫尾は「ここ二〇年くらいの間」と言っているが、それはスピリチュアリティ概念が定着した時期で、その出発点が「六、七〇年代以降」であることは、前提として認められている。もっとも、六〇年代の思想状況の意義をその最初期においてしか認めず、挫折にいたる最後期の運動を「負の遺産」と位置づける立場を主張するものもないわけではない。その立場からすれば、スピリチュアリティ論などは不要になるのであるが、七〇年代以降日本のみならず世界的に広がったある種の宗教的現象は、評価はさておき事実として認めざるをえないであろうから、それらをひたすら拒否し続ける立場は、「ファンダメンタリズム」まがいの陥穽に落ちこむことになるであろう。樫尾は二十世紀末からの状況を「宗教性の全域化」としてとらえているが、[3]ここではあえて「宗教」という概念を使わず、また「霊性」という言葉も使わない方が、それなりのメリットをもつのではないかと思われる。日本では、「スピリチュアリティ」は必ずしも英語の"spirituality"ではないのである。これは初めから「日本語の世界」の用法なのであり、次に第二点として、そのことを確認しておきたい。

『広辞苑』が「スピリチュアリティ」という言葉を意識し始めたのは第六版(二〇〇八年)からであり、ここではこれは「霊性」という日本語と同一視されている。[4]そしてこの「霊性」については、「宗教的な意識・精神性。物質を超える精神的・霊的次元に関わろうとする性向」という説明がなされる。それに対して、『日本国語大辞典』第二版(二〇〇一年)では、「スピリチュアル」や「スピリット」という項目はあるが、「スピリチュアリティ」という項目はない。[5]しかし「霊性(れいせいもしくはれいしょう)」という項目は存在し、十九世紀以来柳田国男(一九四六年)に至るまでの用例が載っている。[6]これを見るかぎり、「霊性」は近代の日本語においてすでに用いられていた言葉であり、確かにスピリチュアリティの翻訳語にはなりうるが、今日言うところのスピリチュアリティとは必ずしも一致しない。実際スピリチュアリティ論では、しばしば鈴木大拙の著書が引用されるが、[7]そこでの説明がそのまま受けいれられているわけではない。スピリチュアリティと呼ばれる現象は、社会的現実の中で現在も流動的に展開しつつあり、単純な命題による定義でおさえようとすることは困難である。[8]「霊性」という言葉は従来比較的良い意味で用いられてきたので、既成宗教集団の名称を上につけて、「……の霊性」という書名がしばしば見られ、スピリチュアリティ論が展開されているが、これはそれぞれの教団の自己弁明であるとともに、後に述べるスピリチュアリティの商品化(この場合はメディア特に出版社による商品化)の一例であろう。英語のspiritualityは、この種の現象の近年における世界的広がりを表現するために、あらためて伝統的語彙から引き出されたものであり、片仮名で書いたスピリチュアリティもちろんこれとつながるものではあるが、元来はキリスト教の用語であったことを忘れてはならない。英語圏のこの概念の用法をめぐる推移は、M・エリアーデ編纂による『宗教百科事典』の初版(一九八七年)とL・ジョンズ編纂の第二版(二〇〇五年)を比較することによって明らかになる。(9) すなわち初版においては、spirituality 関連では、“Christian Spirituality”(Geoffrey Wainwright)という項目しかなかったが、第二版になると、“Spirituality”(Mary N. MacDonald)という独立項目が新規に設けられた。この推移は、spirituality が元来キリスト教の用語であったこと、および、今日のスピリチュアリティ論はその枠をはるかに越えた展開を志向していることを示している。その点をふまえておかないと、スピリチュアリティ論の意義の大半が見失われる。そのために本章では、キリスト教の伝統との連続性と非連続性をはっきりさせるために、翻訳語に成りきらない「スピリチュアリティ」という、英語を音写しただけの変則的な日本語を意識的に用いるわけであり、これによってこの概念の不安定性・流動性を積極的に示唆しようとする。日本で主張されている多くのスピリチュアリティ論がやはり英語の音写を用いているが、そこには同様な動機が含まれているのではないかと思われる。

さらに先にあげた第三の点、すなわち「宗教文化」という表現についてふれておかなければならない。現代宗教論においては、「宗教」よりも「宗教文化」というくくり方の方が有効であることについては、筆者はすでにこれまでにも折にふれて論じてきた。(10) そこでも述べたように、前世紀以来の宗教論と文化論の展開をふまえながら、さらにキリスト教神学の主張をも考慮に入れると、今日これらの地平で共通認識を形成するための手がかりとしては、「宗教文化」という術語が有効であるように思われる。確かにこの術語の意味はあいまいと言えばあいまいであり、一部にはこのような表現に対して異論もあるが、宗教や文化に関する言説は多かれ少なかれ仮説的なのであるから、概念に認識上の有効性を発揮する条件があれば、それを生かしつつ実験的に用いていくしかないであろう。二十世紀中ころに始まった宗教概念再検討の試みは、この概念自体の歴史的被制約性をおさえたうえで、あらためて別の形で普遍化を志向する同種の言説を設定し、その意義を再確認していくという形をとらざるをえない。スピリチュアリティ論は普遍化志向を含むが、これをそのまま宗教論とおき換えるのではなく、さしあたり宗教文化論と関連づけるのが妥当であろう。社会集団や思想・教説というイメージと結びつきやすい宗教概念を、宗教文化という幅のある概念でとらえなおすとき、新たにスピリチュアリティという表現を生かす余地も開かれる。これは現代の宗教的状況を理解するためにはかなり有効であると思われる。そもそも宗教概念再考の動きは、この概念につきまとうある種の本質主義に対する批判であったわけであるから、それを受けた議論は、本質主義から距離をとるものでなければならない。スピリチュアリティ論は、宗教文化という術語のもつ媒介的ニュアンスと重なり合うことによって、その機能を果たしうるのではないかと思われる。[11] また前述のように、一九七〇年代以降に繰り広げられた欧米や日本の社会状況は、それまでとは別の言葉を用いて語られる必要があるが、全く新しい概念の使用にもなじまない。[12] そうであるとすれば、その状況を語る術語は、旧来の概念との連続性を引きずりながらも、既存の意味合いをある程度拡散させていくものであることが望ましい。ただし問題は、その拡散の程度をどう定めるか、どこに歯止めを設けるかということであろう。日本におけるスピリチュアリティ論導入の背景には、そのような事情があったのではないだろうか。[13]

二　宗教とスピリチュアリティの連続性と非連続性

英語の spirituality は元来キリスト教文化の中で成立し、次第に意味をふくらませ、拡散させてきたことは前述のとおりである。『宗教百科事典』第二版では、古典的なスピリチュアリティの実践者たちは、これを宗教の一面と見ているのに対して、今日のスピリチュアルな問いは、このような限界を越えていると述べられている。[14]ここではそれは、「宗教に代わるもの」(an alternative to religion)すなわち「代替宗教」として理解される。「代替……」という表現は一九七〇年代アメリカを中心に展開された「ニューエイジ」(New Age)運動が流行したころによく使われたが、こうした日本語表現の使用には注意が必要である。と言うのは、この表現には、出発点を忘れて一人歩きする可能性が含まれているからである。『宗教百科事典』は初版以来、“Christian Spirituality”というかなり長い項目を設けており、この記述は神学的で、ある意味では保守的であるので、新たに設けられた“Spirituality”という独立項目とは緊張関係にある。[15]だがスピリチュアリティ理解には、実はこの緊張関係が重要なのではないかと思われる。英語圏のキリスト教では、少なくとも教会組織が存続しているキリスト教文化の中では、旧来の religion 概念は広く受けいれられているが、spirituality 概念がこれにとって代わるには、未だ至っていないのである。現代的な spirituality のイメージは何となく認識されているが、それが Christian spirituality なのか、全く新しい spirituality なのかははっきりしていない。多分一般には、両方の要素が混在した形でとらえられているのであろう。このことは、「実証的」方法によっても確かめられているようである。[16]つまり英語なるがゆえに、単語の意味の連続性が担保されているのであるが、日本語では、安易に宗教をスピリチュアリティで代替することはできない。[17]しかし、英語圏で見られるような既成宗教現象の変化は、日本社会にも見出されるのであるから、これを何らかの術語で表現しなければならない。そこには、英語圏におけるキリスト教文化との共通性が残っていると同時に、新しい要素も現れている。そのため日本でも、宗教論とともにスピリチュアリティ論を導入する必要があるが、そのさいにはスピリチュアリティを「霊性」と訳さず、結局そのまま日本語に音写することになったわけである。

ところで現在、spirituality という英語では、具体的にどのような社会現象が表現されているのであろうか。

『宗教百科事典』第二版においては、すでにその「多元性と多様性」が指摘され、グローバルな倫理の探求、エコロジーへの関心、健康の増進、フェニミズムの支援、平和の追求などが具体的内容としてあげられており、これらがしばしば religion の理解とも重なり合うことが示唆されている。総合的に言えば、二十世紀後半の spirituality 言説は、「本物を求め、生の意味を肯定しようとする」人々の闘いを反映しているのである。そこでは「家族・友人・環境に誠実である生き方」が目指されている。このように spirituality はおおむね積極的に評価されており、プラスのイメージでとらえられている。[18] しかしながら他方、最近日本語にも翻訳されたCh・パートリッジ編『新宗教百科事典』(二〇〇四年)には、さらに一段と進んだ spirituality の用法が見られる。[19] これは現代世界の宗教運動を幅広くとりあげようとした意欲的な事典で、他に類を見ないものである。本書では spirituality の用法として、例えば、一九五〇年代後半のアメリカのキリスト教における繁栄の教説に触発されて広がった「繁栄のスピリチュアリティ」(Prosperity Spirituality)[20]、あるいはまた、「宗教的伝統・宗教的空間・宗教的共同体・宗教的身体などの枠組みに疑問を投げかける」「ポストモダンのスピリチュアリティ」(Postmodern Spirituality) などがあげられている。[21] 前者はもちろんであるが、後者も「ポストモダニティとポストモダニズムに対する宗教の反応であり、関与である」とされており、いずれも既成の宗教集団と無関係ではないことが示唆されている。さらにこの事典では、「世俗生活の内にありながら何かしら宗教的であるように見える現象」に対して、「暗黙裡の宗教」(Implicit Religion) という名称が与えられており、これも spirituality と重ね合わせられる。[22] こういう説明を見るかぎり英語の spirituality は、理念的にも現実的・具体的にも、やはり religion 特にキリスト教の伝統から派生したものであることがわかる。それにもかかわらず、本書であげられた具体的実例には、従来の religion に含まれた肯定的イメージからはみ出し、「カルト」と呼ばれる集団に近づいているものもある。今や spirituality はこうした意味合いも伴っていることに、あらためて注意を向けておく必要があろう。[23]

それでは、日本語のスピリチュアリティの意味はどのように展開してきたのであろうか。それについては、長らくこの問題と取り組んできた島薗進の記述が最も委曲を尽している。[24] まず日本語でスピリチュアリティが話題にのぼるようになったきっかけであるが、島薗はそれを明確に「一九七〇年前後」と想定している。[25] 具体的実例の列挙は避けるが、この見方は筆者の見解とも一致する。多くの研究者がスピリチュアリティ論をとりあげようとする動機も、まさにここに存するのではないかと考えられる。もちろんその前兆は、すでに一九六〇年代から、アメリカの対抗文化とそれと連動したニューエイジ運動の影響を受けて生じているが、決定的な引き金となったのは、アメリカの公民権運動・ベトナム反戦運動・一九六八年のパリ五月革命と続いた政治の季節の終焉であった。一九七七年以来日本では、そこから生じてきた動向は「精神世界」と呼ばれ、政治の季節を脱して、「内からの自由の道を探る実験」がさまざまなところで試みられた。これらの試みが多岐にわたって変化しながらも、全体として姿を現してくる中で、二〇〇〇年代になると次第に、スピリチュアリティという日本語が一般に広く用いられるようになったのである。その間、島薗はこれに対して、「新霊性運動」・「新霊性文化」あるいは「新霊性運動・文化」(new spirituality movements and culture)という呼称を提起してきた。[26] 一九七〇年代からの一連の動向を一種の文化運動と見なすのは的確な理解であるし、ここで目指されているものを単なる「霊性」ではなく、「新霊性」としておさえようとするのも行きとどいた配慮である。しかし島薗も十分に認識しているように、この運動は、発生からしても展開過程からしても、単純な文化運動ではなく、宗教文化運動であり、その点は絶えず意識され続ける必要がある。同じような現象であっても「宗教」色を脱した表現が好まれる日本にあっては、このことは強調しておいた方がよい。したがって、新霊性運動・文化という術語は、宗教との連続性を感じさせる日本語のスピリチュアリティと併用されるのが望ましい。[27]

島薗によれば、「伝統宗教・教団宗教と新霊性運動・文化は対立するばかりではなく、多くの接点をもち、支え合うような関係を含んでいる。だが、巨視的に見れば、伝統宗教・教団宗教と新霊性文化は、異なる文化潮流を構成しており、両者が融合してしまうようなことはないだろう」とされている[28]。また同様な認識が次のようにも表現されている――「いずれにしても、二一世紀の世界では、伝統的宗教と新霊性文化は、おたがいを主に敵やライバルとして、そして一部は共鳴し合うものとしてますます強く意識し合うことになろう。そして、伝統的宗教、世俗的ヒューマニズム、新霊性文化の三者が、それぞれに普遍主義的な世界観を提供し、三つのタイプのアイデンティティが競い合うという状況がますます広がっていくであろう[29]」。これは、スピリチュアリティの自立的発展を見すえたきわめて重要で巨視的な問題提起であり、具体的宗教集団の現実を見るかぎり、それは当たっているようでもあり、当たっていないようでもある。ここで「伝統的宗教、世俗的ヒューマニズム、新霊性文化」の三者を想定し、これらを「普遍主義」と関係づける見解はかなり有効であろう。しかし普遍主義とのかかわり方は、実は三者三様である。伝統的宗教集団はいずれもその本性上、教義・教典・儀礼などを通じて普遍主義を志向する。ただしそれらの普遍主義は、現実には本来の意味での「普遍」とはならず、宗教集団の数だけ存在することになる。それに対して世俗的ヒューマニズムの志向する普遍主義は、近代の合理主義的世界観に裏づけられ、科学的手法によって支えられるものであるから、それなりの説得力をもち、容易に崩れない自信を伴っている。現代ではこれは、最も普遍主義らしい普遍主義と言えよう。ところが新霊性文化は、初めから必ずしも普遍主義を志向してはいない。スピリチュアリティと呼ばれる宗教文化運動は、伝統的宗教集団の要素を引きずっているものの、本質的には個人のネットワークであって、制度的な教団組織ではないので、本来流動的性格を有し普遍主義にはなじまない。したがって、「三つのタイプのアイデンティティが競い合うという状況」は、しばしば行違いを生じる。そもそもアイデンティティの確立という考え方に対しても、疑問が投げかけられるのが現代の思想的状況なのである。島薗が言うように、伝統的宗教集団とスピリチュアリティは「異なる文化潮流」に属しており、今後「融合してしまうようなことはない」としても、完全に分離してしまうこともないのではないだろうか。そうであるとすれば、「伝統的宗教、世俗的ヒューマニズム、新霊性文化」の三類型は、宗教文化に焦点を合わせて現代社会の状況を分析するためには、有効な作業仮説であるが、これらは同時に、相互の連関をも意識しながら用いられるべきではないだろうか。問題はその連関のあり方である。

三　キリスト教文化とスピリチュアリティ

spirituality 概念の母胎がキリスト教であり、日本を含めた現代社会の宗教文化運動を表すスピリチュアリティも、当然その延長線上にあることについては繰り返し確認してきた。そこで次に、現代のキリスト教界の具体的な現実と照らし合わせながら、前述の三類型の相互連関のひとつの現れ方について考察してみたい。まずキリスト教は伝統的に、宗教的なものを組織的な宗教集団の形で理解しようとする傾向があり、それが近代の religion 概念を規定してきたことは、すでに指摘されているとおりである。そのため教団組織論をめぐる古典的理論は、キリスト教をモデルとして組み立てられており、そこにはいつのまにかキリスト教的価値観が忍びこんでいる。すなわち、M・ヴェーバー等の教団組織論で広く用いられている教団組織の基本型は、持続する制度としての“Kirche”(教会)であり、そこから自発的な“Sekte”(分派)が派生すると考えられたのである。その種の教団組織論には、個人のネットワークを考慮に入れる余地はない。そうした発想法によれば、スピリチュアリティのような運動は、どうしても Sekte の下位概念になりがちである。これを社会の構造的変化の中で必然的に生みだされるマイナスの産物と規定する見方も、元来はここに由来する。確かにスピリチュアリティが展開していったところには、必然的ではないが、「カルト」的な反社会性を帯びた集団が現れてくる可能性はある。そのことはしっかりと自覚的に認めておかなければならないであろう。しかしながらそれは同時に、組織的宗教集団の属性とも言えるのである。その点でも、スピリチュアリティは宗教文化の中に深く根差している。要するに、宗教もスピリチュアリティも両義的であり、積極的・肯定的に評価できる面とともに、消極的・否定的に評価されざるをえない面をも兼ね備えている。後者の性格が表に出たときには、その集団は当然社会的制裁を受けざるをえないであろう。集団の指導者がその責任を負うわけであるが、スピリチュアリティの場合、既成宗教集団の外側のネットワークが中心となり、個人の活動が浮かび上がってくるので、当事者性は一層明確になる。[30] スピリチュアリティの商品化がしばしば指摘され、それは実際反社会的問題をもたらすこともあるが、[31] 商品化は時代を問わず既成宗教集団においても現れており、好ましいか好ましくないかは程度問題である。したがって、キリスト教の伝統とスピリチュアリティの関係を論ずるにあたっても、スピリチュアリティをプラスの面だけで思い描き、それをあたかも本来のキリスト教であるかのように主張するのは一面的であり、的外れの護教論であろう。スピリチュアリティがキリスト教文化と分かち難く結びついているというのは、どのような事態であるのかは、そうした安易な護教論とは別に、しっかりと見きわめられなければならない。

英語の spirit もしくは spiritual にあたる概念は、古代オリエントから近代ヨーロッパにわたる長い歴史の中で、さまざまな言語によって表現されてきたが、キリスト教の伝統との関係で言えば、総じて由緒正しい出自のものと見なされていた。宗教改革の時代に至っても、このような用法は、カトリシズムとプロテスタンティズムの双方から支持されていた。[32] そもそも「聖霊」(Holy Spirit)は、三位一体(Trinity)を構成するひとつの位格(persona)として、キリスト教の歴史とともに古い概念と考えられており、それを確認する正統教義としての三位一体論はすでに五世紀までには成立していた。ところが、キリスト教教義学の展開の中で聖霊論は、いささか消極的な位置づけをされており、少なくとも注意深く扱われるべきものと見なされてきた。確かにキリスト教の歴史においては、spirit もしくはそれと関連する概念を行動原理の中心におく運動は、「熱狂主義」的色彩を帯びやすく、正統とされるものの考え方からしばしば逸脱する傾向を有していた。それにもかかわらずその種の運動は、教会を活性化させるものでもあったため、繰り返し再生産された。正統教義としての三位一体論を確立していくこと、礼拝の中で賛美歌や祈祷を通して三位一体を儀礼的に再確認していくことは、理論的・実践的に spirit の独走にしばりを与えるキリスト教会の無意識の智恵であったのかもしれない。spiritual なものに対するキリスト教神学者の見方は、多くの場合アンビバレントであった。例えば現代ドイツの代表的神学者の一人であるモルトマンは、英語圏から始まったスピリチュアリティ論の新たな展開について、ある程度知識をもっているようであるが、おそらくそれなるがゆえに、ドイツ語の "Spiritualität" の使用には消極的である。[33] 彼はこれが「身体に対する敵意と世界からの隔絶」につながると言うが、この批判は今日のスピリチュアリティ論にはあてはまらない。他方モルトマンは同じ著書の中で、「神の霊が人間の中にあるから、人間の霊は自己超越的に神を目ざしている」というスピリチュアルな発言をしている。[34] さらに別の著書では、「聖霊の項目は教会が立ちもし倒れもする項目である」とまで語っていた。[35] このようにキリスト教神学者たちは、聖霊概念が伝統的なキリスト教のシステムを揺り動かす可能性を感じとりながら、これを三位一体論の枠内にとどめようとする努力を重ねてきたのである。

英語の spirituality とともに日本語で言うスピリチュアリティをも包みこんだ宗教文化の新しい展開を正確に理解し、それを現代のキリスト教にも関わる重要な問題として、積極的に検討しようとしているキリスト教神学者は、英国国教会出身のマクグラスである。彼がこの問題の重要性に気づいたのは一九八九年以降であり、一九九〇年代からこれについて公けに発言するようになったと言われている。[36] これは、今日考えられているスピリチュアリティ論が展開してきた時期と重なり合うので、スピリチュアリティ論を真正面から見すえた欧米のプロテスタント教会の本格的な対応と見なしてさし支えないであろう。マクグラスは前述のモルトマンとは異なって、スピリチュアリティ論を拒否せず、むしろ近代のキリスト教神学に対する批判につなげようとする。彼によれば、啓蒙主義思想に影響されて「神学的正しさ」を知的に追求してきた近代のキリスト教神学は、「弱く罪深い人間の傷を癒す薬」にはならなくなった[37]。そのような啓蒙主義思想に人々が疲れてきた現在では、「私たちが神に出会い、神を体験すること、そして、その出会いの結果、私たちの意識と生活が変容すること」を求めて、スピリチュアリティに目を向ける必要が生じたのである[38]。キリスト教をモデルとする伝統的宗教集団は、その伝統形成にあたって、多かれ少なかれロゴス化の契機を重視する。そのため教義に基づいて教典が作成され、信条が制定されるのである。それは確かに「神学的正しさ」の知的追求であり、啓蒙主義との親和性を示す。キリスト教文化は、ヨーロッパ近代の啓蒙主義を媒介することにより、新たな時代へ向かって自らを武装すべく、有力な手がかりを得たのであるが、これは同時に、キリスト教の内実を合理的に世俗化していく方向とも結びついていった[39]。キリスト教文化の内側からスピリチュアリティへの志向が顕在化してくるのは、徐々に強化されていく教会の伝統的性格とそれをとり巻く宗教文化の世俗的合理性の両者に付する緊張関係においてであった。すなわちスピリチュアリティは、知的ロゴスの契機とは異なった志向を有し、また、単なる合理的な法則や道徳律を越えた経験にまで歩み入ろうとする。スピリチュアリティをめぐるマクグラスの考察はこの点にまでは及んでいないが、そこから見えてきた問題は、現代宗教の座標軸を見定めるにあたってきわめて重要である。

ここであらためて提起したい問いは、先に言及した「伝統的宗教、世俗的ヒューマニズム、新霊性文化」という島薗が立てた三類型が、社会の一般的状況だけでなく、キリスト教のような特定の既成宗教集団の状況にもあてはまるのではないかということである。宗教文化の現代的変容と将来への展望は、一般的状況と個別的状況の二つの側面を合わせておさえるところから見えてくるのではないだろうか。そこで、現代のキリスト教の諸相に即して、この問題をもう少し検討してみたい。そのための出発点としては、すでに第二章でも言及したマクグラスの次のような警告的発言が参考になる――「ここで、おそらく未来のキリスト教の形を左右すると思われる四つの流れを見よう。すなわち、ローマ・カトリック、ペンテコスタリズム、福音派、東方正教会である。明らかに、ここには含まれていないものがある。つまり、主流のプロテスタントは、少なくとも今のままの形では、西洋では、二一世紀には生き残ることは出来ないように思われるのだ」(40)。この発言の中でマクグラスが列挙しているキリスト教の五つの流れは、いずれも現代のキリスト教を論じるにあたって注目されなければならないものである。そこでこれらを先の三類型と対応させてみると、「ペンテコスタリズム」・「福音派」・「東方正教会」は「新霊性文化」と重なってくるのではないだろうか。もちろん細かい点について見れば、この対応には若干無理なところもないわけではない。しかしそれは、類型化には常につきまとう問題点であり、特定の宗教集団を広く社会変動の中に位置づけるにあたっては、一旦小異を捨てて大同に就いてみる必要がある。まずローマ・カトリックを伝統的宗教と見なすことには、異論はありえないであろう。それに対して主流のプロテスタントは、自らは伝統的宗教であるかのように考えているとしても、実際には、聖書の倫理的解釈等を通して、世俗的ヒューマニズムへと大幅にずれこんでいく。その結果、教団活動が一般の社会運動の中へと自己分解を遂げていく傾向すら見られる。他方、「ペンテコスタリズム」・「福音派」・「東方正教会」はそれぞれ特性をもっており、ひとくくりにして扱うわけにはいかないが、ローマ・カトリックや主流のプロテスタントとは明らかに異なった展開を見せており、新たな要素を含みこみながら流動的である。それらの向かいつつある方向は、スピリチュアリティの展開と無縁ではないように思われる。いずれにしても現代のキリスト教は、長い歴史的変化の結果を受けて非常に多様化しており、その多様性の幅は、人間社会の多様性の幅に匹敵するくらいである。したがって、現代社会の宗教をめぐる三類型は、既成宗教集団のひとつであるキリスト教にも、おおよそあてはまると考えてよいであろう。それが可能であるとするならば、キリスト教の現実的・具体的状況から逆に推測して、現代社会の三類型も必ずしも同等に並存しているのではなく、そこには何がしかの比重の差が生じてくることがわかる。

その点を明らかにするためには、マクグラスの指摘を手がかりとして、現代キリスト教文化とスピリチュアリティとの関係をもう少し探ってみなければならない。ペンテコスタリズムは、「異言《いげん》」と呼ばれる現象などスピリチュアルな体験を重視する点で広義のスピリチュアリティに通じるが、主としてラテン・アメリカやアフリカ等の地域性に根差している。また東方正教会も独自のスピリチュアルな典礼をもつが、その名の如く、やはり地域性と結びついている。日本社会および欧米社会と最も密接なかかわりをもっているのは福音派である。これは時にファンダメンタリズムと結びつけられるが、両者は無関係でないとは言え、完全に合致するわけではない。一般に福音派と呼ばれている集団にもまた多くの種類があり、一概にくくることはできないが、自分たちこそまさに伝統的キリスト教であると考えている点ではほぼ一致している。確かに彼らの言う「純福音主義」は、聖書・教職者・教会等を重んじるので、まさに「伝統的」であるかのように見える。しかしその聖書理解の一部が「聖書逐語霊感説」(verbal inspiration of the Bible)と呼ばれるように、彼らは啓蒙主義以降の歴史的・批判的方法に基づく聖書解釈をとらず、聖書に書かれた言葉自体をスピリチュアルなものとしてとり扱う。また教職者や教会に関しても、霊によるうながしが重んじられる。マクグラスは福音派に対して親近感をもっており、そのスピリチュアリティにキリスト教の将来の可能性を見ているようである。[41] 実際日本のキリスト教界の近年の動きを見ていると、主流のプロテスタントは行きづまりつつあるのに対して、福音派は組織的にもまとまりを見せ、その活動はめざましく発展している。[42] キリスト教系新宗教運動も、福音派の周辺から発生することが多い。要するに、宗教文化の三類型とスピリチュアリティ論の発生は、近代から現代へかけてのキリスト教の思想史の展開とも、それなりの対応関係をもつ。日本のカトリック教会は大きく伸びることはないが、目立って衰退することもなく、言わば伝統的宗教の象徴として存在感を発揮している。世俗的ヒューマニズムは、キリスト教で言えば、プロテスタントの自由主義神学である。それに対して弁証法神学のように正統主義を復興させるのではなく、第三の道を模索しつつある動きがスピリチュアリティにつながる流れとなっていると考えることができるのではないだろうか。

以上で検討してきたように、島薗が提起した現代宗教文化の三類型を、伝統的宗教集団としてのキリスト教に現れてきた諸潮流と照らし合わせたとき、次の諸点が明らかになる。(一)現代の宗教文化が抱えている世界観的葛藤は、多かれ少なかれ似たような形で、既存の特定宗教集団においても共有されている。(二)伝統的宗教・世俗的ヒューマニズム・新霊性文化の三類型は一種の理念型であり、実際には必ずしも明確に区分されず、相互に入り交じっている。(三)三類型は常に同じような比重で並存するわけではなく、時代の推移につれて、それらの間に盛衰が見られる。

そこで最後に、新霊性文化すなわちスピリチュアリティを宗教研究の術語として設定することの意義を、そこから新たに見えてくるものに注目しつつ考えてみなければならない。まず、最も広い意味を包含する表現としての日本語の「スピリチュアリティ」は、「宗教」概念の相対化が進行した二十世紀後半以降、宗教という言葉によっては述べつくしえなくなった現象を表現するために導入された「作業仮説」であることを確認できるのではないだろうか。そうした位置づけにとどめるかぎり、この表現はかなり役に立つであろう。かつて、新たな正統主義によらずに、近代キリスト教神学の合理主義的諸傾向に抵抗したR・オットーは、「ヌミノーゼ」(「聖なるもの」)概念を導入した。しかしこれは実は宗教本質論もしくは宗教実体論であり、それなるがゆえに、キリスト教弁証論と結びつくものでもあった[43]。あくまで作業仮説にとどまろうとするスピリチュアリティ論は、そういう意味での本質論・実体論にはなりえない。それでは、その作業仮説としての有効性はどこにあるのであろうか。前章においてすでに指摘したように、スピリチュアリティをひとまとまりの概念として規定することによって、宗教文化という形で社会的に拡散していく伝統的宗教集団のはざまに立ち、そこで生起するさまざまな「宗教的」現象を主体的に受けとめ、考える道が開かれる。スピリチュアリティと呼ばれるものは、実際には多様であり、流動的であるので、それに関わるもの、あるいは、それについて語るものは、自らもそこで何らかの立場をとりつつあることを自覚せざるをえない。つまり、それなりの当事者性をもたざるをえなくなるのである。それは、特定教団に加入しているか否かという単純な当事者性ではない。そこからひるがえって、伝統的宗教や世俗的ヒューマニズムという立場の当事者性も、あらためてそれ自体をもう少し掘り下げて明確にするよう迫られることになる。他方、宗教集団やスピリチュアルな集団が惹きおこす社会的問題にさいしては、まさに当事者として責任をとらざるをえないことにもなる。近代宗教学の成立動機は「宗教批判」にあると言われてきた。[44]その場合の宗教批判は、啓蒙主義に基づいて従来の宗教を批判するものであったが、一般に意識的な教団離れが進んでいる今日、伝統的宗教集団と同一の地平で、それらに属さないスピリチュアリティと呼びうる一群の現象を積極的に対置することは、啓蒙主義とはまた別の意味での宗教批判となりうるであろう。すなわち、スピリチュアリティ論は、従来宗教集団が担ってきた諸機能を、それらの外で生成する新たなネットワークと結びつけてとらえなおすことによって、既存の宗教集団の枠組に風穴を明け、流動化をうながすのである。それは少なくとも「宗教研究」を活性化することになるし、現代の人間による「宗教的活動」の面で、新しい可能性を開くことにつながるかもしれない。

（1）　樫尾直樹『スピリチュアリティ革命――現代霊性文化と開かれた宗教の可能性』春秋社、二〇一〇年、一〇頁。

（2）　特に文献の引用箇所に重複するところがある。

（3）前掲『スピリチュアリティ革命』七頁。
（4）『広辞苑』第六版、岩波書店、二〇〇八年では、従来からある「スピリチュアル」や「スピリット」という項目に加えて、「スピリチュアリティ」という項目が新たに設けられているが、「霊性に同じ」と説明されているだけである。
（5）『日本国語大辞典』第二版、第七巻、二〇〇一年。
（6）同書、第一三巻、二〇〇二年。
（7）鈴木大拙『日本的霊性』岩波文庫、一九七二年。
（8）樫尾はスピリチュアリティを、身体性・超越性・実存性・利他性・全体性という五つの要素から構成される「動態的な過程」としてとらえている。前掲『スピリチュアリティ革命』四一頁。
（9）Mircea Eliade (editor in chief), *The Encyclopedia of Religion*, Vol.3, New York, 1987. Lindsay Jones (editor in chief), *ibid.*, Second edition, Vol.13, New York, 2005.
（10）特に本書第一章参照。
（11）樫尾は「スピリチュアリティ文化」を、個人意識的スピリチュアリティ・社会倫理的スピリチュアリティ・文化価値的スピリチュアリティの三類型に分類するが、これは「宗教文化」としてのスピリチュアリティの分類であって、「スピリチュアリティ文化」という表現は必ずしも適切ではないと思われる。前掲『スピリチュアリティ革命』四八頁。
（12）その感覚は、例えば「新新宗教」という命名にも表れている。
（13）一九七〇年代以降、宗教的なものを含む人間のものの考え方・感じ方に、世界的規模で大きな変化が生じたことは、事実としては否定できない。もし見方が分かれるとすれば、すでに本文で述べたように、一九六〇年代末における出来事をどう評価するかによるであろう。しかし日本社会について言えば、一九七〇年の「大阪万博を基準に時代認識を持ってしまう」世代も、やがて「人類の進歩と調和」が次第に崩れていく過程を経験せざるをえないのである(内田樹・釈徹宗『現代霊性論』講談社、二〇一〇年、一五〇頁参照)。しかし、スピリチュアリティが新たなニュアンスを含んだ術語として浮かび上がってくるのは、一九七〇年代の状況がさらに進んだ時期であり、それを評価するためには、また別の要因をも考慮に入れなければならない。
（14）L. Jones (editor in chief), *op. cit.*, p.8719.
（15）M. Eliade (editor in chief), *op. cit.*, pp.452-460.

(16) Brian J. Zinnbauer et al., "Religion and Spirituality: Unfuzzying the Fuzzy," *Journal for the Scientific Study of Religion*, 36(4), 1997, pp.549-564.

(17) そういう意味では、少なくとも「スピリチュアリティ革命」(樫尾)という表現は適切ではない。

(18) L. Jones (editor in chief), *op. cit.*, pp.8718-8721. このような spirituality の意味合いが、いつどのようにして英語に入ってきたのかについての説明は、事典の初版にも第二版にも見出すことができない。一説によれば、それは十七世紀に始まるとされている。Jeremy Carrette and Richard King, *Selling Spirituality: The Silent Takeover of Religion*, London and New York, 2005, p.34.

(19) Christopher Partridge (ed.), *Encyclopedia of New Religions: New Religious Movements, Sects and Alternative Spiritualities*, Oxford, 2004. Ch・パートリッジ編著、井上順孝監訳『現代世界宗教事典――新宗教・セクト・代替スピリチュアリティ』悠書館、二〇〇九年。

(20) *ibid*. 同訳書、一二三―一三二頁。

(21) *ibid*. 同訳書、五〇九―五一九頁。

(22) *ibid*. 同訳書、五六三―五七三頁。

(23) religion 概念は、キリスト教の伝統に由来するために、「団体」というイメージを脱しきれない。ネットワークの形で広がる spirituality 概念にも、その影響が及んでいると言えるかもしれない。確かに『現代世界宗教事典』は、団体を中心にとりあげている。

(24) 島薗進『スピリチュアリティの興隆――新霊性文化とその周辺』岩波書店、二〇〇七年。

(25) 同書、八頁。

(26) 同書、四八頁。

(27) 島薗は、「キリスト教と西洋文化を背景にもった「スピリチュアリティ」の語」と「日本のアニミスティックな色彩の濃い文化を連想させる「いのち」の語」が重なり合う日本の思想状況を指摘している。同書、四〇頁。

(28) 同書、七九頁。

(29) 同書、八八頁。

(30) 本書第五章参照。

(31) 「スピリチュアル・ビジネス」の実態については、櫻井義秀『霊と金——スピリチュアル・ビジネスの構造』新潮新書、二〇〇九年。Jeremy Carrette and Richard King, *op. cit.*
(32) イエズス会の創立者イグナティウス・デ・ロヨラは「霊操」(exercicios spirituales)を説いたし、宗教改革者J・カルヴァンは、晩年の説教集の表題を「霊的な飢え」(la famine spirituelle)とした。Ignatius de Loyola, *Texte autographe des Exercices Spirituels et documents contemporains, 1525–1615*, Paris, 1986. イグナチオ・デ・ロヨラ著、門脇佳吉訳・解説『霊操』岩波文庫、一九九五年。Jean Calvin, *La famine spirituelle (sermon inédit sur Esaïe 55)*, Genève, 2000. J・カルヴァン著、野村信訳『霊性の飢饉——まことの充足を求めて』教文館、二〇〇一年。
(33) Jürgen Moltmann, *Der Geist des Lebens: Eine ganzheitliche Pneumatologie*, München, 1991. J・モルトマン著、蓮見和男・沖野政弘訳『いのちの御霊——総体的聖霊論』(J・モルトマン組織神学論叢四)、新教出版社、一九九四年、一八頁。
(34) *ibid.* 同訳書、二六頁。
(35) Jürgen Moltmann, *Kirche in der Kraft des Geistes: Ein Beitrag zur messianischen Ekklesiologie*, München, 1973. J・モルトマン著、喜田川信他訳『聖霊の力における教会』新教出版社、一九八一年、六三頁。
(36) A・E・マクグラス著、稲垣久和監訳『ポスト・モダン世界のキリスト教——二一世紀における福音の役割』教文館、二〇〇四年、二〇四頁(講義の記録で、原文は未刊)。
(37) 同訳書、二〇三頁。
(38) 同訳書、二〇五頁。
(39) これは多くの議論を経なければならない思想史的問題であるが、誤解を恐れずにひとつだけ、同様な理解につながるかもしれない記述を引用しておく。G・E・レッシングの仕事を評価するための出発点を確認するK・バルトの発言である——「啓蒙主義は無条件的に道徳的形式を欲し、自然的論理の全能性を同時に尊重し、かかる論理と自然的経験の上に構築される世界像を自明のものとして承認したが、レッシングにとって、啓蒙主義は苦もなく理解でき闘わずして手に入る観点であり、爾余のあらゆる事柄に対する自明の出発点であった」。Karl Barth, *Die protestantische Theologie in 19. Jahrhundert*, Zürich, 1946, S.208. K・バルト著、佐藤敏夫他訳『一九世紀のプロテスタント神学』中巻、新教出版社、二〇〇六年、七七頁(安酸敏眞訳)。レッシングは啓蒙主義を代表する思想家であると同時に、啓蒙主義を乗り越える動機を秘めていたと考えられる。
(40) Alister E. McGrath, *The Future of Christianity*, Oxford, 2002. A・E・マクグラス著、本多峰子訳『キリスト教の将来』

教文館、二〇〇二年、一四三頁。

(41) *idem, Evangelicalism and the Future of Christianity*, London, 1993. A・E・マクグラス著、島田福安訳『キリスト教の将来と福音主義』いのちのことば社、一九九五年、一九五頁――「福音主義は、スピリチュアリティの世界の眠れる巨人である。彼は目覚めなければならない。目ざめたなら、来るべき千年間には非常に華々しい展開が見られるであろう。今それを始める責任を、われわれは未来に対して負っているのである」。

(42) これらの問題についての詳しい考察は、本書第二章で試みられた。

(43) オットーのねらいは、「宗教は合理的な言語には収まり切らないのだということに気づき、また宗教がおのずから明らかになるように、その諸要素の実態をきちんと整理すること」にあった。Rudolf Otto, *Das Heilige: Über des Irrationale in der Idee des Göttlichen und sein Verhältnis zum Rationalen*, München, 1917, 1979, S.4. R・オットー著、華園聰麿訳『聖なるもの――神的なものの観念における非合理的なもの、および合理的なものとそれとの関係について』創元社、二〇〇五年、一四三頁。

(44) Gustav Mensching, *Geschichte der Religionswissenschaft*, Bonn, 1948. G・メンシング著、下宮守之訳『宗教学史』創造社、一九七〇年。

第二部　宗教文化の諸相

――キリスト教を手がかりとして

第七章　伝承と記録

第二部では、宗教文化の諸相を具体的・社会的現実に即してとらえなおしていく。それは、宗教文化が決して抽象的な概念ではなく、あくまで現実と対応した現象であることを示すためである。そのさいにとりあげられる実例は、キリスト教およびその周辺に求められる。これは、筆者のこれまでの主たる研究領域がそこにあったためということもあるが、従来の宗教論を生みだしてきた母体がキリスト教文化であったことを鑑みれば、ここをおさえておくことはいずれにせよ必要になるであろう。キリスト教会の内部では、このような「宗教学」的視点からのキリスト教研究は護教的活動にとって直接的な利点がないので、積極的に推し進められることはなかった。教会が主導するキリスト教研究としては、組織神学・歴史神学と並んで、旧約聖書学や新約聖書学、特に福音書研究が、宗教研究一般の歴史に照らしても比較的長く重厚な伝統を有するものであった。二十世紀にはこの分野で、歴史的・批判的方法を中心とする研究方法の刷新があり、それが引き金となって、あらためて広く一般の人々の注目をも集める領域となった。ところがそうなると、ここには多くの場合、いつのまにか暗黙の視点、と言うよりもむしろ無意識の視点が、前提として入り込んでいることが明らかになってきた。それは教会的価値感覚の一種であり、「神学」である以上当然とも言えるが、研究者がこれに無感覚であるとすれば、研究の学問性にも影響を及ぼしかねない。今日この研究成果が、長い間そうであったように特殊な教会的関心の対象にとどまらず、宗教現象一般の研究の中で、「教典論」の伝統的モデルとして相対化され、さらに諸学問の相互折衝を通して、研究方法のうえでも広い視野に立って検討しなおされるようになると、その漠然とした方向づけをあらためて自覚することが要請されざるをえなくなるわけである。(1) それは、いわゆる「神学的」発想法の主観性云々というような問題とはややニュアンスを異にする。宗教研究において、「客観的・実証的」手法をふりかざし、「神学」の「主観性」を断罪する時代は終ったと思われる。とは言ってももちろん、宗教現象は結局主体的な価値観に還元されざるをえないとする単純な見方がいきなり支持されるわけではない。まずはその見方をも含めて、宗教現象に対してはそもそも中立的見方などありえないのではないかというのが、さしあたりの出発点となるであろう。現代の宗教研究は、いずれにしてもこの地点から出発せざるをえず、旧・新約聖書学などもその射程からはずれることはできない。

ただし旧・新約聖書学では、暗黙の視点を問題にする仕方が、他の神学的研究の場合とはやや異なっているようにも見える。つまりここでは、扱われる題材が、他の神学的分野と比べて、非キリスト教的な文化領域との接点を多くもつために、「キリスト教」に基づく「信仰的」立場が見えにくくなっており、その分析的手法のゆえに、公共性を有する客観的立場をふまえているかのような錯覚が生じやすいのである。そのために、この領域の研究者は妙な自信に満ちているように見える。しかしそもそも問題は、キリスト教研究の中では、「神学」とか「信仰」とかいう概念が従来あまりに安易に用いられてきたところにあるのではないだろうか。第二部全体を導く根本的問題意識は、この混迷に道筋をつけることである。

「神学」(theology) はもともとキリスト教に由来する概念であるが、その成果の蓄積を宗教研究全体の中において見ると、その方法は単なるキリスト教の枠を越えて、宗教研究全体に広く見られる基本姿勢に関わっていることがわかる。キリスト教のように、これを自覚的にひとつの学問体系として構築しないまでも、同様な営為は、ほとんどの宗教的伝統の中に多かれ少なかれ見出される。ある時期の「科学的・実証的」宗教研究は、この概念と関わらないようにするか、もしくは、距離をとった形で考察の一部に組み入れるか、いずれかの立場をとるのが常であった。しかし、研究者が自らの主体的価値観を自覚しつつ研究を行うことは、宗教現象を研究対象とする以上、本質的に不可避なのではないかと考えられる。ただし、研究者が実際に特定の宗教集団に属しているかどうかは、また別の問題である。そうであるとすれば、「神学」は単なる主観的な思弁体系ではなく、宗教研究においては欠くことのできない構成要素として、初めから認識しておかれるべきであろう。その認識に立ったうえで、研究者自身の「神学」を含んだ宗教研究が、どのような手続きを通して公共の場の検証課題となりうるかが問われるわけである。

「神学」が体系的に展開されるとき、キリスト教会内部では、それを導く動機が「信仰」であるとされる。しかし、学問としての「神学」と主体的価値観としての「信仰」の使い分けは必ずしも明確でないし、ましてキリスト教以外の宗教集団の多くにおいては、これらはいずれにせよ集団への帰属意識以上のものではない。また、研究者が特定の宗教集団に所属していない場合にも、これらの概念で示されるのと本質的に同じ事態が存在することを考えに入れておかなければならない。それに加えて、今日特に強調しなければならないことは、キリスト教においても、否、キリスト教だからこそと言った方がよいのかもしれないが、「信仰」や「神学」の概念内容が決して一義的でないことである。一義的でないにもかかわらず、そのことをあえて意識しようとせず、あたかも一義的であるかのように、「信仰」を前提とした「神学的」宗教研究を遂行する場合、「信仰」・「神学」概念の枠組の中へ元来の宗教的動機とは異なる価値観を代入する可能性が出てくるのは当然であろう。宗教研究においては、その対象となる現象が根差す多様な文化領域と対応して、代入される価値観は多様な形態をとりうるが、キリスト教研究では、意外に単純なヒューマニズム的道徳感情あるいは政略的動機のようなものに還元されることが多い。初めに述べた近年の新約聖書学、特に福音書研究における暗黙の価値観、無意識の価値観は、しばしばそれと結びついているのである。日本のキリスト教研究にとりわけその色彩が濃厚であることは、最近急速に発展した日本のイスラーム研究と比較してみるとき、ただちに明らかであろう。聖書学は、歴史的・批判的方法によって手続きが厳密になっただけに、その価値観が見えにくくなっているのである。しかし、そこをしっかり自覚しないと、この分野に本来の公共性を期待することはできないであろう。今必要なのは、そのような意味での「メタ聖書学」である。

この章のねらいは、イエスをめぐる文書伝承と口頭伝承を歴史的・批判的方法を用いて分析することにあるのではない(2)。欧米においても日本においても、イエス研究史には、これまで述べてきたような問題点が最も鮮明に現れやすい。そこでその実態の一端を、イエスに対する人々のかかわり方を通して解明してみることが本章の目的である。なぜ人は、あるときにはイエスについて書き記し、またあるときには自分のことのようにイエスを語るのか、書き記すことと語ることとの関係はどうなっているのであろうか。その問いをめぐって考察を重ねていくためには、研究者や聖職者だけでなく、キリスト教という宗教集団を構成するすべての人々を視野に入れる必要がある。その過程において繰り返し念頭におかざるをえない事柄としておのずから浮かび上がってくるのは、書き記されたもの(教典)を限定しようとする「正典」(canon)というキリスト教特有の理念が存在すること、および、あくまで語られる言葉を媒介として儀礼を執行しようとする習わしに見られるように、「言葉」に固執する性格がキリスト教には抜きがたく付きまとっていることであろう。宗教と呼ばれてきた人間の営みを考察するためのモデルとしてキリスト教をとりあげるさいには、同時に他の宗教集団とはやや異なるキリスト教の特殊性をも見すえていかなければならない。これが、「キリスト教文化」を形成していく潜在的動機と関わっている。

一　イエス論の種々相

一九六〇年代以降二十世紀後半に、欧米のキリスト教界から始まって世界的規模で、イエスに対する関心が増大した。それが必ずしもキリスト教界だけにとどまらなかったという意味では、まさに「イエス・ブーム」であり、その動向は時にはやや挑発的に「イエス運動」とも呼ばれたが、本当にキリスト教の枠を越えて関心の広がりがあったのかどうかは、いまひとつ定かでない。ゴータマ・シッダールタやムハンマドをめぐって同じような「ブーム」が見られたわけではないとすれば、イエス運動に対する関心の「普遍的性格」は、結局、キリスト教神学の世俗化以上のものではないであろう。つまり、それは真の普遍性の実現というよりも、むしろ、特殊なものを普遍的に拡張したものと見なされなければならない。しかしそうであったとしても、キリスト教という宗教集団が現代社会において自らのグローバル化を求めるひとつの試みであったことは確かであり、そのような観点からこの傾向を見なおすことには、それなりの意義があると思われる。キリスト教がらみの関心がしばしばそうであるように、ここではかなり厳密な学問的手法と単純素朴な信念とが融合(野合?)しているので、それら双方への目配りと両者を切り分ける技法とがともに必要になってくるのである。

二十世紀後半におけるイエス・ブームを全体として見ると、そこにはいくつかの位相が認められる。第一に、キリスト教会が一種の批判的・改革的情熱をもって自らの根源に立ち帰ろうとする動機が、イエスに対する関心と結びついている。しかしこのような傾向は、いつの時代のキリスト教にも何らかの形で見出されるものであり、また、キリスト教以外の宗教集団においても、同様な現象が存在する。一般的に言って、批判的・改革的志向は

「根源主義」と結びつきやすいのである。さらに第二に、イエスに対する関心が地域文化の特性と結びつく場面がしばしば見られる。日本のイエス・ブームも、一面では、この地域におけるキリスト教受容のあり方と無関係ではないように思われる。そして第三に、イエスに対する関心がラディカルな形で自らを突出させると、キリスト教さえも越える方向で「イエス主義」が主張される。その場合には、イエスは一種の教祖的性格を帯び、新宗教的熱気に満ちた運動が展開される。現代のイエス・ブームは、このようにさまざまな契機が交錯する中から生じたものとして理解されるであろう。そこで、これらの折り重なった位相を歴史的観点に配慮しながら解きほぐし、およそイエス論なるものが発生してくる人間学的地平を多角的に明らかにしていくことにしよう(3)。

(一)　批判的根源主義と「まねび」(imitatio)の動機に基づくイエス論

批判的ニュアンスを実際に意識しているかどうかはともかく、イエス像の再構成を目指すイエス論は、多かれ少なかれ批判的根源主義の色彩を帯びる。そして、再構成されていくイエス像は、人間像として洗練の度合いを高め、やがて一種のあるべき人間像となっていく。換言すれば、それは「まねび」の対象となるのである。ところが、キリスト教の教義の中核に位置づけられている「キリスト論」に対して、「イエス論」が現れると、そこに正統主義に対する批判的ニュアンスが浮かび上がってこざるをえない。その批判的ニュアンスは、再構成されたイエス像こそ真に根源的なものであると主張されることによって、さらに増幅されていく。そこでイエス論は、正統主義から「人間中心主義」の格印を押されるのである。

おしなべてイエス論の出発点は、書き記された福音書である。イエスをめぐる具体的情報を少しでも得ようとすれば、非キリスト教的資料はほとんど役に立たず、もっぱら福音書、しかも主として正典福音書に依拠せざるをえないからである。しかし、二十世紀に発達した歴史的・批判的方法に基づく福音書研究は、少なくともイエス論の表現方法を変えることになった。福音書から史的イエスの原像を正確に再現しうるという期待が、その方法を通して遠のいたとき、イエス論を生みだす根源的志向はまず、イエスの肉声を反映しているかもしれない口頭伝承へと向かった。様式史的方法がその可能性を開いたわけであるが、もとよりイエスの肉声が確証とともにとりだされたわけではない。しかし、イエスの死後福音書が成立するまでの数十年間、イエスが人々の間で語られ続けたという事柄の意義に目を向けさせたことは、様式史的方法の功績であろう。さらにその後の編集史的方法は、現に手もとにある書き記された福音書の中に根源的志向を探る道を開いた。その結果、最初の福音書記者マルコが根源的志向を有するものとして、一種の思い入れの対象となり、「福音書」がそのための文学類型と見なされた(4)。ところが福音書は、新約聖書に含まれている四つだけではなく、いくつかの外典福音書も存在する。これらは一見して、かなり奔放な想像力の産物であり、史料としての価値を疑わせるが、「福音書」という文学類型にはこのような文書も含まれていることをふまえておかなければならない。

最終的には四世紀になってほぼ確定されるに至る旧・新約聖書「正典」は、その後キリスト教会から公認されたイエス論の唯一の典拠となった。すなわち、「外典」はもはや考慮に価しないものであり、他方、四つの正典福音書は、その多様性にもかかわらず、常に統一的に理解されることを要請された。これは、宗教集団の活動における教典の用い方として共通に見られる形態ではなく、キリスト教、特にプロテスタンティズムの特徴である。合理的に考えれば当然矛盾を含まざるをえないこの正典理念は、近代の歴史的・批判的方法の適用の結果、少なからず動揺することになる。しかし、書き記されたイエス伝承をさらに限定した正典福音書が、説教など教会の宗教活動を通して語られるイエス、および、折にふれてさまざまな形で新たに書き記されるイエス伝を規定していったことは明らかである。イエス論において、イエスの言葉に力点をおくか、イエスの行為に力点をおくかというような近年の問題意識は、伝承が福音書に書き記された段階ですでに芽生えていたのではないかと思われる。

イエスの言葉だけを集めたトマス福音書のような文学類型が現れたことが、この問題意識のきっかけとなったのかもしれない。[5] しかし、イエスの言葉と行為はもともと相互関連の中でとらえられるべきものであり、書き記されたイエスと語られるイエスとの関係も、本質的にはこれと重なり合っている。

福音書成立（一世紀後半）以降今日に至るまでの流れを見ると、種々のイエス論を導いてきた根本的動機は、結局、「まねび」の対象を求めるということではなかったかと思われる。イエスの言葉と行為が結びつくのはここにおいてであろう。その意味で、十五世紀にトマス・ア・ケンピスによって書かれたとされている著作の表題はきわめて示唆的である。[6] しかし問題は、その「まねび」の意味合いであろう。単純に理解すると、それはひとつの理想的なイエス像を確定し、その言葉と行為に見ならうように努力することと思われるかもしれない。実際人々は長い間そう考え、実践してきた。ところがその結果は、たえずそうしたねらいを裏切ってきた。想定されたイエス像はそのつど異なっており、普遍的な合意を獲得しうるようなひとつの理想的なイエス像は、ついに確定されるに至らなかったのである。J・ペリカンが言うように、これまでに描き出されたイエス像の最も著しい特徴は「万華鏡のような変幻性」である。[7] その変化の中に継続性を見出そうとするならば、多少異なった角度からこれを見なければならない。つまりイエス像は、それを生みだす人間の価値観に対応して多様であるが、その試みを支える「まねび」という動機だけは持続しているのである。人々は長い間、あきもせずにこの試みを繰り返してきた。「過去二千年の間の継続性と非継続性」（ペリカン）はこのように理解するべきであろう。

ここでそれとの関連において、あらためてはっきりと確認しておかなければならないことは、自分にとって好ましいものであるかどうかに関わりなく、そもそもイエスの原像を確定する作業が本質的にきわめて困難であったという事実である。周知のように、十九世紀に数多く現れたイエス伝は、A・シュヴァイツァーの『イエス伝研究史』（初版一九〇六年）によって総括された。彼は諸々のイエス伝をふりかえりつつ、消極的な結論を出す

――「しかし、イエスは立ちどまることなく、われわれの時代を通り過ぎて、彼本来の時代に帰って行った。〔中略〕かつて湖のほとりで、イエスが何者であるかを知らない人々に歩み寄ったように、彼はわれわれの方に見知らぬ人、名も知らぬ人として歩み来る」[8]。シュヴァイツァーはここではもはや、書き記された正典福音書にこだわることなく、それを越えたところへ向かおうとしているようにも見える。彼はこの結論にもかかわらず、またもや自らのイエスを書こうとしたのであるが、十九世紀のイエス伝の総括をさらに批判的に徹底したのはR・ブルトマンの『イエス』（一九二六年）であった。ブルトマンによって、イエスをめぐる史的情報は、今やイエスの「教説」（Lehre）との「出会い」に集約される[9]。思想を中心にイエスをとらえるブルトマンの傾向に対する反作用として、その後「史的イエス」をめぐる議論が続き、史的情報の乏しさを補完するために、「イエス運動」という社会的広がりを想定する説も現れた。しかしそれも、生き方のモデルをその中に求めようとするかぎり、「まねび」の動機の変容形態と言ってさし支えないであろう[10]。ここには元来一種のディレンマがひそんでいるのであり、今やそれに目を向けることこそが必要なのではないだろうか。

（二）　地域文化の特殊性を反映したイエス論

歴史をふりかえると、批判的根源主義と「まねび」が、最も広い範囲で見出されるイエス論形成の根本的動機になっていると考えられるが、近代から現代にかけては、さらにそれぞれの地域文化が有する特殊な事情がこれに加わる。すなわち、大航海時代以降、キリスト教がヨーロッパに限定されていた時代は終り、受容の形態と度合いには相違があるとしても、キリスト教の問題もイエスの問題も、次第にグローバルな地平へと移されるに至った。そして他の多くの領域においても見られるように、ここでもグローバル化が進むにつれて、その反動としてローカル化の傾向が浮かび上がってきたのである。抽象的な教義をめぐる神学論とは異なり、イエス論は具体的・現実的な人間の問題にふれてくるので、地域文化の特殊性の影響を受けやすい。欧米のイエス論はしばしばひとまとめにして扱われやすいが、それらも実は、個別の文化に対応してかなり異なっている。近年アメリカ合衆国のイエス論が数多く現れることによって、逆に、それまでのヨーロッパのイエス論の文化的制約が明らかになってきたとも言えるであろう。ここではさしあたり、日本のイエス論の特徴へ目を向けて、そのことを確認しておけば十分であろう。

明治時代初期の日本の為政者・指導者たちのキリスト教に対するかかわり方は、きわめてアンビヴァレントなものであった。彼らにとってキリスト教は、外来宗教である以上一種の危険性を伴うが、それにもかかわらずキリスト教と結びついた欧米先進文明は、いちはやくとりいれなければならないと考えられたからである。例えば福沢諭吉は、決してキリスト教に共感したわけではなかったが、その有用性を認識し、宣教師の活動を支援するようになった。そのとき、彼の目から見て最も好ましい(つまり比較的安全な)キリスト教はユニテリアニズムであった(11)。それは伝統的な三位一体論を退けてイエスの人性を強調し、それにならって道徳的生き方を求めようとするいわば合理主義的なキリスト教であった。ユニテリアニズムそのものは日本で必ずしも伸びなかったが、近代国家の政策にも支えられたユニテリアン的志向は、ひそかに日本社会に広がっていった。それを推進したのは正統的なキリスト教会ではなく、むしろアカデミズムに近いところ、および、それと連携した出版事業であった。したがって、日本のキリスト教には初めから、イエス論が活発に展開される思想的雰囲気、潜在的な志向があったのではないかと思われる。

明治期に日本のキリスト教界を指導した人々の一部にも、すでにその傾向はうかがわれるが、意識的に人間イエスをテーマとした著作が現れはじめるのは、やはり政治的・社会的運動が活発になってきた一九六〇年代以降で、現象的には欧米の動きの跡を追った形になっている。すでに指摘してきたように、イエス論には、しばしば正統主義的な教義や制度のあり方に対する根源主義的な批判が含まれており、日本の場合もその例外ではないが、批判がなされるコンテクストが欧米の場合とは多少異なっていることに注意しておかなければならない。欧米ではイエス論は、教会によって伝統的に保持されてきたキリスト論に対する問いかけであり、それはとりもなおさず社会改革の可能性を開こうとするものでもあった。しかし日本では、キリスト教会はほとんど社会的影響力をもちえない弱小宗教集団であり、明治初期の為政者たちが気にしたのも、日本のキリスト教会ではなく、その背後にある欧米列強であった。このコンテクストにおいては、欧米のキリスト教会の主流に対するイエス論的な批判は、日本の為政者にとっては、ひそかに歓迎すべきことと見なされた。それなるがゆえに、日本のアカデミズムおよび彼らと結びついた大手の出版社は、自らの意識はともかく実際には、為政者の意図と同じ方向をたどることになったのである。

そういうわけで日本のイエス論は、いわゆる知識人層から好意的に迎えられた。そのため教会からの反発にもかかわらず、いくつかのイエス論は、そのような「受け」によってアカデミズムの周辺に定着していくことになる。それは、社会全体から見れば、多かれ少なかれその時々の主流に棹さすものであった。作家の文学作品として現れたイエス論は、そうした傾向を如実に示している。イエス論は本質的に文学活動にも通じるものであるが、日本社会では、一般にキリスト教の知識が圧倒的に不足しているため、そのような作品が新鮮な刺激を与えることになった。これは時として、革新的雰囲気すら作りだしたのである。ここでもゴータマ・シッダールタやムハンマドと日本文学の関係を考えてみれば、イエスの場合の特異性は明らかであろう。ところが、そのようにしてイエス論が日本社会で一定の立場を獲得していったときには、それをキリスト教の境界内におさえこむことがほとんど不可能になるのである。

（三）　キリスト教の境界を越えるイエス論

これまでにとりあげたものの中にも、すでにその傾向が垣間見られたのであるが、イエス論に伴う批判的根源主義には、伝統的キリスト教の境界を越えていく潜在的可能性がある。それは「キリスト教の境界を越えるイエス論」と言うよりも、むしろ動態的に「キリスト教の内から外へ向かって越境していくイエス論」と言った方がよいかもしれない。最近ではこの傾向は、一九八〇年代に盛んになった英語圏、なかんずくアメリカ合衆国のイエス論において顕著に見出される。彼ら自身の表現によれば、十九世紀の「古い探究」の時代（A・シュヴァイツァーの『イエス伝研究史』が総括した時代）、二十世紀前半の「無探究」の時代（ブルトマンの『イエス』に代表されるように、イエスについて語ることの困難さが強く意識された時代）、一九五〇—六〇年代の「新しい探究」の時代（E・ケーゼマン等によって再び「史的イエス」に関心が向けられた時代）を経て、今や「第三の探究」の時代に入ったと言われる。それは「イエス研究のルネサンス」とも呼ばれ、そこでは社会学や人類学の手法がイエス研究に好んで適用される[12]。

この新しい流れに沿って見なおされたイエスは、もはやこれまで理解されてきたような終末論的予言者ではなく、例えば、伝統的知恵をくつがえす教師・賢人と見なされる。そのような方向へイエス論を推し進めようとしている研究者の一人であるJ・クロッサンによれば、イエスはユダヤ人・キニク派の農民であり、呪術師・治癒行為者であった[13]。このイエス像は確かに革新的であり、多くの人々の関心を惹くものではあるが、果たして普遍的な「まねび」の対象として提示されうるのかどうか、また、宗教集団の統合的象徴として何らかの意味をもちうるのかどうかははっきりしない。しかし、こうした動向の背後には現代の文化的多元主義があり、これからのキリスト教はいずれにしても、それとの折衝を避けるわけにはいかなくなっていると考えられる。少なくとも、特定の地域文化との結びつきが明らかになってきたキリスト教の形態は、そのままでは普遍的説得力をもちえない。それがキリスト教を越える新しい宗教運動なのか、それとも新たな普遍性を目指して脱皮していくキリスト教なのかは、現時点では見定めにくい。いずれにしても今やイエス論が、このように常に新たに再生産される生き生きとした物語的性格を明らかにしてきたがゆえに、キリスト教会の安定した閉鎖空間に風穴を明けつつあることは確かであろう。従来キリスト論と呼ばれてきたものがこのイエス論とどのような関係にあるのかは、現代神学が前提としてきた近代的な問いの枠組み、すなわち「史的イエスとケーリュグマのキリスト」それ自体を新たにする形で今後も問い続けられなければならない。

二　書き記されたイエスと語られるイエス

二十世紀後半に生みだされたさまざまなイエス論は、それぞれの強調点の違いはあるとしても、結果的には、世界的規模で見られる新しい宗教運動の勃興や欧米地域文化と結びついたキリスト教の相対化の進行と軌を一にするものであった。どこまで積極的意義をもちうるのかは問題であるが、いわゆる解放の神学と結びついたイエス論には、その傾向が典型的に現れている。しかし少し視点をずらすと、イエス論なるものには、あまり指摘されないひとつの大きな特徴が見られるのであり、二十世紀後半のイエス論もその例外ではない。それはイエス論が徹頭徹尾書き記された文書資料に依存するということであった。しかもその資料は、原則として、正典という限定された文書の枠を越えることはほとんどなかったのである。外典その他の諸文書は、使用されたとしても、あくまで参考資料であった。前述の「まねび」の動機は、実はこの特徴と密接に結びついている。「イエス本」・「イエスもの」など、やや揶揄的に呼ばれるものをも含む数多くのイエス関連の著作は、イエスについて書き記すという意味では、福音書と呼ばれるジャンルの延長線上にあるが、所詮、正典福音書にとって代わるものとはなりえなかった。あらゆるイエス論が立ちもどらざるをえない典拠は正典福音書であり、およそ書き記されたイエスはここに始まり、ここで終るのである。この点におけるずば抜けた凝集力が、長い歴史にわたるキリスト教のアイデンティティをそれなりに支えてきたのであろう。種々の領域で書き記された「テクスト」にこだわる性格は欧米地域文化一般に見られるが、これがどこに由来するのかはよく考えてみなければならない。それはイエス伝承の出発点であったパレスティナの文化あるいはもっと広範囲の文化に由来するものであろうか。それともキリスト教を受けいれたヨーロッパ地域文化に由来するものであろうか。キリスト教の地域性と普遍性をめぐる問題は、ここからあらためてとらえなおされる必要がある。

そこで、一で述べた位相を念頭におきながら、このような傾向が実際のイエス論の中にどのように現れてくるのかを、具体的実例に即して検証し、その結果をふまえて、再度全体的に問題を考察することにしたい。前述のように、二十世紀後半の「イエス・ブーム」にのって生みだされたイエス論は、いくつかの新しい様相を示しているとは言え、本質的にはこれらも伝統的な「まねび」の動機を脱しておらず、その意味では、かつてA・シュヴァイツァーが総括したはずの十九世紀の「イエス伝」の再生産にすぎない。したがって、検証すべきイエス論の問題は、やはりそこまでさかのぼってとらえかえした方がよい。二世紀にわたる期間を展望することによって、それだけ考察の幅が広がるに違いないからである。すでに古典となった十九世紀の「イエス伝」の中で、今日なお読みつがれているものとしては、D・F・シュトラウスのものとE・ルナンのものがあるが、ここでは特に後者をとりあげることにする。しかしその考察の結果は、何らかの形でおそらく前者にも通じるのではないかと思われる。[14]

ルナンが若き日にサン・シュルビスの神学校を去る決心をするにあたって心を悩ませた問題は、カトリック教会を離れてもなおキリスト教徒でありうるかということであったようである。[15] 当時の彼の心境によれば、彼はもはや「カトリック信者」ではなかったが、キリスト教の創始者であるイエスの性格に強く惹かれているのであるから、依然として「キリスト教徒」にとどまっていた――「教会を棄ててもイエスに忠実であるという考えが私をとらえた。もしも私に顕現を信じることができたなら、必ずやイエスが私にあらわれたもうてこう言われたであろう。「我が弟子となるために我を捨てよ」。この考えが私をささえ、私を大胆にした。その時以来、『イエス伝』はすでに私の心の中で書かれていたと言うことができる。イエスのすぐれた人格に対する信仰がこの書物の魂であるが、それが神学に対する私の闘争における私の力だった。イエスは実際いつも変わらず私の師だった」[16]。この段階のルナンには、必ずしもキリスト教そのものを乗り越えようという積極的な意識はなく、カトリシズムを批判すべく、さしあたりその根源である正典福音書のイエスに立ちかえるというのが、神学校を去る彼の動機であった[17]。のちの『イエス伝』執筆を支えていたのもやはり同じ動機であったと思われる。

ルナンにとってのイエスはたぐいなき人間で、理想的人格、すなわち「まねび」の対象であった。イエスはあくまで人間として、「人間を神性へ向かって大きく歩ませた一個人」[18]としてとらえられていたがゆえに、ルナンの著書は物議をかもしたのである。ルナンは人間イエスの心理にまで分けいり、福音書の記述を想像力でふくらませたが、そこで再現しようと意図したのは、福音書のイエスと異なるものでは決してなかった。否、むしろルナンの意識では、彼の発見したイエスこそ正典福音書の伝えるイエスであった。その意味では、彼は書き記されたイエスに忠実であろうとしているのであり、そのイエスに従うかぎり、本来のキリスト教徒であるという意識をもっていた――「今までのキリスト教の伝統からあらゆる点で遠く離れていたとしても、私たちはなおキリスト教徒なのだ」[19]。しかし、そのような彼の意識にもかかわらず、ルナンのイエス論は、どこかで正典福音書のイエスを逸脱していたのであり、少なくとも人々からそう見られたことは確かである。それでは、このずれはどこから生じたのであろうか。イエスにならって、その生き方を模索しようとする点では、以前からイエス論の試みにたえずつきまとってきた動機を共有していたのであるが、描かれたイエス像そのものは、まさしく近代ヨーロッパ的色彩を濃厚に反映するものとなったのである。

ルナンはイエスに「宗教」を、しかも「決定的な宗教」を見ようとする――「キリスト教徒であるということは、なによりもまず神の国を目ざしてイエスに従うことであった。このように格別の運命を担うゆえに、純粋なキリスト教は、今日なお普遍的で永遠の宗教の性質をそなえているのだ。イエスの宗教は、ある意味で決定的宗教なのだから」[20]。さらにルナンは、これを言い換えて「真の宗教」とも呼ぶが、この言い方は明らかに近代ヨーロッパの啓蒙主義の考え方と重なり合う。そこでは既成宗教としてのキリスト教が、あらためて「宗教」という一般的な概念の中でとりあげられ、現実の種々の欠陥を削り落とした本物の宗教が求められた。周知のようにそれは、啓蒙主義の流れにおいては「自然的宗教」と呼ばれたが、ルナンがイエスに求めたのも実はそれであったと考えられる。ただし自然的宗教は、広い意味での「理性」に依拠するものであったが、ルナンの場合、イエスの宗教が「ただ感情だけでできている絶対的な宗教」と見なされている点は、ある意味で注目されるべき特色であろう[21]。この「真の宗教」は、ルナンが言うように、「真のキリスト教」であろうか。それとも、キリスト教を一段と広い地平へ開放するものであろうか。もしそうであるとすれば、それはどのような地平であろうか。ルナンの説く「イエスの宗教」は「理想の愛」、「しみじみしたやさしさ」、「超然と徳の高い生活を送るための最高のルール」であった[22]。ところが、福音書のイエスをそのような理想的人間像へ向けて開放したとき、今度はルナンの意識を越えた形で、一種の地域文化的制約が浮かび上がってくることになる。

E・サイードは、『オリエンタリズム』の第二章「オリエンタリズムの構成と再構成」の中で、シルヴェストル・ド・サシとともにルナンをとりあげ、彼の仕事についてかなり詳しく論じている[23]。つまり、キリスト教の歴史と起源を扱ったルナンの著作は、当時のヨーロッパを支配していた「オリエンタリズム」の典型的な実例と考えられているわけである。サイードによれば、サシャルナンがなし遂げたことは、「オリエンタリズムを科学的・合理的な基礎の上におくこと」であった。[24] ルナンは文献学からオリエンタリズムに入っていったのであり、その文献学は「精神的事物を対象とする精密科学」として理解されていた。[25] こうしたルナンの文献学への志向は、書き記された福音書のテクストにこだわるという先に述べた彼の根本姿勢と一致する。[26] その点では彼は、伝統的キリスト教の文書中心主義に忠実であったとも言えよう。しかしサイードの見方が正しいとすれば、この文書中心主義は元来のイエス伝承とは結びついていかなかったのである。文献学を通してルナンが向かったのはセム語の研究であった。サイードはこれをキリスト教信仰の代替物と見なす――「セム語はルナンがキリスト教信仰を失った直後にとりかかった科学的研究であった」。[27] しかし「セム語とは誰よりもまずルナンが創造したものであった。それはルナンがおのれの公的地位に対する意識と使命感とを満足させるために、文献学の実験室のなかで発明した虚構なのであった」。[28] ルナンの語るセム族とは、「いかなる神話も、芸術も、商業活動も、文明も生み出したことのない狂信的な一神教徒」[29] であり、セム語は、「発達が止まってしまった現象」[30] と見なされていた。

サイードが的確に指摘するように、ルナンの仕事はヨーロッパ人によるオリエント支配の象徴であったが、そのさいルナンが彼以前のキリスト教信仰を完全に清算したかどうかは疑問であろう。むしろキリスト教徒であるがゆえに、無意識のうちにオリエンタリズムを身につけていったとも言えるのではないであろうか。イエス論を書くルナンは、実は自分こそ本物のキリスト教徒であるという意識を屈折した形で抱いており、そのことを訴えるためにオリエンタリズムをとりいれたのである。前に引用したいくつかの発言から明らかなように、ルナンには「イエス教」という意識はなかった。彼によれば、本来のイエス像をゆがめたのは、オリエント世界に生きた弟子たちであり、そのゆがみを是正するのが彼の任務である――「弟子たちがイエス像をつくりだしたなどとはとんでもない。何事につけてもイエスは弟子たちより優れていたように見える。聖パウロと、たぶん聖ヨハネの二人は例外になるだろうが、弟子たちには創意も天分もない」[31]。ルナンのこの感覚は、若いときから一貫して変わらなかったように見える――「全世界が、その時、私には野蛮なものに思えた。東洋は、その豪華と、わざとらしさと、詐術とで私の心証を害した」[32]。彼によれば、パウロすら「シリア人のギリシア語を話す、みにくい小男のユダヤ人」にすぎない[33]。その感覚はアフリカにまで延長され、堕落や衰退は「ピグミーの雑踏の中に迷い込んだような」ものと表現された[34]。要するに、「弟子たちは、自分の考えるとおりのイエス像を描いてイエスを偉大にしたと信じこんでいたが、その実は矮小化してしまった」というのがルナンの認識であった[35]。しかしこの言葉はそのままルナンのイエス論にも当てはまるであろう。それは、ヨーロッパ地域文化に根差すオリエンタリズムによって矮小化されたイエス論であり、それなるがゆえに、かえって生き生きとした表現になっているのではないかと思われる。

一般にイエス伝もしくはイエス論の著者は、欧米のキリスト教の伝統に根差しつつ仕事を進めるかぎり、その伝統それ自体を意識するよりも先に、まずは書き記された教典のテクストに向かおうとする。そのさい著述を導く根本動機は、テクストに記されたイエス伝承に基づいて、できるだけ忠実に史的イエス像を再現し、それにならおうとする努力である。しかし模倣の対象は、模倣しようとする人にとって望ましい人間像でなければならないので、そのような意識が潜在的に働くところでは、おのずから著者自らの価値観が、イエス像を再構成する諸要素を提供することになる。それは最初潜在的であっても、結局イエス論の方向を決定するのである。さらに価値観は文化の中で形成されるのであるとすれば、それぞれの著者が立っている地域文化の影響を受けるのは当然であろう。そういうわけで、イエス論に本質的に付きまとう「まねび」の動機と各々の地域文化の特性に引きずられる動機とが、いつのまにかキリスト教の伝統と結びついた根源的テクストにこだわる傾向と連動しながら、イエス論の歴史を織りなしていく。ルナンのイエス伝はその典型的な実例であると言えよう。したがって、史的再構成の期待を込めてイエス伝を記述しようとする場合には、それが歴史的体裁をとりながらも、実は著者自身の限定された視点に「矮小化」されているのではないかということを繰り返し問うてみる必要がある。しかし、それはそもそも回避しうることではなく、あらゆる場合に当てはまる当然の帰結なのであり、それを自覚することこそが大切なのである。啓蒙主義以降の理性宗教の信奉者たち、科学的合理主義の信奉者たちが説く「普遍性」は、実は矮小化を免れているという思い込みのもとに自らの立場の文化的限定に気づいていないことを示すものにほかならない。

このように考えるならば、各時代・各地域に現れるイエス論の試みは、「キリスト教」という宗教現象が世界に広がり、変転しつつ生き続けていく様相を如実に反映していることがわかる。それはしばしば、既成の形態を越えて「根源」のイメージを描きだし、時代に対する批判的メッセージとなる。ところが、それはまた、いつのまにか自らを普遍化する要求と結びつき、イエス論自体に本来付きまとう歴史的相対性を越えて、普遍妥当的価値を主張することになる。近代の「人間」イエスの発掘作業も、近代約人間概念を離れては考えられない。特に日本のキリスト教においては、イエス論は多くの場合、近代欧米の「進歩的」価値観と重なり合ってきた。そのさいには、オリエンタリズムならぬオクシデンタリズムがイエス論を支配するわけである。ルナンにおいて、アジア・アフリカを低く見る支配の論理と結びついたイエスは、日本においては、欧米にあこがれる従属の論理と結びつきやすいのである。このような傾向自体は必ずしも非難さるべきことではない。前述のように、イエス論というものは、もともとそうした運命のもとにあるのである。そうであるとすれば、それを真正面から見すえ、中立・公正な立場という幻想を捨てて、自らの相対性に耐え抜くイエス論が、最も進んだイエス論であることになる。実際、歴史上多くのイエス論が時代の中で先導的役割を果たし、一定の使命を終えて退場していった。プラスの働きとマイナスの働きが交錯するイエス論の歩みの中にこそ、キリスト教という宗教集団が、多様性を越えて今なおアイデンティティを求め続けなければならない理由がひそんでいるのではないかと思われる。

それでは、キリスト教には、どうしてこのようにイエス論へのこだわりが付いて回るのであろうか。それは、この宗教集団の歩みが人間の営みのもつ「物語」的性格に深く根差しながら自らを展開してきたためではないかと思われる。この傾向は、すでに古代イスラエルの宗教共同体に端を発しており、のちに一定のテクストに固執する動機(正典化)によってくさびを打ちこまれたかのように見えたが、結局、それを貫いて今日に至るまで持続されてきた。その持続を可能にした要因は、ほかならぬイエス伝承のもつ流動性にあったのではないであろうか。これはイエスの生を具体的・現実的に伝えようとするものであるから、この種の伝承がすべてそうであるように、事実そのものではない。しかしまた、新約聖書に含まれる書簡体文学のように、理論的教説や道徳的訓戒を特定の立場から述べようとするものでもない。イエス伝承の形式的かつ実質的多様性は、異なるイエス論を再生産し続ける源であった。その中へは教えや道徳が絶えず断片的に入り込んでくるが、結局は、時間の経過の中で相対化されていくことになる。(36) 書き記されたイエス伝承は、正典とされることによって、普遍妥当的な「まねび」の対象となることを期待されるが、実際には、その対象は繰り返し相対化され、未完結のままにとどまる。つまり書き記されたイエスは、教団の儀礼の中で絶えず語りなおされなければならないのであり、この物語的性格が、必ずしもそれと自覚されないままに、「キリスト教」という名でくくられるゆるやかなまとまりのダイナミックスを支えてきたのではないかと思われる。

ここで、人間の営みのもつ物語的性格と述べたことの意味合いを、もう少し明確にしておかなければならないであろう。今日では、イエス伝承がかつて実在した人物をめぐって形成されてきたことには、疑問の余地はない。しかし野家啓一が言うように、「実際に生起した出来事は、物語的行為を通じて人間的時間の中に組み込まれることによって、歴史的出来事としての意味をもちうるのである」[37]。イエスの出来事は、組み込まれた「人間的コンテクスト」の中で、初めて本来のイエス伝承となる。「歴史的出来事は、この「人間的コンテクスト」の中で生成し、増殖し、変容し、さらに忘却されもする」[38]が、イエスの出来事に関して言えば、この過程が「福音書伝承史」と呼ばれるものの実態なのである[39]。この伝承の経緯をめぐって宗教集団が発生し、成長していくにつれて、その中に教条や職階制度が発達する。そこでおのずから、静止と安定を志向する動機が働き、やがて書き記された伝承のテクストを規準として確定しようとする正典化の動きも生まれる。これは物語行為を一旦断ち切り、そこを固定化することによって規準を作りだそうとする試みである。確かにこれによってアイデンティティの拡散は一時食い止められ、宗教集団は安定する。しかし一部の書簡体文学(例えば牧会書簡)の中に見られるように、規準が道徳的教えのようなものであればそれも可能であるかもしれないが、イエスの生を描く福音書伝承の場合、模倣の形で規準を保持しようとしても、物語行為のダイナミックスをおさえることはできない。福音書物語からつむぎだされる模倣のモデルは、物語行為の中へ誘われることによって、そのダイナミックスへ巻きこまれる。ちなみに、単なる小市民的道徳でまとまろうとするような集団は、もはや本来の宗教集団ではないであろう。

書き記されたイエス伝承のテクストを儀礼(祈り・説教・礼典など)の中で用いるとき、それは本質的には物語行為と考えてよいであろう。野家は柳田国男に言及しつつ、「音声言語」とも「文字言語」とも異なる「第三のカテゴリー」として、「口承言語」を考えようとする[40]。そして、その口承言語による伝達過程において実質的役割を果たすのは、「作者」ではなく「読者(聴者)」であると言う[41]。イエスの出来事が物語られてイエス伝承が生じ、やがてそれが正典に結集されて信仰と生活の規準となり、儀礼を通してその規準にならう形で実際には再び物語になっていくというキリスト教の展開過程は、このメカニズムと重なり合うであろう。そうであるとすれば、この物語行為は一体どこで「宗教的」になるのであろうか。「宗教」概念をめぐる近年の議論についてはすでに繰り返しふれてきたが[42]、この概念の境界設定をめぐる困難さは、ここでも確認されるであろう。共同体形成を可能にする人間の基礎的営みとしての物語行為は、いわゆる宗教的なものと実は分かち難く融合しているのではないかと思われる。その行為は人間共通の地平から立ち現れるものであり、キリスト教のイエス論は期せずしてその典型となったのであろう。逆に言えば、宗教集団の形成と発展は、このような人間共通の地平に根差すことによってはじめて可能になるのではないであろうか。そうであるとすれば、宗教と呼ばれる人間の営みには元来、特定の形態に凝集する契機と共通の場へ拡散する契機とが併存することになる。

イエス論が模倣を志向しつつ、現実には文化的特殊性へと収斂していくうちに、いつのまにかキリスト教の境界を越えてしまうことを見てきたが、これはイエス論の物語的性格からすれば当然のことと言えよう。プロテスタンティズムは、カトリシズムの組織的・制度的統合力に代わるものとして、書物としての旧・新約聖書正典に厳密に依拠することによってアイデンティティを保持しようとする。二十世紀の初めまでは、それがある程度の成果を収めることができた。しかし最初は結果を意識せずに試みられた十九世紀の数々のイエス伝は、その不整合性から福音書研究における歴史的・批判的方法を誘発し、やがてそれは旧・新約聖書研究全体に適用されるようになった。その結果、正典理念が少なからず動揺してくると、書き記されたものは絶えず解釈に向かって開かれているというきわめてあたりまえな事態が再認識されることになる。書き記された事実に文字どおりの形で固執しようとするファンダメンタリズムが、その反作用として出現することもまた、決して不思議ではない。

既成宗教集団が他の宗教集団との境界に立つこと、あるいは、宗教と非宗教との境界にまで踏み出すことは、望むにせよ望まざるにせよ、現代においてすべての宗教集団が等しく受けて立たざるをえない必然的課題であろう。それは宗教文化の次元に目を向け、そこにおける個別教団の相互交流を積極的に受けとりなおすことにほかならない。グローバル化の進展が各々の宗教集団にそれを強いると言えば、消極的・受動的な言い方になるが、むしろ、各々の宗教集団が元来自らの根底に広がっている人間共通の次元に目を向けなければならなくなったと言った方がよいであろう。キリスト教の場合には、すでにこれまでの歴史においてイエス論が、物語行為を媒介として、この方向への道を横極的に切り拓いてきたのではないかと思われる。正典の中に書き記されたイエスの出来事は、それ自体としては繰り返しえないものであるにもかかわらず、そのつどの状況の中で、受けとる人々が自らの物語を通して語りなおすことによって、新たな時代へ向かうメッセージを繰り返し形づくり、教典としての生命を保持し続けたのではないであろうか。そのためイエス論は、実際にキリスト教会に所属しているか否かを問わず、多くの人々の関心を惹きつけることができたのであろう。イエス・キリストを「真の神にして真の人」と呼ぶキリスト教の正統的信仰告白も、その表現のうちに「境界」へまで歩み寄るエネルギーをひそかに内包していると考えれば、この伝統に沿った形でキリスト教の将来に新たな可能性が開けてくることになる。

(1)　拙著『教典になった宗教』北海道大学図書刊行会、二〇〇二年参照。
(2)　本章は、かつて二〇〇〇年一〇月七日に北星学園大学で開催された日本オリエント学会第四二回大会の席上で行った公開講演と趣旨を同じくする。実際論述のもとになっているのはその折の構想であるが、ここでは近年の物語論に対する関心から、新たな考察が試みられており、内容には大幅な修正が加えられている。表題だけを見ると、福音書成立の前段階における口頭伝承と文書伝承の諸相をめぐる議論を予想させるかもしれない。確かにこの問題については、様式史的方法の導入以来おびただしい研究成果が発表されてきた。問題の方向を的確にさし示すものとしては、例えば、Werner H. Kelber, *The Oral and the Written Gospel*, Philadelphia, 1983 などがある。しかし、本章の関心はそこへ向けられているわけではない。
(3)　以下の論述においては、「イエス論」という言葉が頻繁に用いられているが、これは、伝統的な神学的概念である「キリスト論」と一応区別するためである。しかし、イエス論には何がしかの批判的ニュアンスが含まれているとは言え、いわゆる「イエス主義」とは異なっており、最終的には、必ずしもキリスト論と矛盾するものではない。すでに述べてきたところからも明らかなように、イエスについての言説においては、学問的・知的な要素ときわめて実践的な要素とが併存している。イエス論の諸相を考察するにあたっては、これら二つの要素をともに視野におさめなければならない。さしあたり両者を切り分けていくとしても、その作業を徹底して行うことはかなり困難である。そこで最終的には、あらためて両者を包括的にとらえかえす試みが必要になるのである。

（4）その線に沿ったイエス論は少なくないが、典型的で最もすぐれたものとしては、今なお、田川建三『イエスという男——逆説的反抗者の生と死』三一書房、一九八〇年をあげることができる。ただし、編集史的方法にはひとつの問題点があることを指摘しておかなければならない。すなわちそれは、福音書記者の(神学)思想を浮かび上がらせようとするわけであるが、イエス伝承の過程において個人的特性がさほど大きな影響力をもちえたかどうかは必ずしも明らかではないのである。伝承の多様性を強調した点は評価されて然るべきであるが、福音書記者個人への注目は「近代主義」の残滓と言えないこともない。野家啓一『物語の哲学』岩波書店、一九九六年、二三、五二頁等々における近代についての議論参照。

（5）James M. Robinson/Helmut Koester, *Trajectories through Early Christianity*, Philadelphia, 1971. J・M・ロビンソン、H・ケスター著、加山久夫訳『初期キリスト教の思想的軌跡』新教出版社、一九七五年参照。

（6）Thomas à Kempis, *De Imitatione Christi*, 1418(?). T・a・ケンピス著、池谷敏雄訳『キリストにならいて』新教出版社、一九五五年、一九八四年(改訂版)。「イエス論」と「キリスト論」との間の非連続と連続を考慮に入れると、何気なくつけられたこの表題は、今日的視点からすればそれなりに意味深いものに見えてくる。

（7）Jaroslav Pelikan, *Jesus through the Centulies: His Place in the History of Culture*, London, 1985. J・ペリカン著、小田垣雅也訳『イエス像の二千年』講談社、一九九八年、二二頁。

（8）Albert Schweitzer, *Geschichte der Leben-Jesu-Forschung*, Tübingen, 1913, 1951^6, S.632, 642. A・シュヴァイツァー著、遠藤彰・森田雄三郎訳『イエス伝研究史』下(『シュヴァイツァー著作集』第一九巻)、白水社、一九六一年、三〇五、三二一頁(引用文は拙訳)。

（9）Rudolf Bultmann, *Jesus*, Tübingen, 1926. R・ブルトマン著、川端純四郎・八木誠一訳『イエス』未来社、一九六三年、一四頁。

（10）例えば、Gerd Theissen, *Soziologie der Jesusbewegung: Ein Beitrag zur Entstehungsgeschichte des Urchristentums*, München, 1977. G・タイセン著、荒井献・渡辺康麿訳『イエス運動の社会学——原始キリスト教成立史によせて』ヨルダン社、一九八一年。*idem, Der Schatten des Galiläers: Historische Jesusforschung in erzählender Forum*, München, 1986. G・タイセ

ン著、南吉衛訳『イエスの影を追って』ヨルダン社、一九八九年。かつて「イエスを行ずる」ことについて語った赤岩栄は、「キリスト教脱出」という表現が刺激的であったために、キリスト教会からは白眼視されたが、その基本的考え方は、広い意味で「模倣」と無関係ではない。晩年の赤岩の志向は、さらにこの後の(三)で述べる問題(キリスト教の境界を越えるイエス論)ともつながってくる。赤岩栄「イエスを行ずる」『赤岩栄著作集9』教文館、一九七〇年、二八八頁。模倣はキリスト教だけでなく、多くの宗教集団において教典継承の重要な動機となる。それについて詳しくは、前掲『教典になった宗教』一一七―一五九頁参照。

(11) 白井堯子『福澤諭吉と宣教師たち――知られざる明治期の日英関係』未来社、一九九九年。

(12) Marcus J. Borg, *Jesus in Contemporary Scholarship*, Pennsylvania, 1994. M・J・ボーグ著、小河陽監訳『イエス・ルネサンス――現代アメリカのイエス研究』教文館、一九九七年。

(13) John Dominic Crossan, *The Historical Jesus: The Life of a Mediterranean Jewish Peasant*, Edinburgh, 1991. *idem*, *Jesus: A Revolutionary Biography*, San Francisco, 1994. 後者の邦訳はJ・D・クロッサン著、太田修司訳『イエス――あるユダヤ人貧農の革命的生涯』新教出版社、一九九八年。*idem*, *The Essential Jesus: Original Sayings and Earliest Images*, San Francisco, 1994. J・D・クロッサン著、秦剛平訳『イエスの言葉』河出書房新社、一九九五年。

(14) ルナンの『イエス伝』には複数の版がある――Ernest Renan, *Vie de Jésus*, Paris, 1863, Revised edition 1867[13]. 日本語訳は、すでに一九〇八年に『ルナン氏耶蘇傳』として、綱島梁川・安倍能成訳が出版されているが、第一三版を訳した津田穣訳『イエス伝』一九四一年が岩波文庫に入った。最もすぐれた訳は、普及版(一八七〇年)を訳した忽那錦吾・上村くにこ訳『イエスの生涯』人文書院、二〇〇〇年であろう。以下引用はこの訳による。ルナンはフランス人のために自らの『イエス伝』を書いたが、それに触発されてシュトラウスは、『イエス伝』をドイツ人のためのものとして書きなおした。ほかならぬこの事実が、両者の共通した性格を示唆しているのではないだろうか。

(15) Ernest Renan, *Souvenirs d'enfance et de jeunesse*, Paris(?), 1883(?). E・ルナン著、杉捷夫訳『思い出』上(幼年時代)・下(青年時代)、岩波文庫、一九五三、一九九四年。

(16) *ibid.* 同訳書、下、九七頁。

(17) この辺の事情は、同じ著作の次のような記述からうかがわれる――「私の身につけたカトリシズムは、今日多くの誤解をうみ出している、俗人むきの、気の抜けた妥協の産物ではない。私のカトリシズムは、聖書、宗教会議、神学博士等のカトリシズムである。このカトリシズムを、私は愛した。今でも尊敬はしている。受理できないということがわかったので、私はこれとたもとをわかった。これはどちらからも公明な態度である。公明でないことは、明細書をかくすことであり、自分の知らぬことの弁護人となることである」（同訳書、下、八七頁）。「僕はイエスのことを思いながら、みずからなぐさめている。その苦悩において実に美しく、実に清く、実に理想的なイエス、僕はどのようなことになっても、永久に、イエスを愛することはやめないだろう」（同訳書、下、九三頁）。

（18）**E. Renan, *Vie de Jésus*, Paris, 1870.** 前掲『イエスの生涯』三〇四頁。そこでは、「人間性のうちにある善なるもの、高貴なるものがことごとく彼に凝縮している」とも言われている。

（19）*ibid*. 同訳書、三〇〇頁。

（20）*ibid*. 同訳書、二九六頁。

（21）*ibid*. 同訳書、二九九頁――「それに対してイエスは、何ものも斥けず、何も限定せず、ただ感情だけでできている絶対的な宗教を打ち立てる。彼の教えは一定の教理ではない。それはどのようにでも解釈できるイメージである」。

（22）*ibid*. 同訳書、九、二五八頁。

（23）Edward W. Said, *Orientalism*, New York, 1978. E・W・サイード著、板垣雄三・杉田英明監修、今沢紀子訳『オリエンタリズム』上・下、平凡社、一九九三年。

（24）*ibid*. 同訳書、上、二八四頁。

（25）*ibid*. 同訳書、上、三〇七頁。

（26）サイードはこれを本来のキリスト教への回帰とは認めない――「しかしルナンにとっては、文献学者であるということは、古いキリスト教の神とのありとあらゆる関わりをいっさい断ち切ってしまうこと、その結果それにかわる新しい教義――おそらくは科学――がいわば自由に新しい場所を占めるであろうということを意味していた。ルナンの生涯はこの進歩の過程を肉づけすることに捧げられたのである」（*ibid*. 同訳書、上、三一八頁）。

（27）*ibid*. 同訳書、上、三二二頁。

（28）*ibid*. 同訳書、上、三二四頁。

（29）*ibid*. 同訳書、上、三二五頁。

（30）*ibid*. 同訳書、上、三三二頁。

（31）　E. Renan, *Vie de Jésus*. 前掲『イエスの生涯』三〇二頁。
（32）　*idem, Souvenirs d'enfance et de jeunesse*. 前掲『思い出』上、六七頁。
（33）　*ibid*. 同訳書、上、七二頁。
（34）　*ibid*. 同訳書、下、一一三頁。
（35）　*idem, Vie de Jésus*. 前掲『イエスの生涯』三〇二頁。
（36）　イエス論の中へ入りこんでくる教えや道徳は、イエスの言葉伝承に由来する。その中核には比喩的表現があり、それらは全体として直喩から隠喩（メタファー）へ向かって方向づけられており、その意味を一義的におさえこむことはできない。したがってこの場合にも、イエス伝承はダイナミックな物語的性格を保持することになる。前掲『教典になった宗教』一〇〇－一一一頁参照。
（37）　前掲『物語の哲学』九頁。
（38）　同書、一一頁。
（39）　同書、一〇一頁における次の記述が、この対応を一層明瞭に指し示している――「物語行為は、それゆえ一種の解釈学的行為であり、過去の出来事を再構成することによって、現在の自己の境位を逆照射する機能をもっている。過去を現在の時点から再構成し、構成された過去によって逆に現在が意味づけられ、現在の自己理解が変容されるという往復運動を起動させることにおいて、物語行為は二重の意味で過去構成的なのである」。
（40）　同書、二九頁。
（41）　同書、五九頁。
（42）　この議論についての最新の情報としては、磯前順一『近代日本の宗教言説とその系譜――宗教・国家・神道』岩波書店、二〇〇三年。

第八章　宗教文化を形成する教典（一）

一　教典の儀礼的性格

前述のように「宗教」概念再考の動きは、この概念が実は近代ヨーロッパにおいて、「特定の形をもつ実体」(entity、実際にはキリスト教会のような具体的宗教集団)という意味で意識的に用いられ始め、やがてその意味とともに非ヨーロッパ世界に輸出されるに至ったものにほかならないという新たな認識から出発している(1)。しかし、このように具体的宗教集団をイメージとして思い浮かべつつ、宗教を実体的にとらえることが、現状になじまない理由は、それが現象の実態からずれていることにあるだけではなく、むしろ宗教集団そのものが本質的に静態的観察ではとらえきれないということのうちにある。一般に「……教」と呼ばれるものは、できあがった特定の形態、固定的なあり方をそのまま維持し続けたわけではなく、実際には歴史の中でダイナミックに変化しながら将来へ向かって前向きに自らのアイデンティティを受けとりなおしてきた、もしくは形成してきたと考えられる。確かに多くの宗教集団は教典をもち、それが集団のあり方をある程度規定してきたことは事実であるが、それは、その集団が単純な意味で特定の信念を共有してきたということではない。また、宗教と呼ばれてきた人間の営みにとって、そのような理念的基準は第一義的に不可欠なものではない。確かに教典は、書き記された文書の形をとるがゆえに、宗教文化の重要な表現形態となるが、これをあらためて動態的にとらえかえすときにはじめて、宗教文化としての本来の働きが明らかになる。教典が何らかの形で宗教集団のアイデンティティ形成の媒介となることには、疑問の余地はないとしても、教典のどのような要素が、どのようにしてその役割を果たすのかは、宗教学的教典論の課題として、あらためて問いなおされる必要がある。(2)

宗教運動の創唱者およびその関係者の言葉や行為が教典を構成し、その運動の中から成立する宗教集団のアイデンティティを保証するという見方は不十分であることを、まず確認しておきたい。特定の人物の言行に関する伝承は、教典形成の基本的要因にはなるとしても、それだけでは一種の伝記にとどまり、長期にわたって特定の宗教集団を持続させる原動力とはなりえないであろう。そこに描かれた理想的人間像を学ぶ、もしくは模倣するというだけでは、偉人伝の内容に感応するという域を出ないことになり、多数のメンバーを抱える宗教集団の日常生活を支えるエネルギーにはつながっていかないからである。教典が実は暗黙のうちにある集団的行為を前提としており、逆にまた、時に応じてそれを誘発するような場合にはじめて、教典が宗教集団のアイデンティティ形成に関与していると言えるのではないであろうか。すなわち、教典は具体的な宗教儀礼に裏打ちされたときに、本来の教典になるのではないかと思われるのである。かつて用いられた古典的表現で言えば、神話が儀礼に由来するのであって、儀礼が神話に由来するのではないという所謂儀礼先行論が、ここであらためて思い起こされてよい。(3)このことは古代宗教だけに当てはまるのではなく、教典になっていく文書伝承においては、そもそも初めから、神話的なものと儀礼的なものとが、表裏一体の形で融合している。しかもそれは教典成立時だけに見られる現象ではなく、むしろ、教典が継承され、実際に教団生活の中で用いられていく場面こそ、教典における神話的なものと儀礼的なものとが現実に切り結ぶところなのである[4]。

教典のもつこのような儀礼的性格は、教典のテクストを朗誦したり、書き写したりする行為が、諸宗教を通して広く見られることにも現れている。しかし、教典と儀礼の直接的なかかわりを見るためには、いくつかの宗教集団の中心的な儀礼が、その教典の中に文字として定着しており、それが儀礼の反復をうながしているという事実に注目する必要がある。そうしたテクストが確立されることによって、宗教集団は共同体的ヴィジョンを書き記された形で手に入れ持続可能な安定期に入る。W・R・スミスが言うように、「宗教にも増して、保守的本性に強く訴えるものはない」とすれば[5]、新たに形成された共同体的ヴィジョンは、意外に多くの面で、それ以前の人々の体験と通底しているのではないかと思われる。そのヴィジョンを共有する宗教集団は、儀礼を通してそれを現実化しつつ、前向きに反復する。共同体の維持が危機的になると、その行為は「終末論的」に意味づけられることになる。初期キリスト教における「主の晩餐」伝承は、そのような事態を典型的に示していると思われる[6]。

「主の晩餐」(*κυριακὸς δεῖπνον*)という呼称は、パウロが「コリントの信徒への手紙一」一一・二〇(新共同訳[7]は「それでは、一緒に集まっても、主の晩餐を食べることにならないのです」)で用いているものであるが、今日ではこれは、無教会主義の諸集会を除くすべてのキリスト教会の礼拝において、中心的位置を占める儀礼の名称になっている。日本語の呼び方は多様で、これ以外に「聖餐式」(プロテスタント諸教会)、「ミサ」(カトリック教会)、「聖体礼儀」(正教会)などが用いられており、各々、具体的な執行の仕方が少しずつ異なっている。しかし出発点となった伝承は、前述の呼称が現れる「コリントの信徒への手紙一」一一章であり、特に注目すべきところは二三—二六節である——「わたしがあなたがたに伝えたことは、わたし自身、主から受けたものです。すなわち、主イエスは、引き渡される夜、パンを取り、感謝の祈りをささげてそれを裂き、「これは、あなたがたのためのわたしの体である。わたしの記念としてこのように行いなさい」と言われました。また、食事の後で、杯も同じようにして、「この杯は、私の血によって立てられる新しい契約である。飲む度に、わたしの記念としてこのように行いなさい」と言われました。だから、あなたがたは、このパンを食べこの杯を飲むごとに、主が来られるときまで、主の死を告げ知らせるのです」。この中で、イエスがパンをとり、さらに杯をもって、そのつど語ったとされる言葉は「制定語」(institution narrative)と呼ばれ、現在のテクストは、すでに儀礼的定型の性格をもつ。(8) これらは、カトリック教会からプロテスタント諸教会に至るまで、ほとんどこのままの形でミサ(聖餐式)の式文にとりいれられている。(9)

パウロが書き記した制定語の背後には、共観福音書に見られるイエス伝承が存在し(「マルコによる福音書」一四・二二―二五、「マタイによる福音書」二六・二六―二九、「ルカによる福音書」二二・一四―二三)、これらも一部の式文のうちに反映されている。(10) ところが、この出来事に関わると思われる「ヨハネによる福音書」の記事はかなり趣を異にしており、それによって、出来事自体の歴史的設定が不明確になる。すなわち、「ヨハネによる福音書」一八・二八によれば、イエスがピラトの前に連れてこられたのは、過越の食事の前になっているのである。つまり、イエスの最後の晩餐から埋葬に至る受難の出来事は、共観福音書記者によれば、過越の食事で始まる過越祭の第一日に起こったのであるが、ヨハネによれば、それらはすべて、過越祭の準備の日に起こったとされている。J・エレミアスの表現を借りれば、「ヨハネの記述では、イエスの最後の晩餐はありふれた夕食であったが、共観福音書記者たちの記述では、厳かな儀礼によってとりしきられる過越の食事であった。どちらが正しいのか」ということになる。(11) そこで、エレミアスのように史実にこだわる新約聖書学者たちは、イエスの最後の晩餐が過越の食事であったのかどうかという問いに悩まされ続けることになったわけである。

新約聖書学に課せられたこの問いを「難問」と見なすときには、すでにひとつの考えが前提とされている。すなわち、これらの伝承の背後には、疑うことのできない単一の史実があり、この根拠に基づいて、それが儀礼の起源になっているという考えである。新約聖書学では、しばしばそうした根源主義が暗黙の前提になってきたが、編集史的方法以降には、伝承の二次的展開にも多少積極的意義を見出そうとする傾向がそれとなく現れるようになった。宗教学的研究は、むしろその考え方を意識的にとりあげ、問い自体を新たに立てなおそうとする。[12] これは、いわば「メタ聖書学」とでも言うべき試みであり、そこでは、これまでに蓄積されてきた新約聖書学の議論も、それぞれの主張の動機を掘り起こし相対化することによって、新たに宗教学に翻訳されなければならない。本章はそのような問題意識から出発しているので、従来の新約聖書学の延長線上で前述の問いに答えようと試みるものではない。「コリントの信徒への手紙」一一章の背後に存在した「主の晩餐」伝承は、どのようなきっかけによって、聖餐式等々と呼ばれるキリスト教の儀礼と結びついていったのかというのが、ここでさしあたり考察しようとする問いなのである。

二　「主の晩餐」伝承

そこでまず、新約聖書学者たち、特にプロテスタントの新約聖書学者たちが、「主の晩餐」伝承をめぐって何を議論してきたのかをふりかえりつつ、そこにひそんでいる動機を探っておく必要がある。神学的研究は、護教論を伴うその根本動機が自覚的にとりだされることによって、宗教学的研究につながっていくのである。二十世紀に入って急速に発展した歴史的・批判的方法に基づく新約聖書研究の中で、「主の晩餐」研究に先鞭をつけたのはH・リーツマンであった。[13] 彼はこの伝承に、日ごと繰り返されたイエスとの食卓の交わり（古いパレスティナ的形態）から、死者の記念の祭り（パウロ的形態）への移り変わりを見出し、ヘレニズム世界における死者の記念の食事がそれに影響を与えていると考えた。この学説が投じた波紋は大きく、そこから展開された諸学説も多いが、ここではそれらについていちいちふれる必要はない。ただ確認しておいた方がよいと思われることは、リーツマンの説を受けて「主の晩餐」伝承を考えるときには、その背景について必ずしも意見の一致を見ないとしても、結局、パウロ書簡に記されている儀礼の最終的完成形態を典型として、のちの教会史と結びつけていく方向へ進むことになるということである。これは、儀礼に焦点を合わせるかぎり、何ら無理のない推論なのであるが、伝承の根源をあくまでイエスに求めようとすれば、ここにとどまるわけにはいかなくなる。その場合には、伝承の複数の流れは根元でひとつにまとめられねばならず、しかもそれらを束ねるものとして、イエスをめぐる史実が確定されなければならない。そこで、共観福音書とヨハネ福音書との間に存在する前述のねじれが、問題として浮かび上がらざるをえないのである。

このように問いを立てなおしたのがJ・エレミアスなのであり、彼の研究は、リーツマン以降に現れた「主の晩餐」伝承研究のうちで、最も充実したものとして版を重ね、そのつど増補改訂が試みられてきた。エレミアスの問題意識はきわめて明快で、次のように表現されている――「礼拝が聖餐の言葉の伝承に与えた影響を研究すると、礼拝からは導き出されないもの、すなわち、礼典に先立つ伝承の層が明らかになってくる」。その作業は、「原生岩石を隠している二次的な層を除くこと」である。[14] それを支えているのは、「聖餐記事に共通する伝承の核は、イエスが最後の晩餐のさいに語った言葉について、本質的に信用できる記憶を保存している」という確信である。[15] しかしそれを証明するためには、最後の晩餐が過越の食事であったかどうかという問題が解決されなければならない。エレミアスは、共観福音書とヨハネ福音書との間にある伝承のずれは乗り越えられると考えているようであるが、その根拠としては、聖餐がおかれている「救済史的脈絡」(die heilsgeschichtliche Zusammenhänge)を引合いに出す。しかし、これはすでに一種の神学的判断であり、近代的意味での歴史学的判断とは言えないであろう。したがって、「たとえイエスの最後の食事が過越祭の前日の夜に行われたとしても、その場合でも

やはり、イエスの最後の食事は過越祭の雰囲気に包まれていた」といういささか苦しい説明にならざるをえなくなる。(16)

エレミアスの努力は、イエスをめぐる史的出来事がどうであったのかを明らかにすることにひたすら向けられており、それによって、すでに長い歴史の中で、制度として定着している聖餐という儀礼を正当化しようとする。しかしこの儀礼は、史的イエスがそのままの形で行ったという事実によって、はじめて正当化されるのであろうか。むしろ福音書の記事は、単なる史実の報告ではなく、ユダヤの伝統的儀礼の枠の中で、イエスの出来事を解釈しなおし、意味づける試みであったのではないだろうか。リーツマンが言うように、イエスの死を記念する食事の儀礼は、パウロの教団ですでに一定の形をとりつつあり、それに伴って制定語が定型化されていった。イエスとともにする食事という習慣は、イエスの肉と血が食事の内容にとりこまれることによって、キリスト論的に変貌を遂げていく。(17)しかしその贖罪論的意味づけは、もう一度史的イエスをめぐる出来事の脈絡の中へ戻して再構成されなければならない。それが、ヨハネを含む福音書記者たちの仕事であり、小羊が屠られる過越祭は、そのために最適の背景となった。そうであるとすれば、福音書記者たちは、儀礼を特定の史的根源と結びつけようとしているという意味で、エレミアスと同じような動機をもっていたとも言えよう。(18)しかしそのときには、実際に行われたかもしれない最後の晩餐が、過越祭当日の食事であったかどうかは、すでに人々の記憶の中ではっきりしなくなっていた。この点を考慮に入れれば、行われた時がいつであったとしても、イエスの最後の食事は過越祭の雰囲気に包まれていたというエレミアスの発言は、案外正直で適切なものなのではないかとも思われる。

このように儀礼を過去の特定の出来事と結びつけ、さらにそれをある種の伝統(この場合はユダヤの過越祭)に関連づけようとする動機が働くのは、およそ儀礼なるものが成立する背景に、元来、人間存在に共通する葛藤と願望がひそんでいるためかもしれない。ともかく、最後の晩餐の時期に関する伝承相互間のずれは、教団生活の現場においては、エレミアスが気にするほど大きな混乱を惹きおこしてはいない。重要なことは、教典の記述の整合性よりも、現に執り行われている比較的単純な儀礼の型と意味づけであった。のちの聖餐論争は、もっと別の次元の問題なのである。

そこでもう一度パウロのテクストに目を向け、制定語が埋めこまれている文脈に注目してみると、儀礼の存在意義をめぐって、史実如何とは全く別の位相が現れる。問題の箇所は「コリントの信徒への手紙一」一一・一七―三四であり、制定語はこの中心部分に挿入されている。制定語の前後の記述はコリント教会の現状を伝えており、パウロはそれを厳しく批判する。当時の具体的状況は必ずしもはっきりしないが、「それでは、一緒に集まっても、主の晩餐を食べることにならないのです」(二〇節)とか、「食事のとき各自が勝手に自分の分を食べてしまい、空腹の者がいるかと思えば、酔っている者もいるという始末」(二一節)とかの発言から推測すると、貧富の差が現れる食事のあり方をめぐる対立が、批判の対象になっているらしい。パウロはこのトラブルを、理念的説得工作や倫理的勧告によって解決することにはあまり期待をもたず、儀礼の執行を媒介とする宗教的幻のリアリティーに賭ける方向を選ぶ。この場合、儀礼にあずかることがすべてであり、その結果のあれこれは人間の判断を離れる――「だれでも、自分をよく確かめたうえで、そのパンを食べ、その杯から飲むべきです。主の体のことをわきまえずに飲み食いする者は、自分自身に対する裁きを飲み食いしているのです」(二八―二九節)。パウロはトラブルに対する現実的・具体的解決策を示さず、儀礼を通してそれを終末へ観念的に先送りしたようにも見える。しかし彼の立場からすれば、これは決して先送りではなく、一種のリアリティーをもった現在の体験であったらしい。儀礼におけるそのような「虚構性」を積極的に評価するかどうかは、判断の分かれるところであるが、人間の共同性に対する悲観的感覚とそれにもかかわらず人間を肯定しようとする姿勢が、「虚構性」を積極的に見ることにつながっているように思われる。

「コリントの信徒への手紙一」の中でパウロが指摘しているコリント教会の問題は、次のように述べられている――「まず第一に、あなたがたが教会で集まる際、お互いの間に仲間割れがあると聞いています。わたしもある程度そういうことがあろうかと思います。あなたがたの間で、だれが適格者かはっきりするためには、仲間争いも避けられないかもしれません」（一一・一八―一九）。ここで言われている「仲間割れ」（σχίσμα）と「仲間争い」（αἵρεσις）は、日本語では同じような意味の言葉に見えるが、この翻訳はひとつの解釈であり、場合によっては、両者の微妙な区別を読みとることも可能であろう。[19]後者からはのちに、「異端」を表す言葉（英語では"heresy"）が派生することになる。パウロの段階で、この箇所から正統に対する異端のイメージを導きだすことは困難であるが、後の時代におけるこのような意味の推移も一応記憶にとどめておいた方がよい。一九五四年改訳の日本聖書協会訳（いわゆる口語訳）では、この箇所は、「たしかに、あなたがたの中でほんとうの者が明らかにされるためには、分派もなければなるまい」と訳されていた。こうなると、主張されていることのニュアンスはまた多少異なってくるように見える。注解書でも、解釈は揺れている。例えばH・コンツェルマンはσχίσμαとαἵρεσιςに"Spaltung"と"Parteiung"という訳語をあて、両者に実質的な区別はないと言う。[20]しかし他方、H-D・ヴェントラントは、同様に両者の類似性を認めながらも、説明の中で、「それはともかく、この分裂は、少なくともそこに本当に信用できる者が明らかにされるという良さをもっている」と述べる。[21]つまり、これら二つの概念をめぐっては、否定的な見方とやや肯定的な見方とが混在しているのである。

日本の政治学者丸山真男は、正統と異端の問題に強い関心を抱き続けていたが、それに関するまとまった著作はなく、大量のメモが遺稿として残されていると言われる。伝え聞くところによれば、彼は、ドイツの教会史研究者の見解に触発されて、ここでとりあげている聖書の箇所に注目していたようである。[22]おそらく丸山は、これを手がかりとして、異端の積極的意義を考えようとしていたのであろう。パウロの発言は、丸山の期待に直接応えるものとは思われないが、そうであるからと言って、全く無関係と見なすわけにもいかない。このように割り切れない異なった解釈の余地を残しているのは、そもそもこの箇所のテクストが、単なる理念的考察を越えた実践的うながしを動機として含んでいるためではないかと考えられる。制定語を中心とする一連の伝承は、現に執り行われていた儀礼の手続きが、のちになってから言葉として定着したものであり、パウロのテクストの中でもこの伝承は、そのような元来の性格に即して、いわば「立体的」に読みこまれなければならない。一一・一七―二二で述べられているコリント教会内の対立・抗争は、理論闘争ではなく、人間的感情のもつれを含むものであるがために、安易な和解・調停を拒むほどに深刻であるように見える。主の晩餐の制定についての記事は、その文脈を断ち切るかのように介入する。これによって、紛争の原因となった現実の食事は徹底的に儀礼化され、日常生活の現実は儀礼的脈絡に転換される。続く一二章では、人間に与えられた霊的賜物の多様性が、肢体の各部分と身体全体との関係を示す比喩とともに語られているがために[23]、文脈全体が一種の楽観的調和論に結びついていくようにも見えるのであるが、それはあくまで、聖餐という儀礼による否定媒介の結果を示唆する終末論的表現であろう。

一一章で制定語に続けて記されている言葉――「だから、あなたがたは、このパンを食べこの杯を飲むごとに、主が来られるときまで、主の死を告げ知らせるのです」(一一・二六)――は、パウロ自身が付加したものと言われているが、イエス・キリストの死においてなし遂げられたあがないを想い起こし、終末における来臨を展望する内容となっている。つまり、現実の対立・抗争は、終末論的視点に基づいてはじめて乗り越えられ、ありのままに受けいれられうるのであり、その根拠は、まさに繰り返し行われる聖餐にあるとされているのである。儀礼としての聖餐は、「仲間割れ」・「仲間争い」のただ中で執り行われ、それを無意味化する。逆に言えば、それ自体としては全く理念的意味をもたない儀礼の執行によって、イデオロギー的対立や未熟な信条へのこだわりもしくは感情的対立を骨抜きにしてしまう。そのさい、現実の状態が多少改善されるとか、共同体の理念に向かって展望が開けるとかいった形での期待が前提となっているわけではない。「主が来られるときまで、主の死を告げ知らせる」という表現は、そのことを示唆する。告げ知らされるのは「主の死」である。儀礼執行の目指す方向は、あくまで、ありのままの「仲間割れ」・「仲間争い」の現実を前向きに受容することであろう。このように教典は、すでに儀礼的性格をもつに至った伝承断片をもとりいれつつ、宗教集団の生活の中で用いられることによって、全体としてまた、新たな儀礼的感覚を生成していく。こうした経験を積み重ねて、教典ははじめて教典になっていくとも言えよう。この認識の背後には、人間の共同性実現の期待がなぜ宗教儀礼を必要としてきたのかという問いをめぐるひとつの答えがひそんでいる。

三　教団儀礼としての聖餐

ローマ・カトリック教会のミサにさいしては、パンと杯の儀礼を執行した後で、司祭が「信仰の神秘」という言葉を唱える[24]。前述のように、パウロのテクストにおいては、「仲間割れ」や「仲間争い」で混乱するコリント教会のただなかへ向かって、主の晩餐の制定が語りだされている。これは、分裂する人間集団の現実をありのままに認めつつ、儀礼的空間において共同性の現実を創出しようとすることであり、確かに一種の神秘主義的動機を含んでいるとも言えよう。この共同体の現実が仮想的現実であるかどうかは、神秘主義の理解如何にかかっている。実際周知のように、パウロの思想は、特に宗教史学派以来、神秘主義との関連でとらえられ、「キリストにある」(ἐν Χριστῷ)がその表現形式の特徴とされてきた。日本の研究者はかねてより、しばしばこれに強い関心を示しており、この点は日本のキリスト教のあり方と無関係ではないかもしれないが[25]、それについては、また別の機会に論ずることにしたい。いずれにせよ、パウロの手紙と聖餐を手がかりとして、教典と儀礼の関係を考察するためには、神秘主義理解を確認しておく必要がある。

パウロの神秘主義に関するシュヴァイツァーの古典的研究は、彼独自の学説である「徹底的終末論」(die konsequente Eschatologie)とともに、過去の学説史の中におき忘れられた感があるが、本章の主題との関係で見なおすと、かなり示唆に富んでいるように見える[26]。シュヴァイツァーは、「キリスト教のヘレニズム化はパウロとともに始まるのではなく、パウロよりもあとになってはじめてあらわれる」という命題に固執するので、それがどのように起こったのかを説明しようとして、種々の角度からの考察を試みる。彼の考えでは、ヘレニズム化の分水嶺に当たるのがパウロの神秘主義であり、「キリスト教のヘレニズム化を可能とするようなひとつの表現形式をキリスト教に与えたのである[27]」。「キリストにある」は、キリストとともに死にかつよみがえることであるが、このような「キリスト神秘主義」がパウロの神秘主義であり、いわゆる「神―神秘主義」は、これとは区別される。まことの神であるのみならず、まことの人間でもあるキリストが神秘主義の主題になることによって、神秘主義の性格が変わるという見方には、十分に注意が払われなければならない。それではその変化は、どのような点に現れるのであろうか。

シュヴァイツァーは、「象徴的神秘主義」と「現実的神秘主義」とを別なものと考える――「ヘレニズム的密儀宗教では、象徴は凝りかつ高まって現実となる。信者は、心をこめて寓意的なものを思惟し、また秘儀授与の行為においてそれを体験することによって、それは彼にとって現実となるのである。しかるに、パウロの場合には、いかなる意味でも象徴的行為が役割を演ずることはない。彼は、キリストの死と復活の歴史的事実が信者に対して現実的な力を発揮するという理解しがたいことを、そのまま主張するにすぎない[28]」。キリストの死と復活が単なる象徴的行為ではないというシュヴァイツァーの理解は重要である。これは、制定語により儀礼として確立されたのちにも、象徴的行為になるべきではないということを意味するであろう。あくまでこの世の具体的出来事にこだわる現実的神秘主義は、人間の問題を避けて神へ直行する道を閉ざす。しかるに、理念的次元では、このことは「理解しがたいこと」になるのである。シュヴァイツァーによれば、パウロの神秘主義も、ヘレニズムの秘儀と同様に、「サクラメンタルな神秘主義」であると言われる。この「サクラメンタル」の意味は、いまひとつはっきりしないが、理念を越えた儀礼的実践を示すものと考えられる。ヘレニズムの場合、この神秘主義もサクラメントも、共通の根本的理念から生じている。しかし、「パウロは、すでに原始キリスト教団に存在していたサクラメントを、キリストとともに死んでよみがえるという彼の神秘主義とひとつに結びつけ、彼が受けついだ儀式によってはまだ予示されていなかった思想によって、サクラメントを説明するのである[29]」。シュヴァイツァーが想定するパウロの神秘主義には、伝統的要素と新しい方向性とが併存している。ところが、伝統的要素のうちには、主として儀礼の形を規定するユダヤ的伝統とその意味づけにつながるヘレニズム的伝統とが存在した。そのためパウロの神秘主義は、のちのキリスト教のうちに、相異なる流れを生じさせる分水嶺となったのである。

他方、パウロの神秘主義に基礎をおくことによって、主の晩餐は、伝統的なものの延長線上に新しい可能性を開くことになる。シュヴァイツァーはこれを、「キリスト神秘主義」・「現実的神秘主義」として「終末論的」に説明しようとするわけであるが、見方によっては、これはあえて終末論と結びつけなくても、そもそも儀礼に含まれた本質的契機に根差しているとも言えるのではないだろうか。「終末論」という表現は確かにわかりやすいが、シュヴァイツァーの考え方は常にこれと結びつけられてきたがために、「徹底的終末論」として、いささか狭くとらえられすぎた嫌いがある。（終末論的）共同性に目を向けながらも、裂け目を露呈する人間の現実にとどまり続けようとする姿勢は、元来宗教儀礼の必然性の根底にあったのではないかと考えられる。現にシュヴァイツァーも、初代教会が主の晩餐を儀礼として続行するに至ったのは、制定語のためではなく、また「反復の命令」のためでもなく、その「本質的性格に根ざす必然性」によると述べている(30)。そのため、パウロの「キリスト神秘主義」を母体とするパンと杯の習慣的所作は、その具体的・日常的な性格のゆえに、人間の現実的生が要請せざるをえないある種の儀礼的脈絡を創りだすに至ったのである。その要請と対応が真に普遍的であるかどうかは決定し難いし、儀礼の初期の性格がそのまま保持されるわけでもないが、キリスト教の歴史に定着していくこの習わしが、儀礼というものの重要な働きに接続していることは確かであろう。少なくとも、歴史的宗教集団としての初期キリスト教にとっては、さしあたりこの形態が最適であったのである。キリスト教の礼拝はもともとこの種の礼典の枠の中で発達したものであり、説教を中心とする礼拝は二次的なものであるとするシュヴァイツァーの見方は(31)、プロテスタンティズムの立場にとっては受けいれにくいかもしれないが、儀礼の意義からすれば、まさに問題の本質をついていると考えられる。

以上の検討から明らかなように、パウロの神秘主義およびそれが主の晩餐伝承に与えた影響をめぐるシュヴァイツァーの説は、多くの点で、テクストの考察から導きだされるすでに述べてきた結果と重なり合う。シュヴァイツァーが言うように、パウロの神秘主義が「キリスト教のヘレニズム化を可能とするようなひとつの表現形式をキリスト教に与えた」とするならば、このような表現形式は本質的に両義的であったことになる。したがってパウロの場合、「キリスト神秘主義」は「神―神秘主義」に、「現実的神秘主義」は「象徴的神秘主義」に転化する可能性を含んでいた。実際歴史の中では、のちになってこの転化が生じたのである。しかし、パウロの意図はあくまでも、人間の破れた現実をありのままに受容すべく、ひとつの儀礼空間を創出することにあった。その創出を支えたのは確かに彼の終末論であり、ここでは教義的固定化が避けられないとしても、ともかく儀礼自体は時代を越えて継承されていった。そこでの連続性を目に見える形で保証するのが教典であり、すでに存在していた儀礼が書きこまれた教典は、今度は、教典という形態が有する力によって、再び儀礼を誘発する。こうした宗教運動の底流には、その種の宗教儀礼を要請せざるをえない宗教集団の現実とそれを生みだす人間存在のたたずまいがうかがわれるのである。パウロの神秘主義は教典の言葉を生みだし、その言葉がまた同様の神秘体験を再生産していくことになる。神秘主義という概念は、もともとキリスト教に由来するものであったが、一九七〇年代の末頃から、これを広い視野からとらえなおす議論が、英語圏を中心として盛んになってきた。それは、宗教概念再考の動きの中で、宗教現象に共通する概念のひとつとして、神秘主義に対する新たな関心が生じてきたためであろう。パウロの神秘主義との関連で聖餐と教典をとらえなおすにあたっても、その議論の推移を一応考慮に入れる必要がある。

その議論の出発点となったのは、一九六〇年に出版されたW・ステイスの研究であった[32]。ステイスのねらいは、できるだけ多様な資料を通して、神秘体験に共通する特性を見出すことにあった。彼によれば、神秘主義には「外向的神秘主義」(extrovertive mysticism)と「内向的神秘主義」(introvertive mysticism)の二つの類型があるが、実際にはこれらは共通の特性をもっている。すなわち、神秘体験には「普遍的な核」(universal core)が存在するのであり、それは、外向的神秘主義においては、内向的神秘主義よりも低く不完全な形で現れているにすぎない[33]。主の晩餐伝承がパウロ書簡の文脈にとりこまれ、パウロの神秘主義と結びつけられたと想定すれば、一応この内向的神秘主義をそれと重ね合わせてみることができるかもしれない。さらにステイスの説の中では、神秘主義と言葉の関係をめぐる議論が注目されてきたが、教典と儀礼という本章のテーマにとっても、これは重要である。神秘主義と言葉・教典は本来矛盾するようにも見えるからである。ステイスによれば、神秘体験それ自体は確かに「識別できない無差別の統一」(an undifferentiated distinctionless unity)であり[34]、そのかぎりでは、「言葉では言い表せない」(ineffable)ものである[35]。しかしそれも、「想起された神秘体験」(remembered mystical experience)

となれば、言葉によって記述できるようになるのである。本来教義を越えた宗教的行動であるはずの儀礼が、言葉によって動機づけられるという一見矛盾した事態は、ここからして説明可能になるであろう。[36]

ステイスの研究を受けてこれを批判し、神秘主義をめぐる活発な議論に道を開いたのは、S・カッツとそのグループであった。カッツの編集した最初の論文集は、一九七八年に出版される。[37]この中で彼は、神秘体験同士の関係をめぐって、従来研究者の間で想定されてきた図式を三つにまとめ、それらはいずれも、神秘体験そのものをすべて同一のものとするか、もしくは、文化的制約を受けないものとしていると言う。[38]しかしカッツは、神秘体験のこのような共通性を認めない――「純粋な(すなわち無媒介的な)体験は存在しない」。彼によれば、神秘体験をも含めて、人間の体験はことごとく、文化によって媒介されている。その意味で、神秘体験は多様になるはずである――「体験にもちこまれる宗教的・社会的構造と実際の宗教体験の性質との間には、明瞭な因果関係がある」。[39]カッツはその後、さらに三冊の論文集を出版している。[40]第二論文集では、神秘主義と宗教的伝統との関係がとりあげられる。すなわち、神秘体験をするものが属するひとまわり大きい共同体が神秘体験そのものとどう関わるかという問題である。神秘体験はそれぞれの文化によって媒介される以上、文化が根差す伝統に対しては、当然「保守的」(conservative)にならざるをえない。しかしそれにもかかわらずカッツは、神秘主義が二面的性質をもっていると言い、そこに革新と伝統保守との間で揺れ動く弁証法を認めようとする。[41]また第三論文集では、「神秘的関心の主体・客体や神秘体験に対しては、言葉がうまく適用されうるのかどうか」という根本的問題が再び扱われる。この問題は、すでにステイスによって、「想起された神秘体験」との関連で論じられたが、カッツは言葉の働きをもっと積極的に評価しようとする。カッツによれば、神秘体験と言葉の関係は、事態の脈絡に対応して多彩であり、場合によっては、体験に「先立つ言葉の影響」(prior linguistic influences)も考えなければならないのである。[42]

カッツの第四論文集は「教典」を表題に掲げており、問題意識において本章と重なり合う。ここで扱われているのは、神秘主義や神秘体験と教典との間の関係である。従来この関係はしばしば軽視されてきたが、カッツによれば、両者は本質的に結びついている。前述のようにカッツは、神秘体験のきっかけが言葉によって与えられる可能性を認めるが、その言葉は、特定の宗教的伝統の中では、教典の形をとることになる。そこで再び浮かび上がるのは、宗教的・文化的伝統の相違が神秘体験の相違を決定するのかどうかというステイス以来の問いである。この問いに対応する形で、S・ビーダーマンは、第四論文集の中で、教典による神秘体験のアイデンティティと正統化について論じている[43]。教典と神秘主義の間の弁証法的関係に言及しつつ、彼は、文化・伝統・教典などを、基本的で比較的固定化された術語として用いることには批判的である――「伝統や文化は、究極的で根底的な表現であるよりも、むしろ、同一の現象を見るための異なった見方なのである」[44]。これはまたしても、ステイスのように、神秘体験の「普遍的な核」を想定する主張につながるのであろうか。それとも、教典によって触発される体験の多様性に強調点がおかれているのであろうか[45]。

深澤英隆はこの論争をとりあげて、ステイスもカッツも「神秘体験と解釈(伝統)の単純な二分法」に依拠しており、これをどのように克服していくかが問題であると指摘する[46]。彼はその切り口を「ウィトゲンシュタイン的と特徴づけるようなアプローチ」に求める。つまり、こうした論争の背景には記述主義と反記述主義の対立があるが、さしあたりこれらへのコミットメントを中断し、また言語外の内的・外的諸事実とテクストとの関係をも括弧に入れ、もっぱら言語の意味と機能にのみ着目してみるのである。その結果明らかとなるのは、「神秘主義の言語の広範な部分が、その意味と機能においてやはり記述や対象指示を志向」するという事実である[47]。神秘主義を成り立たせているのは、「教会や社会や自然などのあらゆる外部的決定や拘束を免れた、人間の自由な「直接性」への夢」であるが、そこには「原理的な困難」が存在する。しかし、それにもかかわらず実際には、こうした考え方や体験が再生産されていくのであるから、「広義の系譜学的発想に立った研究」が必要になるのである。[48] これは確かに重要な指摘であり、主の晩餐をめぐるパウロの伝承を、神秘主義との関連からとらえなおす試みの必然性もここから生じてくる。

「教典と儀礼」という本章の問題設定は、それ自体すでに近代以降の宗教論のゆらぎを反映していると言ってもよいであろう。のちに意識的に「宗教」と呼ばれるようになった共同体の価値形成の試みは、思考と実践が混合した未分化な営みであった。やがて宗教という概念が、いわゆる世界宗教をモデルとする特定の社会集団を意味するようになると、その結合原理となったイデオロギーに注目が集まる。それが教典という形をとって現れるときには、そこに宗教の本質があるかのようにも見なされたのである。しかし本来、宗教を教義的なものだけに限定することには無理があり、これを分節化すれば、その反面として、宗教的行為である儀礼・習俗をも分節化せざるをえなくなり、両者の関係をめぐる議論が生起することになる。本章の主題の背景にはそうした経緯があるわけであるが、一度概念として分節化したものは、さしあたりそのまま独立して自己展開を遂げていかざるをえない。ところが、イデオロギーの終焉が現実化していく現代においては、特定の信条を共有するものとしての宗教集団の結束は、ゆるやかに解体していく運命にあり、その内部からは儀礼の再評価という要請が自然に浮かび上がってくる。そこで現代の宗教論は、この事態を宗教的共通感覚の可能性という地平でとらえかえし、広い意味での言葉や神秘体験などとの関連をもふまえて考察していくことになる。

宗教学の概念はどうしてもキリスト教的なものを判断の目安として引きずっているので、ここでは、キリスト教の伝統的儀礼の中で中心的位置を占める聖餐を事例としてとりあげ、パウロ書簡に書きこまれている伝承を通して、その成立根拠を探りながら、さらに一段と根源的な問いへのアプローチを切り開こうと試みてきた。そこから明らかになってきたことは、キリスト教の歴史とともに制度として確定された聖餐は、さまざまな理解の相違はあるとしても、およそキリスト教のアイデンティティを保証するほとんど唯一・不可欠のものである。プロテスタント教会が自らの中核と考える説教は、結局、聖餐にとって代わることはできず、なかんずく観念的なものの影響力が衰退していく時代にあっては、せいぜい聖餐に準ずる地位を保持するにとどまるであろう。キリスト教的共同体成立の動機となるのは言葉であることが否定できないとすれば、それは本質的には、聖餐における制定語に集約されるとも言えよう。聖餐の意義は、しばしばそうであったように、形式的もしくは象徴的にとらえられる傾向が見られるとしても、元来聖餐は、人間の共同性がぎりぎりのところで瞬間的に実現されるかもしれないという終末的な期待を込めた宗教的行為なのである。その体験は、一般に神秘体験と呼ばれてきたものとの間に、ある種の親和性をもっている。特にパウロの思想に見られる神秘主義的契機は、聖餐制定語伝承を検討するにあたって、考慮に入れる必要があると思われる。しかしながら、伝承の枠組みがユダヤの文化的伝統と結びついていることと、儀礼としてはその文化的制約を越えているようにも見えることとを、どのように関係づけたらよいのであろうか。

聖餐がキリスト教の儀礼として制度的に成立してからも、その意味づけをめぐる神学的論議は繰り返し提示され続け、それぞれの主張がまたいつのまにか、別々の文化的伝統を形づくっていった。カトリック教会とプロテスタント諸教会との間の相違にも、聖餐理解の相違が大きく影を落としているが、プロテスタント諸教会の歴史においても、M・ルターとJ・カルヴァンとH・ツヴィングリの所説を中心に繰り広げられた聖餐論争の影響は、長く尾を引くものとなった(49)。しかしこれらの相違は、キリスト教を決定的な分解に導くことにはならなかった。その結合を支えたのは、イエスをめぐる史的出来事そのものではないと思われる。伝承の史的根源を求めるのであれば、イエスよりもむしろ、ユダヤ的共同体の生成であろう。聖餐の機能が、それを意味づける「論」によっては動かないのは、それが何よりも「体験」に根差しているからであろう。今日キリスト教界で礼拝論が注目されているのは、キリスト教のアイデンティティを持続させるものが、理念的教説や理想的人間像のモデルとしてのイエスではなく、儀礼の執行であることに気づかされつつあるためであると思われる。礼拝学者J・F・ホワイトによれば、聖餐制定語のキイワードは、新共同訳で「記念」と訳されている *ἀνάμνησις* であり、この意味は、「これらの行為を繰り返すことによって、臨在するイエス自身のリアリティーを、人がもう一度体験すること」である。[50]ここで言われている「臨在するイエス自身のリアリティー」は、前後関係から判断すると、単なる「史的イエスの生きざま」とは考えられず、まさに「イエス・キリストという体験のリアリティー」であろう。ただしそれは、イエスの出来事を含むユダヤ文化の伝統を媒介として体験されるのである。

このように、聖餐伝承の検討を通じて明らかになったのは、キリスト教的共同体の成立と持続にあたっては、宗教的・文化的伝統の自覚と現実の共通体験の再現がともに不可欠であったという事実である。キリスト教の場合、宗教的・文化的伝統としては、言葉が、さらにその具体化としての教典が重要な役割を果たしてきた。しかしそれも、現に生起する儀礼体験、すなわち、特定の媒体に五感をもって接することがあって、はじめて可能になるのである。教典と儀礼のこの関係は、宗教と呼ばれる人間の営みの中で、どの程度共有されているのであろうか。今日宗教的なものを考えるにあたっての重要な視点が「ことば」と「からだ」のかかわり合いであり、さらにこれらから「いのち」への道筋であるとするならば、本章で扱ってきたような問題の射程は、かなり広がっていくのではないかと思われる。[51]

(1)　W・C・スミスの表現を借りれば、「宗教」はそれ以来、「客観的で組織的な実体」(an objective systematic entity)の総称と見なされるに至った。特定の目に見える集団を「宗教」と呼ぶ近代の習わしは、ここに端を発するのである。Wilfred

Cantwell Smith, *The Meaning and End of Religion*, New York, 1962, Renewed Mineapolis, 1991, p.51, etc. さらに、ペーパーバック版の "Foreword"(John Hick)参照。日本でもこの問題については、すでにかなりの量の議論の蓄積がある。新しい方向を探る最近の試みとしては、磯前順一、T・アサド編『宗教を語りなおす――近代的カテゴリーの再考』みすず書房、二〇〇六年。

(2)　拙著『教典になった宗教』北海道大学図書刊行会、二〇〇二年参照。

(3)　William Robertson Smith, *Lectures on the Religion of the Semites*, Revised edition London, 1894. W・R・スミス著、永橋卓介訳『セム族の宗教』前編、岩波書店、一九四一年、三九頁――「古代宗教の研究に際しては、神話から出発してはならず、儀礼と伝統的慣習とから出発しなければならない」。無文字文化をも考慮に入れた最近の儀礼論としては、嶋田義仁「儀礼とエートス――「世俗主義」の再考から」『宗教への視座』(『岩波講座宗教』2)、岩波書店、二〇〇四年、七五―一〇六頁。

(4)　仏教史を念頭においてこの問題を論じたすぐれた論稿は、下田正弘「聖なる書物のかなたに――あらたなる仏教史へ」『宗教と身体』(『岩波講座宗教』5)、岩波書店、二〇〇四年、二五―五二頁。

(5)　W. R. Smith, *op. cit.* 前掲『セム族の宗教』二一頁。

(6)　宗教学的視点をふまえつつ、キリスト教の立場から教典と儀礼の関係を考察した最近の論稿は Benedikt Kranemann, "Biblische Texte als Heilige Schrift in der Liturgie", Christoph Bultmann/Claus-Peter März/Vasilios N. Makrides (Hgg.), *Heilige Schriften: Ursprung, Gestaltung und Gebranch*, Münster, 2005, SS.159–171.

(7)　以下、本章においては、旧・新約聖書の引用文は、特にことわらないかぎり、すべて新共同訳を用いる。新共同訳の方針の中に、「原文と訳文との間のかかわり方や、日本語の文体など翻訳上の方針を、発足当初に志向したところから、教会での典礼や礼拝にも用いられるのにふさわしいものとする方向へと改め、その点にそって翻訳が行われた」という一項が含まれており、本章の趣旨からして、この意図を積極的に評価したいと考えたからである。

(8)　今橋朗・竹内謙太郎・越川弘英監修『キリスト教礼拝・礼拝学事典』日本キリスト教団出版局、二〇〇六年。

(9)　カトリック教会のミサの式次第の中で、制定語にふれた部分は、次のようになっている。

「(次の式文中のことばは、とくにはっきり唱える。歌う場合は、「である」を省く。)

主イエスは受難の前夜、

(パンを手に取って続ける。)
とうとい手にパンを取り、
天に向かって全能の神その父あなたを仰ぎ、
感謝をささげて祝福し、
割って弟子に与えて仰せになりました。
(少し頭を下げて唱える。)
「皆、これを取って食べなさい。
これはあなたがたのために渡される
わたしのからだ(である)。」
(聖別されたパンを会衆に示した後、パテナの上に置き、合掌して深く礼をする。)
(そして続ける。)
食事の終わりに同じように、
(カリスを手に取って続ける。)
とうとい手に杯を取り、
また、感謝をささげて祝福し、
弟子に与えて仰せになりました。
(少し頭を下げて唱える。)
「皆、これを受けて飲みなさい。
これはわたしの血の杯、
あなたがたと多くの人のために流されて
罪のゆるしとなる新しい永遠の契約の血(である)。
これをわたしの記念として行いなさい。」
(カリスを会衆に示し、コルポラーレの上に置き、合掌して深く礼をする。)
(続いて唱える。)

信仰の神秘。
（会衆は応唱する。）
主の死を思い、復活をたたえよう、主が来られるまで。
（または）
主の死を仰ぎ、復活をたたえ、告げ知らせよう、主が来られるまで」。

これは、日本カトリック典礼委員会編『ミサ典礼書の総則と典礼書暦年の一般原則』カトリック中央協議会、一九八〇年、一八二―一八四頁からの引用。なお、日本でミサを行うにあたっての詳細については、土屋吉正『ミサがわかる――仕え合う喜び』オリエンス宗教研究所、一九八九年。プロテスタント諸教会における聖餐式のための式文は、若干の相違はあるが、おしなべて制定語をそのままの形でとりいれている。日本基督教団信仰職制委員会編『日本基督教団 口語 式文』日本基督教団出版局、一九五九年。日本同盟基督教団式文作成委員会編（新改訳聖書使用）『式文・キリスト教聖礼典および諸式文』いのちのことば社、一九八三年。日本キリスト教会大会信仰と制度に関する委員会編『日本キリスト教会・式文（二〇〇〇年改訂）』日本キリスト教会大会事務所、二〇〇〇年。

聖餐論を神秘的に扱うのであれば、ローマ・カトリック教会とプロテスタント教会との間に存在する一種陪餐か二種陪餐かの問題、さらにプロテスタント教会における聖餐論争など、宗教改革以来の諸問題を避けて通るわけにはいかないことは言うまでもない。しかし本章は、そのもう少し手前のところで問いを立てようとするので、さしあたりここでは、ミサ（聖餐式）における制定語の使用を確認しておくだけにとどめる。

（10）『日本基督教団 口語 式文』以外のものでは、共観福音書の伝承を用いる可能性も示唆されている。
（11）Joachim Jeremias, *Die Abendmahlsworte Jesu*, Göttingen, 1935, 1967⁴, S.14. J・エレミアス著、田辺明子訳『イエスの聖餐のことば』日本基督教団出版局、一九七四年、一九九九年第三版、一九頁（引用部分は拙訳、以下同様）。
（12）宗教学的問題意識をふまえながら、「主の晩餐」について神学的に考察した日本人のユニークな研究としては、小林信雄『主の晩餐――その起源と展開』日本基督教団出版局、一九九九年。
（13）Hans Lietzmann, *Messe und Herrenmahl*, Bonn, 1926, *idem*, *An die Korinther*, Tübingen, I, 1907, II, 1931.
（14）J. Jeremias, *op. cit.*, S.130. 前掲『イエスの聖餐のことば』二一四頁。
（15）*ibid.*, S.195. 同訳書、三二九頁。

(16) *ibid.*, S.82. 同訳書、一三四頁。

(17) 「主の晩餐」の伝承史的発展をキリスト論との関連で論じたものとしては Willi Marxsen, *Das Abendmahl als christologisches Problem*, Gütersloh, 1963.

(18) 史的根源との結びつけ方に、それぞれの神学的理解が現れる。エレミアスの史実主義も、それ自体一種の神学であると考えられる。前掲『主の晩餐』六一頁参照。

(19) Walter Bauer, *Griechisch-Deutsches Wörterbuch zu den Schriften des Neuen Testaments und der übrigen urchristlichen Literatur*, Berlin, 1949, 1952^4. William F. Arndt/Felix Wilbur Gingrich, *A Greek-English Lexicon of the New Testament and Other Early Christian Literature*, Chicago, 1957. *σχίσμα* は文字どおりの「分裂」であるが、*αἵρεσις* は「分派」・「党派」・「学派」であり、「考え方」の相違を示す。

(20) Hans Conzelmann, *Der erste Brief an die Korinther*, Göttingen, 1969, SS.226-228.

(21) Heinz-Dietrich Wendland, *Die Brief an die Korinther*, Göttingen, 1968. H-D・ヴェントラント著、塩谷饒・泉治典訳『コリント人への手紙』(NTD新約聖書註解)、NTD新約聖書註解刊行会、一九七四年、一九八頁。

(22) この点については、松澤弘陽氏からご教示いただいた。

(23) 「賜物にはいろいろありますが、それをお与えになるのは同じ霊です。務めにはいろいろありますが、それをお与えになるのは同じ主です。働きにはいろいろありますが、すべての場合にすべてのことをなさるのは同じ神です」(一二・六)、および「体は一つでも、多くの部分から成り、体のすべての部分の数は多くても、体は一つであるように、キリストの場合も同様である」(一二・一二)参照。これは、共同体を有機体にたとえる古典的な言説である。

(24) 注(9)参照。

(25) 例えば、佐野勝也『使徒パウロの神秘主義』第一書房、一九三五年、武藤一雄「信仰と神秘主義——特に使徒パウロの神秘主義について」『神学と宗教哲学との間』創文社、一九六一年、三六六—四二六頁など。

(26) Albert Schweitzer, *Die Mystik des Apostels Paulus*, Tübingen, 1930, 1954^2. A・シュヴァイツァー著、武藤一雄・岸田晩節訳『使徒パウロの神秘主義』上・下(『シュヴァイツァー著作集』第一〇・一一巻)、白水社、一九五七—五八年。

(27) *ibid*. 同訳書、第一〇巻、一五—一六頁。

(28) *ibid*. 同訳書、第一〇巻、四八頁。

(29) *ibid.* 同訳書、第一〇巻、五四—五五頁。

(30) *ibid.* 同訳書、第一一巻、八一—八二頁。

(31) *ibid.* 同訳書、第一一巻、一〇〇頁。

(32) Walter T. Stace, *Mysticism and Philosophy*, Los Angeles, 1960.

(33) *ibid.*, p.131ff.

(34) *ibid.*, p.37, etc.

(35) *ibid.*, p.55, etc.

(36) *ibid.*, p.298.

(37) Steven T. Katz (ed.), *Mysticism and Philosophical Analysis*, New York, 1978. カッツ自身の論文は "Language, Epistemology, and Mysticism" (pp.22–74)。

(38) *ibid.*, pp.23–25.

(39) *ibid.*, p.40.

(40) Steven T. Katz (ed.), *Mysticism and Religious Traditions*, New York, 1983. カッツ自身の論文は "The 'Conservative Character' of Mystical Experience" (pp.3–60)。*idem* (ed.), *Mysticism and Sacred Scripture*, New York, 2000. カッツ自身の論文は "Mysticism and the Interpretation of Sacred Scripture" (pp.7–67)。

(41) *idem* (ed.), *Mysticism and Religious Traditions*, pp.3–4.

(42) *idem* (ed.), *Mysticism and Language*, New York, 1992, p.5. カッツは、自らの立場が「構成主義者」(constructivist) と呼ばれる風潮に対して、むしろ「コンテクスト主義者」(contextualist) と呼ばれるべきであると言う。*ibid.*, p.34, n.9. この立場は「方法論的・認識論的にコンテクストを重視すること」で、これまでの「本質主義者」(essentialist) の考え方と決別するものである。cf. *idem* (ed.), *Mysticism and Sacred Scripture*, p.3.

(43) Sholomo Biderman, "Mystical Identity and Scriptural Justification," in S. T. Katz (ed.), *op. cit., Mysticism and Sacred Scripture*, pp.68–86.

(44) *ibid.*, p.85.

(45) カッツはユダヤ教とその歴史を自らのフィールドとしており、特定の文化的伝統を重視する彼の発想は、あるいはそこから出てきたのではないかとも考えられる。それに対して、現代イスラエルで活動する研究者であるビーダーマンにおいては、ユダヤ的伝統を普遍性と結びつけようとする動機が無意識のうちに働いているのかもしれない。

(46) 深澤英隆『啓蒙と霊性——近代宗教言説の生成と変容』岩波書店、二〇〇六年、二二五頁。

(47) 同書、二二七—二二八頁。

(48) 同書、二三〇—二三一頁。

(49) プロテスタント教会における聖餐論争についての詳細な解説としては、赤木善光『宗教改革者の聖餐論』教文館、二〇〇五年が最新の情報を与えてくれる。本書の扉に掲げられたルターとカルヴァンの次の言葉は、聖餐理解の幅とともに、そのゆがみの可能性をも暗示しており、きわめて興味深い——「天国は地上にあるのではないか。天使たちは同時に天にあり、地上にもいる。キリスト者も同時に神の国にあり、また、地上にいるのである」(ルター)、「もし天が祖国であるなら、地は亡命の地でなくて何であろう」(カルヴァン)。しかし大切なのは、これらの底流になっている共通感覚であり、著者もそのことを示唆しているようにも見える。

(50) James F. White, *Introduction to Christian Worship*, Nashville, 1980, Third edition, Revised and expanded 2000, p.233. J・F・ホワイト著、越川弘英訳『キリスト教の礼拝』日本基督教団出版局、二〇〇〇年、三二九頁(引用文は拙訳)。

(51) 本書第一二章参照。

第九章　宗教文化を形成する教典(二)

一　キリスト教の礼拝論と祈祷論

宗教儀礼の代表的なものは礼拝行為であり、そこには基本的構成要素として、通常「祈り」が含まれている。ところが祈りだけをとりだすと、これが個人の自由な心情の吐露という特徴をもつがゆえに、儀礼にはなじまないかのように見える。確かに後に見るように、祈りにはそうした性格が含まれているが、あらためて祈りの歴史的展開を顧みると、ここにはやはりまぎれもなく儀礼的性格が認められるのである。キリスト教界では、二十世紀以降世界的に、「礼拝」論が人々の関心を集めつつあるように見える。(1) ローマ・カトリック教会の第二ヴァティカン公会議(一九六二―六五年)にさいして発布された『典礼憲章』(一九六三年)は、この動向を反映するものと言えよう。(2) ヨーロッパにおいては、ここに至る道筋は、すでに十九世紀から準備されていた。のちに「典礼刷新運動」(liturgical movement)と呼ばれるようになる運動の萌芽は、十九世紀に、ヨーロッパ各地のカトリック教会の中に認められる。これはやがて、カトリック教会とプロテスタント教会をつなぐエキュメニカルな視点と結びつき、キリスト教に新たな可能性を開くものとなっていった。日本のキリスト教の場合には、ヨーロッパのキリスト教とはコンテクストを異にするので、一概に論じられないが、やはりその影響がないとは言えない。例えば、カトリック・プロテスタント両教会の共同事業として刊行された新共同訳聖書(一九八七年)の翻訳作業にあたっては、「教会での典礼や礼拝にも用いられるのにふさわしいものとする方向」が志向されていた。[3] またプロテスタント教会の『讃美歌21』の刊行(一九九七年)も、この流れの中に位置づけることができるであろう。[4] さらに、近年プロテスタント教会で高まっている説教に対する関心は、語る内容もさることながら、語り方にも注意が向けられているとすれば、やはり礼拝論の一環ととらえることができよう。[5] あるいはまた、聖餐のあり方をめぐる最近の教会内での対立すら、礼拝における儀礼的要素への強いこだわりを逆説的に示すものとも言える。

良きにつけ悪しきにつけグローバリゼーションが進行する現代においては、キリスト教会も自らの従来のあり方を根本的に問いなおさざるをえない。大局的に言えば、その方向は、諸宗教の伝統を含む価値観の多様性が顕在化する中で、キリスト教のアイデンティティの可能性を見定めるということであった。二十世紀の初めにプロテスタント教会を中心に展開された「神の言葉の神学」の運動は、キリスト教の進むべき方向を示唆するものであるように見えた。しかし、K・バルト等の「神の言葉」理解には、広い実践的な意味合いが含まれていたとは言え、この運動全体は宗教改革の主張を受け継ぎながら、近代主義的な知に基づく教義の世界を志向していた。それは、世界大戦の動乱の中で、的確な方向を探りだそうとする動機と結びついたものであった。それにもかかわらず、戦後の冷戦構造が消滅し、イデオロギーの終焉が現実味を帯び始めると、神の言葉を中心とする教義体系への期待も弱まっていった。言語行為論、あるいは、その裏返しとして行為から言葉を読みとろうとする発想法は、言葉と行為、理論と実践の二分法を疑わしいものとしていった。こうした思想的展開の影響も受けながら、キリスト教会で礼拝論への関心が浮かび上がったのは、ごく自然なことであろう。伝統的に儀礼を重視するカトリック教会はもちろんのこと、プロテスタント教会においても、もはや儀礼的なものを軽視するわけにはいかない。プロテスタンティズムの場合、なかんずく重要なのは、言葉と行為の双方に関わるような儀礼の局面をどう理解するかということではないかと思われる。そのような儀礼の中で、キリスト教以外の宗教にも広く見られるものとして、特に注目されるのが祈りである。ところが、この概念をめぐっては、従来宗教学の領域で若干の混乱があったようにも見受けられるので、それをもう一度考えなおそうというのが、本章の意図である。

キリスト教の祈りの形態は、歴史的に見ると、教派と時代によってさまざまに変化しているが、それらは結局、二つの極の間を動いているように見える。すなわち、一定の言葉の形式に従って祈る「成文祈祷」(written prayer)と個人が自由に祈る「自由祈祷」(extempore prayer)との間での移り変わりである。[6] この分類方法は、キリスト教以外の宗教における類似した現象に関しても有効であるように思われるが、キリスト教の場合、長期的にはどうしても成文祈祷の方へ重心が移ってくる。ここには、言葉と教典に対するキリスト教特有のこだわりが現れているのではないかと考えられる。しかしこのことは、祈りが宗教学的概念としてどの程度妥当性をもちうるのかという問題とも関わっている。「宗教」概念そのものが再検討されざるをえない近年の動きの中で、従来用いられてきた宗教学的概念も問いなおされることになるが、そのさい注意すべきことは、概念をいきなりあいまいな形で拡張してしまわないことである。「見える宗教」の対極に「見えない宗教」を想定することは、まさに認識の一新であるが、そのさい「見えない宗教」はあくまで「見える宗教」の延長線上に現れることを見のがすわけにはいかない。[7] 祈りという概念についても同じように考えるべきで、これを無制限に拡張してあいまいにするよりも、まず従来この概念に含まれていた意味の核心を確定し、新たに認識の射程内に入ってきた宗教的なもの、すなわち「見えない宗教」を説明するにあたっては、別な概念との組合せを考えた方が、宗教学的には有意義ではないかと思われる。ここではそのような問題意識に基づき、キリスト教の礼拝論を手がかりにして、祈りという概念を宗教学的に使用しうる方法について考えてみたい。

しかしそもそも、祈りを礼拝論の中でとり扱うアプローチ自体が実はキリスト教的なのではないかということが、問われて然るべきであろう。従来祈りと呼ばれてきた宗教現象は実際にはかなり多様であり、それらが何となく一般的概念としてくくられてきたが、よく見ると、そのくくり方が適切であるかどうか疑わしいような現象も、その中に含まれているように見える。しかしそれらは、キリスト教の祈りをモデルとすることによって、何となくひとつの概念でくくられるかのように考えられてきたのである。実際にキリスト教の礼拝の中に組み込まれている祈りの形態は、例えばプロテスタント教会における公同の礼拝の場合、開会の祈りから始まって最後の祝祷に至るまで多種多様である。しかしそれらは、共同の礼拝という場に位置づけられることによって、ひとつの方向性を与えられている。カトリックの修道院における「聖務日課」(divine office)は、内容を見れば、「日課祈祷」(daily public prayer)にほかならない。これは、ユダヤ教で伝承されてきた定時祈祷の習慣に基づくもので、一日の時間のサイクルに合わせて回数が定められる。本質的には個人の自由意志に発する営みであるが、修道院という場でなされるかぎり、同時に集団のルールでもある。また、英国国教会(Church of England)およびその系統を引く各国の聖公会(Anglican Church)では、旧・新約聖書やアポクリファ(外典)と並んで『祈祷書』(The Book of Common Prayer)が作成されており、信徒はこれに従って生活することが求められている。内容としては、各種のサクラメントが含まれているが、時と場所に応じて改訂することは可能である。それに対してプロテスタント諸教会では、祈りは個人的色彩を強めるが、他方、公同の礼拝での公同の祈りも不可欠のものとされている。さらに、十九世紀のアメリカに始まる定例祈祷会の習慣はかなり広まっており、家庭礼拝暦や特定の祈祷日・祈祷週なども定められ、出席が勧められている。いずれにしてもキリスト教では、儀礼としての祈りが礼拝の一部として位置づけられていることには変わりはない。したがって、キリスト教に関するかぎり、形態の多様性にもかかわらず、祈りを礼拝論の中でとり扱うことは妥当であると言えよう。問題は、この関係をどこまで一般化できるかである。

二　「祈り」という概念の一般化

宗教史における諸現象の幅をふりかえるとき、祈りの形態のみならず内容までも考慮に入れて、それらを一般概念としてとらえかえすには、相当な困難が予想されるであろう。しかし、宗教現象の中で祈りという概念に関わる行為が占める位置の重要性の認識は、祈りを類型化する試みを繰り返し生みだしてきた。そうした試みの中で、最も包括的なものとしてよく知られているのは、一九一八年に出版されたF・ハイラーの著作であろう[8]。さらに、従来の研究史に対する比較的新しいコメントとしては、S・ギルのものがあり[9]、日本では、棚次正和による本格的な研究が刊行されている[10]。ギルの考え方を別にすれば、これらは多かれ少なかれ、広い意味での現象学的類型論から本質論を導きだそうとするものであった。ハイラーの著作の副題は「宗教史的・宗教心理学的研究」であるが、実際には、具体的な祈りの形態を細かく分類整理しつつ、「祈りの本質」(Das Wesen des Gebets)に説き及ぶ。また、棚次の研究の最終目的は、その題名が示すとおり、「宗教の根源」である。しかし、本質論的志向に導かれた問いは、しばしば最初から答えを予想しているようなところがある。その答えは決して間違っているわけではないが、歴史的宗教現象からは微妙にずれてくることもある。根源論を本質論の形にとらえかえそうとする場合には、そこへもう一度歴史的視点を導入し、時間的に「根源」に至る手前のところにふみとどまって、再度概念規定を試みた方が、事態の解明にとって有効な方法となるのではないだろうか。祈りをめぐる従来の議論においても、そのような必要性がないわけではないように思われるのである。

そこでまず、現代の祈り研究の出発点となったハイラーの学説をふりかえりながら、その特徴について考えていきたい。彼は、祈りの重要性を次のように表現する――「祈り(Gebet)がすべての宗教の核心であり、中心であることについては、何の疑いもない。われわれが本来の宗教的生を理解するのは、祈ること(Beten)においてであり、教義や制度、儀礼や倫理的理念においてではない。祈りの言葉のうちに、われわれは、敬虔な魂の最も深く最も親密な動きをうかがうことができるのである[11]」。しかし今日から見れば、このようなとらえ方自体、すでにひとつの特定の宗教観の反映にほかならなかったのではないかと思われる。この記述に続けて、カルヴィニズムの説教者や何人かのキリスト教神学者からの引用が現れるが、その内容から彼の志向が明らかになる。つまりハイラーは、人間主義に基づく寛容の実現を目指す、当時のキリスト教思想の流れの中に立っていたと考えられるのである。ハイラーの言うところによれば、彼以前の祈り研究は、スコラ的主知主義や啓蒙的合理主義の影響のために、宗教体験をその根源性と直接性において見ることをしなかった。つまり彼は、「キリスト教の教会と教義の歴史」(christliche Kirchen-und Dogmengeschichte)から「キリスト教の宗教と信心の歴史」(christliche Religions-und Frömmigkeitsgeschichte)へと向かおうとしている[12]。祈りの研究は、彼のそうした目的を実現していくひとつの段階であった。

棚次はその著書において、ハイラーの説を適切にまとめている。その言い方を借りれば、「ハイラーによる祈りの一般研究は、要するに、個人の宗教体験の中に基礎的な資料を求め、祈りの「源泉」と「頂点」に考察の比重をおきつつ、「神秘主義の祈り」と「預言者的信仰心の祈り」という祈りの二類型を析出し、その特性を詳細に記述し分析したのである」ということになる[13]。ここで重要なことは、まず「宗教はなかんずくその源泉(Quelle)と頂点(Höhepunkt)について研究されなければならない[14]」というハイラーの認識であり、さらに「類型論(Typenlehre)は比較宗教史と重なる[15]」という主張である。ハイラーの言う「祈りの本質」はこのような考え方から導きだされるのであるが、その場合には、歴史は「心理学的」にとらえられ、本質論に吸収される。かくして、祈りの本質は次のように規定されることになる――「祈りとは、人格的に考えられ、現存するものとして体験された神と信仰者との生ける交わりであり、その交わりは、人間の社会関係の形式を反映している」[16]。ハイラーは、このような本質論を前提として祈りを論じているのであり、彼によれば、祈りの定義は最初から可能なのである。それは、彼が祈りのイメージとして、キリスト教の祈りを思い描いているからであり、彼にとっては、これが祈りの「頂点」なのである。ハイラーは晩年諸宗教の統合に関心をもち、N・ゼーデルブロムの影響もあって、そのための運動に関わった。しかしハイラーの立場は、あくまでキリスト教と古代イスラエル宗教を「頂点」と見なすものであり、彼の祈り研究にもそれが反映されている[17]。彼はローマ・カトリック教会からルター派教会へ転じた経歴をもっており、彼の祈り理解が儀礼的性格づけよりも神秘主義的方向に傾くのはそのためでもあろう。実践的関心に導かれた晩年の文章では、K・バルト等の弁証法神学に対しては批判的であり、また前述のように、スコラ的主知主義や啓蒙的合理主義に対しても批判的であるが、「祈り」という概念の一般化を目指す点において、ハイラーの立場はやはり啓蒙主義の枠内にあったのではないかと思われる。近代宗教学の問題意識そのものが啓蒙主義に由来することからすれば[18]、それは当然のことであろう。

それに対して七〇年後のギルの論述は、その後の期間における諸学説の展開を背景としており、今日の問題意識を的確におさえている。ギルによれば、近年の宗教研究において祈りは、一般的な宗教現象としてはあまり注目されておらず、どちらかと言えば、キリスト教的観点からとりあげられる場合が多い。彼は、ハイラーの著作とさらにそれ以前のタイラーの著作[19]が祈りに関する研究の基準とされたことが不適切であったと述べているが、ある意味ではそのコメントは当たっている。現在の研究状況はその結果なのである。ギルははっきりとは述べていないが、不適切だったのはタイラーやハイラーの研究の内容ではなく、それらとキリスト教との関係が十分に考慮されていなかったことではないかと思われる。ここでは、その点をもう一度検討してみたい。

ギルはこれまでになされてきた研究を総括して、祈りという概念には正確な定義がなかったと言う[20]。彼によればこの術語は、もっと正確な比較研究や歴史研究のための一般的集約装置として役立つにすぎないのである。定義を確立するには、具体的な宗教的現実すなわち教義や儀礼に即して、この概念を分節していかなければならない。ギルは祈りの一般的研究にあたって、それを三つの側面から検討することを提案する。「テクスト」(text)、「行為」(act)、「主題」(subject)の三つである。彼の説明では、テクストとしての祈りは、人間と霊的なものとのコミュニケーションを表す特殊な言葉のテクストで、キリスト教徒の「主の祈り」、ユダヤ教徒の「カディッシュ」、ムスリムが行う「サラート」の祈りなどがそれにあたる。また祈りは、発せられた言葉だけではなく、発話行為というパフォーマンスそのものでもある。そのさいに、祈る個人は同時に、儀礼的な公同の祈りがなされている何らかの宗教的・文化的伝統に属している。場合によっては、行為だけで言葉が消失することもある。さらに祈りは、発せられた言葉や行為だけでなく、書かれたり語られたりする主題でもある。それは、理論・神学・説教・教義等々の主題となる。ギルは、これら三つの面からの分析が、祈りという概念の定義を確立するために役立つと考えている。しかしこれら三つの面は、果たして同じ次元に並びうるものであろうか。

ギルは、前述のように、「人間と霊のコミュニケーションの特殊な言葉」(the specific words of the human-spiritual communication)を想定し、このコミュニケーションの「テクスト」を祈りと見なす。ここで「特殊な言葉」と言われているものは、普通考えたくなるような、そのつど偶然に発せられる言葉ではなく、教団の伝統に基づく言葉なのではないかと思われる。「テクスト」という言い方はその意味に当てはまるし、あげられている例もそのことを示唆している。キリスト教・ユダヤ教・イスラームからとられたこれらの例のテクストは、いずれもそれぞれの教典に基づいていることは重要である。すなわち、ギルの言う「テクストとしての祈り」は、教典から分離することはできないのである。「主題としての祈り」についても、実は同様なことが言える。解説のためにギルが例示している「主題」、すなわち、理論・神学・説教・教義・礼拝の指針・信仰生活に関する定め・祈り方の説明などは、まさに教典に書かれた内容そのものである。「行為としての祈り」だけが、教典の枠を越える可能性を含んでいるが、唯一神教においてはこれも、先にあげた祈りの二つの側面(テクストや主題)と無関係ではない。

要するにギルの場合にも、ハイラーの場合と同様に、「祈り」という概念の一般化にあたっては、唯一神教の伝統、特にキリスト教の考え方が、無意識のうちに暗黙の前提となっている。これは宗教学・宗教史学の宿命のようなものであるから、あえて否定する必要はないし、またそれによって、宗教的概念の一般化の試みが無意味になるのでもない。大切なことは、概念の意味内容の中で、どこまでが一般化可能なものであるのか、その範囲を見きわめることであろう。そのためには、他の隣接概念との関係をも考慮しつつ、一般化できない部分を無理に一般化せず、残しておくことが必要である。宗教概念そのものの再検討が進んでいく動向の中で、宗教集団や宗教運動の可能性の幅を、全体として視野に入れつつ、諸概念の再構築を行っていくことが、現代宗教学の課題になるのではないかと思われる。

三　一般化の限界と核心部分の確認

そこで次に、祈りに似てはいるが、一般的な祈り概念に包摂されにくい宗教的現象について検討していく。祈り概念の一般化を目指しながら、ハイラーもギルも、前述のように、結局唯一神教、特にキリスト教の祈りのあり方に依拠せざるをえなかったことが、そのための手がかりとなるであろう。まず、日本語の「祈り」もしくはその動詞形「祈る」の意味をたどってみると、ハイラーやギルの定義と合致するところもあるが、合致しないところもある。[21]「神仏に請い願う」という基本的意味は変わらないとしても、必ずしも「神に祈る」という形をとるとはかぎらず、「神を祈る」＝「神の名を口にする」という表現を用いる場合も少なからず存在する。この場合には、祈りは呪言的性格を帯びることになる。そのため、祈る内容は必ずしも幸いではなく、時には他人の災いともなりうる。さらに、幸いと結びついた方の祈りが日常的語法にとりいれられると、「君の幸福を祈る」というような言い方が生まれる。ここでは祈りは「心から希望する」という軽い意味をもち、対象としての神仏のイメージはもはやはっきりしない。要するに、日本語の「祈り」・「祈る」においては、「テクスト」は言葉としてはあるものの、形はそのつど自由であり、「主題」も多様で、そこにおける動機は定まらない。祈りの対象は漠然とした神仏で、しかも流動的である。この「祈り」・「祈る」という言葉が、キリスト教その他の類似した行為を表す言葉の翻訳語として用いられたわけであるが、それらの意味範囲を一致させることはかなり困難であった。ハイラーの学説の内面化志向・本質志向は、日本語の世界にも比較的受けいれられやすかったが、それでもハイラー自身が意図したところからは、ずれていかざるをえなかった。

それでは、その「ずれ」はどこから生じるのかということを確認するために、キリスト教の祈りの特徴を、具体的事例に基づいて、多少立ちいって検討してみよう。ユダヤ教・キリスト教の伝統にその起源をもつ「祈り」という概念は、ヘブル語の“t^{e}pillāh”、ギリシア語の“προσευχή”によって表現された。これは、いわゆる人格神へ向けられた一種の行為で、賛美・願い・告白・嘆きなどを内容とした。したがって、祈りにおいては、その相手と主題が不可欠の要素である。英語の“pray”はこの意味を継承しており、その用法の基本形は“pray to (God) for (mercy)”となる。そして、その用語・文体・内容は、伝承なかんずく教団内伝承に依拠するのが常であり、それらは教典に結集されているので、実際には祈りは教典に依拠することになる。しかもユダヤ教・キリスト教の場合、その教典は正典でなければならない。それがギルの言うところの「テクスト」であろう。伝統的教団においては、それらはやがて若干の変化を伴いつつ儀礼の中へ組み込まれ、定型化されていく。そのさいには、偶然的色彩は稀薄化し、一般化・普遍化の志向が現れる。先に言及した「自由祈祷」においてさえも、自発的に発する祈りの言葉は、おのずから教典の表現に近づき、また、そうなることが積極的に求められる。

例えば、マタイ福音書(六・九―一三)とルカ福音書(一一・二―四)では、イエスが弟子たちに祈りの仕方を具体的に教えたことになっている。これら二つの伝承は、若干の語句の相違があるとしても、ほぼ一致しており、イエス自身の言葉伝承に基づくものと考えられている。しかし、福音書文学成立の時代(イエスの死後約五〇年)には、ここに見られるように、すでにある程度定型化した形で知られていた。すなわち、書き記された伝承に依拠しながら祈るという習慣が定着しつつあったのである。この背後には、ユダヤ教の「シェマ」や「シェモネ・エスレ」(一八祈祷)があり、これらもまた、ユダヤ教教典との連関のうちに形成されたものである。一旦福音書に編集された「主の祈り」伝承は、教会制度が発達し、儀礼が整備されてくるにつれて、再び福音書から切り離され、礼拝式文として制定される。多様な文化圏に広がっていったキリスト教の場合、礼拝式文は教派によって、また翻訳を通して変化していくが、「主の祈り」はほとんどの教派で用いられている。したがって、祈りは常に礼拝にとって必須の要素として考えられてきたと言えよう。教派によっては、「主の祈り」を中心に、信仰問答が作成されたり、信仰告白文が制定されたりするが、その場合にも文言は、教典(旧・新約聖書正典やアポクリファ)の語句から合成される。(22) ただし翻訳にあたっては、さまざまな問題が生じるので、これらの調停は教会の重要な課題となる。(23)

礼拝式文としての「主の祈り」が形成されていく過程、および、教会におけるそれの用いられ方を見ていくと、キリスト教では、祈りが儀礼の中心になっていることがわかる。そこには、「主の祈り」のように、確定された文言がさまざまな状況で用いられるものと、状況に即して変化するものとがある。しかし、変化すると言っても、多くの場合、全く無制限に変化するとは限らない。自発的で自由な祈りが禁じられているわけではないが、キリスト教で言う「自由祈祷」は文字通りのものではない。キリスト教の儀礼は「サクラメント」(聖礼典・秘跡・機密など、教会によって訳語が異なる)と呼ばれるが、そこには複数の種類がある。カトリック教会の場合、それは「洗礼」・「堅信」・「聖体」・「悔悛」・「終油」・「婚姻」・「叙階」の七つであることはよく知られている。祈りはこれらのすべてと結びつく。サクラメントの数を確定する必要があるかどうかは、繰り返し論じられているが、全体としてここにひとつの方向が見出されることは確かであろう。それは、人間がともに経験する人生の過程であり、その意味では、サクラメントは一種の通過儀礼としての性格をもつと言えよう。[24] そうであるとすれば、祈りもまた、人生行路に即した方向づけを含んでおり、そのつどの節目で教典に立ちかえり、指針を問うという形になることが多い。個人の祈りも、意識せずに、こうした共同の儀礼をモデルとしている。

そこで、時間の流れに沿って、その時々の祈りを集成する試みがなされたとしても、不思議ではない。祈りの文言が教典からの引用に基づいて構成されるとすれば、この構成は新たに祈りの教典を作ることになる。実際そのような文書は、礼拝にさいしてそれを教典とともに用いることを目指して作成される。例えば前述のように、英国国教会およびその系統を引く各国の聖公会は『祈祷書』を重んずるが、これがまさしくそのような性格の文書である。英語による最初の公祷文である「リタニー」(litany、嘆願)(一五四四年)の後を受けて、一五四九年に発行された『(第一)祈祷書』は、のちの祈祷書に大きな影響を与えた。その展開の歴史は複雑であるが、日本聖公会も長期にわたる検討を経て、一九九一年に、やはり同じ性格をもつ『祈祷書』を出版した。[25] ここには、教典に根差した祈りのあり方への強いこだわりがうかがわれる。また、ヘルンフート兄弟団(Herrnhut Brüdergemeinde)のG・ツインツェンドルフによって、十八世紀に日々の聖句集として作成され、今日では五〇カ国語の翻訳を通して愛用されている『ローズンゲン』(標語・合言葉の意)も、その日その日の暦に合わせて教典の言葉を編集し、祈りの糧にしようとするものである[26]。さらに今日では、W・バークレイが病床にある人々のために書いた有名な著作も、やはり聖書の章句を中心として構成された祈りの書である[27]。

　このように見てくると、キリスト教の場合、祈りは必ずしも主体的発話行為とは言いきれず、多かれ少なかれ、教典という「物」に媒介された性格をもつ儀礼である。祈る個々人は、祈りの対象のイメージを共有していると信じる共同体の場で、人生における折々のテーマにふれながら祈るのである。ハイラーやギルは、この知識と体験のうえに立って、祈りを宗教学的概念としてどこまで用いることができるかを考えたのであろう。そういう意味では、彼らの理論にキリスト教的制約が付きまとっているとしても、それは文化的背景からしてやむをえないことであり、視野の狭さを批判するのは適切ではない。ハイラーは、本質論の形で理論の拡張を志したようにも見えるが、その本質を説明するにあたっては、また出発点に戻っている。ギルが祈りの明確な定義などありえないと言うときにも、概念の拡張を予想しているように見えるが、テクストと行為と主題という三つの要素の限定は、結局、拡張の歯止めとなっている。これをさらに拡張し、祈り概念の一般化を図ることも大切であるが、同時に、どこが「ずれ」をもたらす原因になっているかを明確にし、それを乗り越えて一般化を試みるか、それとも、一定の限界内での一般化にとどめるかをも考えていくべきであろう。

　さしあたり、ハイラーやギルの理論を唯一神教の世界へ拡張することは可能であるとして、それ以外の文化圏では何が「ずれ」をもたらすのかを考えてみたい[28]。今までの検討から予想されるのは、祈りを媒介する「物」としての教典がその原因になっているのではないかということである。キリスト教はいわゆる「教典宗教」であり、また「言葉」にこだわる宗教であるから、祈りと教典との結びつきは拡大していき、教典に準ずる祈りのテクストが作成されたりする傾向も見られる。それ以外の宗教文化にも、多くの場合教典は存在するし、それらと祈りとの関係も指摘されうるが、個々人の祈りのあり方を規定するテクストとして教典が機能する場合はさほど多くない。時には教典の内容が圧縮され、一種の「唱えごと」のようになることもある。日蓮宗の「題目」である「南無妙法蓮華経」はその典型であり、ここには法華経の功徳がすべて込められており、これを唱えることが成仏のための唯一の法になるとされている。題目を唱えることは「唱題」と言われるが、このような習慣は日蓮宗だけに限定されない。仏・菩薩の名、特に阿弥陀仏の名号を称える「南無阿弥陀仏」は、浄土念仏に見られるが、これは「称名」と呼ばれて、一応唱題とは区別される。称名はそのつど、「南無釈迦牟尼仏」・「南無観世音菩薩」などとも言い換えられる。仏教以外にも、道教などで類似した習慣が見られるが、キリスト教には、この種の儀礼はあまり定着していないようである。[29]格別の知識を必要とせず、だれでもどこでもいつでも可能であるという意味で、これは広く信者のための儀礼として、合理性をもっていると言えよう。

祈りと教典とのかかわりが、「唱題」・「称名」などの形で縮減されていき、やがて言葉が消滅するところから、「黙想」・「瞑想」(meditation)、「観想」・「観照」(contemplation)などと呼ばれる現象が浮かび上がる。これらを明確に定義することは困難であり、また祈りとの関係も、見方によってさまざまに分かれる。キリスト教的に理解すれば、これらも、声には出さないが、聖書の章句について思いめぐらすことと結びついており、「黙祷」・「念祷」などと言い換えることもできる。しかし仏教では、同じ言葉を用いても、教典との関係はキリスト教の場合とは異なる。*The Encyclopedia of Religion* では、第1版も第2版も、“Prayer” という項目とは別に、“Meditation” という項目が立てられており、“Contemplation” はこの中で説明されている。[30]それによれば、「meditation は contemplation の達成を準備し、それに寄与するものと考えられる」と述べられており、キリスト教神秘主義がこの区別のモデルとされているようである。つまりここでは、これらの概念は、キリスト教を軸にひと続きのものとしてとらえられており、その間の差異はあまり意識されていない。しかしこれは、祈り概念の一般化として成功しているであろうか。“Prayer”の記述からも、また、“Meditation”や“Contemplation”の記述からも、類似しているにもかかわらず抜け落ちる現象があるのではないであろうか。

先に述べた日本語の「祈り」の意味の中で、特に「心から希望する、願う」という日常的な意味は、キリスト教を背景とした「祈祷」の理解からは出てこない。“Prayer”はあくまで礼拝と結びついた儀礼であり、その基礎には教典があるので、おのずから一定の型を志向する。日本語の「祈り」は必ずしもそのような方向性をもたず、祈る対象ははっきりしていなくてもよいし、そのつど変わってもよい。祈ることは「拝む」ことにも通じ、願いごとの内容は現世利益の実現であってよい(31)。このような意味の拡張は、本来キリスト教にはそぐわない。宗教概念の再検討とスピリチュアリティへの関心が進む中で、翻訳を通して広く使用されるようになった従来の宗教学的諸概念も、あらためて問いなおされなければならない。そのさいに大切なことは、従来の概念の核になる形を確認するとともに、使用される過程でそれが次第に稀薄化されてきた傾向を見すえつつ、性急に境界線を引くのではなく、裾野の広がりを含めて大きく全体をとらえかえすことであろう。そのためには、周辺の類似概念を裾野と関係づけていくことが必要になる。今後宗教現象は、既成宗教集団を中心とするファンダメンタリズム的集約形態と、「非宗教的」領域へと溶けこむまでに流動化していく裾野との間で、そのつどの座標を確認しつつ、動的に把握されなければならないであろう。そうしたアプローチの中で、従来の宗教学的諸概念はどの程度一般的・普遍的性格をもちうるのかが検証され、その積重ねを通して、「宗教」という概念それ自体が再考されるわけである。「祈り」という表現を用いるにあたっては、「教典宗教」の場合とそうでない場合とでは、そのニュアンスがかなり異なる。もしここで概念の一般化が必要であるとすれば、まず、教典による制約が生みだすさまざまな祈りの形を確認したうえで、それらが消失・変化していく過程を追うことになる。これはもちろんそれぞれの形態の価値づけや発展段階の問題ではなく、本質論・根源論を考察の射程に入れながらも、その一歩手前の宗教史の枠内に視座をすえようとすることなのである。

(1)「礼拝」という言葉は、日本のプロテスタント教会の用語であり、カトリック教会では「典礼」、正教会では「奉神礼儀」が用いられる。この訳語のもとになっているのは英語の“liturgy”であり、さらにさかのぼれば、ギリシア語の“λειτουργία”に至る。ただし英語では、“service”や“office”や“worship”も同様な意味で用いられており、今日全く異なる意味に転用されている“cult”も、もとをただせば、礼拝を表す言葉であった。
(2)『典礼憲章』一〇では、次のように述べられている——「典礼は教会の活動が目ざす頂点であり、同時に教会のあらゆる力が流れ出る泉である」。
(3) 一九八七年九月共同訳聖書実行委員会によって記された『聖書新共同訳』の「序文」参照。
(4) この背景には、一九六〇年代にスコットランドで始まった英語賛美歌の創作運動(hymn explosion)があった。ここではアメリカ合衆国が大きな役割を果したので、礼拝に関わる運動は、ヨーロッパとアメリカ全体に広がっていたことがわかる。
(5) そのさい、「説教」という行為を宗教運動との関連で広い視野からとらえなおすときには、教団の中でのその位置づけをめぐって、新たな展開が見えてくるようにも思われる。礼拝論には、これまであまり考慮されてこなかった宗教学的視点をとりいれることも必要であろう。Charles L. Rice, “Preaching,” in Mircea Eliade (editor in chief), *The Encyclopedia of Religion*, Vol. 11, New York, 1987, pp.494-501. Lindsay Jones (editor in chief), *ibid.*, Second edition New York, 2005 では、なぜかこの項目は削除されている。“Preaching” はキリスト教特有の概念と見なされたのであろうか。
(6) 今橋朗・竹内謙太郎・越川弘英監修『キリスト教礼拝・礼拝学事典』日本キリスト教団出版局、二〇〇六年。
(7) ルックマンの「見えない宗教」(invisible religion)論は、その後の世俗化論争を越えて、今日の宗教概念再検討の流れにまでつながっている。Thomas Luckmann, *The Invisible Religion: The Problem of Religion in Modern Society*, New York, 1967. Th・ルックマン著、赤池憲昭、ヤン・スィンゲドー訳、『見えない宗教——現代宗教社会学入門』ヨルダン社、一九七六年。最近のスピリチュアリティ論も、ある意味では「見えない宗教」の別な表現とも言えるが、確認しておいた方がよいことは、伝統的な「見える宗教」は簡単に消滅するわけではないということである。したがって宗教学は、「見える宗教」の基本的特徴をおさえたうえで、これと「見えない宗教」との間に発生する諸問題を考察の対象にしなければならない。ファンダメンタリズムと世俗化（非教団化）をめぐる宗教運動の振幅がこれと重なってくるであろう。

（8）Friedrich Heiler, *Das Gebet: Eine religionsgeschichtliche und religionspsychologische Untersuchung*, München, 1918, 1921^{4}.

（9）Sam D. Gill, "Prayer," in M. Eliade (editor in chief), *op. cit.*, Vol. 11, pp.489-494. この項目は、ギルの記述のままで、第二版に再録されている。L. Jones (editor in chief), *op. cit.*, Second edition, Vol. 11, pp.7367-7372.

（10）棚次正和『宗教の根源——祈りの人間論序説』世界思想社、一九九八年。

（11）F. Heiler, *op. cit.*, S.2.

（12）*ibid.*, S.5.

（13）前掲『宗教の根源』三三頁。

（14）F. Heiler, *op. cit.*, S.17.

（15）*ibid.*, S.23.

（16）*ibid.*, S.491.

（17）F. Heiler, "The History of Religions as a Preparation for the Cooperation of Religions," in Mircea Eliade/Joseph M. Kitagawa (eds.), *The History of Religions: Essays in Methodology*, Chicago, 1959, pp.132-160. F・ハイラー「宗教学の一課題——宗教の協力に対する宗教学の貢献」、M・エリアーデ、J・M・キタガワ編、岸本英夫監訳『宗教学入門』東京大学出版会、一九六二年、一七五—二一三頁。「あらゆる高等宗教は、程度の低い部族的宗教から区別される。だが、現実には、高等宗教は、共通の目標を目ざしてたたかいながらも、各自、他から孤立しており、互に相手を同じ神の家族の一員として見ないで、競争者あるいは敵として見ているので、追求目標たる人間主義の完全な実現は、なかなか困難なのである」（同訳書、二〇〇—二〇一頁）というハイラーの発言には、彼の目指すところとともに、彼のキリスト教中心主義がはっきりと現れている。

（18）Gustav Mensching, *Geschichte der Religionswissenschaft*, Bonn, 1948. G・メンシング著、下宮守之訳『宗教学史』創造社、一九七〇年。

（19）Edward Burnett Tylor, *Primitive Culture: Researches into Development of Mythology, Philosophy, Religion, Language, Art, and Custom*, London, 1871, *idem*, *The Origins of Culture*, New York, 1958（ペーパーバック版。書名が変更されている）。E・B・タイラー著、比屋根安定訳『原始文化』誠信書房、一九六二年。

（20）S. D. Gill, *op. cit.*, Second edition, Vol. 11, p.7371.

(21)『日本国語大辞典』第二版、小学館、二〇〇一年による。

(22)例えば、プロテスタント諸教会で広く用いられている『ハイデルベルク信仰問答』(一五六三年一月一九日に第一版が出版され、一一月一五日に第三版が出て、これをもって確定された)は、「主の祈り」の解説で締めくくられるが、それ以外の問答も、旧・新約聖書の言葉を典拠とする。現に出版されているテクストには、それらの引照箇所が明示されている。*Heidelberger Katechismus*, Zürich, 1938. 吉田隆訳『ハイデルベルク信仰問答』新教出版社、一九九七年、第二版、二〇〇五年。

(23)日本のカトリック教会と聖公会では、共通訳「主の祈り」を作成し、両教会の交流会で使用する試みがなされている。

(24)ホワイトは、そのすぐれた礼拝論の中で、サクラメントの数の問題をとりあげ、自分は「キリスト教の歴史の大部分の時代においてそうであったように、それを不確定のものと見なす立場をとる」と述べている。それは、彼がサクラメントを「神の自己供与」と理解しており、「人生の旅路のあらゆる場面」でそれが生起すると考えるからである。James F. White, *Introduction to Christian Worship*, Nashville, 1980, Third edition, Revised and expanded 2000, pp.196-201. J・F・ホワイト著、越川弘英訳『キリスト教の礼拝』日本基督教団出版局、二〇〇〇年、二七二―二七八頁。原著者自身は「通過儀礼」という言葉を用いないが、翻訳者(越川弘英)はこの概念を導入している。ホワイトが述べている内容がこれに当たることは明らかであろう。

(25)日本聖公会では、一九九〇年に至るまでは、『救主降生一九五九年改定(一九八八年一部改正)日本聖公会・祈祷書』を使用してきたが、これを新たにし、『救主降生一九九〇年日本聖公会・祈祷書』を一九九一年に発行した。

(26)これは一七三一年の初版以来、毎年版を重ねており、二〇〇八年で二七八版になる。*Die täglichen Losungen und Lehrtexte der Brüdergemeine für das Jahr 2008*, 278 Ausgabe, herausgegeben von der Evangelischen Bruder-Unität, Herrnhut und Bad Boll, Lörrach/Basel, 2008.

(27)William Barclay, *Prayers for Help and Healing*, New York, 1968, 1995.

(28)ユダヤ教・キリスト教における「祈り」という概念をイスラームの場合に適用することは、さしあたり可能であると考えられる。中村廣治郎は、イスラームの代表的思想家ガザーリーの宗教思想を解明する中で、スーフィズムに接近してからのガザーリーの祈祷論にふれている。それによれば、「ズィクル」(観想・瞑想)と「ドゥアー」(祈願・祈り)は相互連関のうちにとらえられており、いずれも教典の言葉の儀礼化に基づいている。中村廣治郎『イスラムの宗教思想――ガザーリーとその周辺』岩波書店、二〇〇二年、特に九五―九九頁。

(29)　日本のキリスト教でも、こうした傾向の発生は皆無ではなかった。田中小実昌の短篇「ポロポロ」の中では、彼の父親の教会で、「パウロ」の名が繰り返し唱えられ、それが「ポロポロ」と聞こえたという体験が語られている。これは一種の「称名」であろう。田中小実昌『ポロポロ』中公文庫、一九八二年。「ハレルヤ」は「称名」ではないが、「唱題」に近い。「異言」を語ることも、現象的にはこれらと類似しているが、ここでは人間は受身であり、人間の側からの主体的アプローチとは考えられていない。

(30)　M. Eliade (editor in chief), *op. cit.*, Vol. 9, pp.324-331 (F. B. Underwood). L. Jones (editor in chief), *op. cit.*, Vol. 9, pp.5816-5822 (F. B. Underwood). どちらの版でも、この項目の著者は同じであり、内容もほぼ同じであるが、第一版でこの概説に続いていた具体的事例は第二版で削除されている。

(31)　中村雅彦『祈りの研究――現世利益の実現』東洋経済新報社、二〇〇八年。霊験・御利益・功徳を求める現世利益志向の「祈り」にも、特定の教典が用いられることが本書で示されている。したがって、日本語の「祈り」の日常的用法が常に教典を欠くわけではない。原武史『昭和天皇』岩波新書、二〇〇八年によれば、昭和天皇は死を前にして、最後の公務を終えたのち、「やすらけき世を祈りしもいまだならずくやしくもあるかきざしみゆれど」という和歌を詠んだ。この「祈り」は、典型的な日本語の用法と言えよう。

第一〇章　宗教研究と地域文化(一)

本章から最終章までは、従来の「宗教」研究を「宗教文化」研究と読み替えたとき、どのような課題が見えてくるかを明らかにしようとする。「宗教」の普遍性がいつも特定宗教集団の特殊性と緊張関係にあるように、「文化」の普遍性も、特定地域文化の特殊性との緊張関係の中で考えられなければならない。これまでの論述がそうであったように、ここでも例として「キリスト教」をとりあげ、「日本社会」をとり巻く地域性の中でそれを考察しながら、「普遍性」へ向かう問題圏を開こうと試みていく。

当然のことながら宗教研究の中心は、やはり既存の諸宗教集団の実態をできるかぎり正確に把握するところにあり、この点をゆるがせにするわけにはいかない。なかんずく既成宗教と呼ばれ、長い歴史を経てそれなりの連続性を保ってきた宗教集団は、そこにおける時間的・空間的幅の中で、総体的に理解されなければならない。その場合の歴史はいわゆる宗教史学の研究対象であるが、この学問名称のもとに扱われる領域は、過去の教団の歩みにとどまらず、現代の教団の状況にまで及ぶ必要がある。それによってはじめて、教団の歴史の連続性のみでなく、非連続性も明らかになり、さらに、受容されていく地域の文化との折衝を通じて生じる変容も浮かび上がる。「宗教」という仮説を用いて、人間の思想・行動を探究する作業は、こうした基礎的データの積重ねを踏まえたところから可能になるのではないかと思われる。しかし逆に、普遍性を志向するこの「宗教」という概念の使用を抜きにしては、既成宗教集団の歴史的展開のダイナミックスは見えてこない。時代的・地域的制約のもとで成立した特定宗教集団は、周辺の宗教文化を媒介として、新たな歩みを進めていくのである。それは、種々の条件によって、広く発展していく場合もあるし、限定された範囲にとどまる場合もある。また、「宗教」概念は仮説であるから、それに収まりきらない現象が浮かび上がる可能性は絶えず保留されている。いずれにしても、近代以降、「宗教」研究を度外視して、「……教」という特定宗教集団の研究は成り立ちえない。特に、既存のキリスト教のみに基づく文化理解が困難になってきた状況における欧米のキリスト教研究、また、非欧米文化の地域におけるキリスト教研究では、この点が十分に考慮されなければならない。こうした状況であればこそ、既成の大規模な宗教集団(「世界宗教」と呼ばれてきたもの)の動態に注目する研究がますます重要になりつつある。宗教集団のはざまに生じる現象や目に見えない「宗教的なもの」についての考察は、既成宗教の研究なくしては成立しえないからである。

その「世界宗教」の中でも代表的なキリスト教の研究は、宗教研究の展開にあたって多くのモデルを提供してきたが、それ自体欧米における神学の伝統をも含めて、長い歴史と成果の蓄積をもっている。しかし今日では、この手法の延長線上にある作業だけで、本来のキリスト教研究と称するわけにはいかないであろう。現代におけるキリスト教は、地域文化に触発されて現れる変容形態や周辺に生じる派生的現象とともに、二十一世紀の宗教文化全体の波動の中でとらえかえされる必要がある。そのさいには、宗教研究の視点が不可欠のものとなるであろう。そこで要請される新しいキリスト教研究の方法は、他の既成宗教集団を研究するための方法と重なり合いながら、今後探究されるべき重要な課題となる。伝統的な神学的方法は、少なくとも従来のイメージからすると、この課題に十分に応えられるとは考えにくい。「宗教研究」を言い換えて「宗教学」と称するのと同様に、「キリスト教研究」を言い換えて「キリスト教学」という概念を設定するのは、ひとつの建設的な考え方かもしれない。実際日本では、「キリスト教学」という呼称を積極的に用いようとする試みが存在した。欧米とは異なった文化的伝統をもつ地域に属する日本社会で、そのことを意識しながらこのような概念が用いられたことには、欧米直輸入の神学をなぞっていくもう一方のキリスト教研究の流れに対して、困難な課題を自覚的に引き受ける試みとして、大きな意義をもつ。以下の論述では、「キリスト教学」をめぐるそのような事態を念頭におきながら、日本におけるキリスト教研究と宗教研究とのかかわりを探ってみたい。まず、問題を解きほぐしていくために、さしあたり考えるべき問題点を列挙すると次のようになる。

(一)　近代欧米の諸学問、特に「科学」という言葉を冠する諸学問は、従来の伝統的学問、例えば神学や哲学の目指した総合性を解体する形で成立してきた。その流れを受けて新たに浮かび上がってきた現代のキリスト教研究・「キリスト教学」は、それに先立つ神学や哲学がもっていた自立的な統合的性格を果たして保持しうるのであろうか。もしそれが困難であるとすれば、現代のキリスト教研究はどのような学問的システムの中に位置づけられるであろうか。

(二)　地域文化を意識しながら成立した日本語の「キリスト教学」にぴったりと対応するような欧米の言語を見出すことは難しい。すでに一部で用いられた実例に目を向けると、“Christian Studies”は、英語圏におけるその用法が示しているように、きわめてあいまいであるし、便宜的である。また、“Wissenschaftliche Theologie”は、その歴史的文脈から見てやはり“Theologie”である。したがって、日本語の「キリスト教学」については、特定の文化的諸条件の中から生みだされた概念として、それらとは別に、その用法の可能性が探求されなければならない。

（三）　欧米文化のコンテクストの中で「神学」と言えば、これはキリスト教の立場の護教的・弁証的ロゴス化であり、現代的意味でのキリスト教研究とも宗教研究とも発想の動機を異にする。後者は、「人文科学」もしくは「人文学」の一環として位置づけられることも期待されうるが、前者はそれとはなじまない。神学においては、思想研究は教義学であり、歴史研究は教会史学である。しかしながら、宗教活動にコミットしている人間自身が主体的に自らの立場をロゴス化する営みとして、神学を広くとらえかえせば、それは本来、人間存在のあり方を問う宗教研究にとっては、何らかの形で不可避の方法となり、キリスト教研究にとってもおのずから同様に不可避の方法となる。ただしその場合には、「神学」という概念は、キリスト教以外の宗教集団の研究にも適用できるものとして再構築されなければならない。

そこで、これらの問題点を順にとりあげながら、宗教研究と地域文化との関係を考察するためのひとつのサンプルとして、日本におけるキリスト教研究・「キリスト教学」の方法と課題について検討していくことにする。

一　現代の諸学の中におけるキリスト教研究

欧米の学問の伝統は、目に見えるものと見えないものとを包括する人間の知のシステム化を目指し、その頂点に、全体を統合しうるような学問を設定しようとするのが常であった。そうした統合の役割を期待されたのは形而上学であり、実際に学問体系が確立されていく段階では、すでにキリスト教がこれと結びついていた。そのため諸学を統合することになったのは、事実上（キリスト教）神学であり、当時その普遍性には全く疑問の余地はありえなかった。キリスト教が特定のヨーロッパ地域文化と結びつき、それぞれの宗教文化を創出していくという意識は、近代に至るまで封印されたままであった。こうした状況の中で「キリスト教神学」は、普遍的意味合いをもった「神学」として、自らの下に知のシステム化を推し進めていった。例えば、十三世紀イタリアで生まれたフランシスコ会神学者ボナヴェントゥラは、光の形而上学によって、諸学が神学へ還元される道程を説いた(1)。こうした神学の普遍性という認識は、特殊なものを普遍的なものであるかのように見てしまう時代的制約のもとにあった。この種の学問統合論は、近代に近づくにつれて次第に崩壊していき、諸学はそれぞれ対象に即して、分離・独立の方向を目指すようになる。日本のキリスト教研究は初めから、すでに広いコンテクストの中で顕在化しつつあったそうした流れに沿って展開されたものであり、普遍性とも統合志向ともなじまないはずであった。したがってそれは、近代的に再編成されていく知のシステム化の一環になることはあっても、システム全体を統合する中心に座を占めることは、そもそも期待されていなかった。近現代においては、そのような中心はもはや存在しえないであろう。たとい現代のキリスト教研究に従来の神学のイメージと重なる点があるとしても、その神学はかつての神学ではありえない。現代のキリスト教研究は、各学問分野の方法が根底的に変化した座標軸の中で新たに自らの配置を確認していかなければならないのである。欧米とは異なる地域文化の中で営まれる日本のキリスト教研究は、特にこの点を自覚的に意識する必要があり、後に述べるように、日本語の「キリスト教学」という概念も、そうした立脚点とのかかわりにおいて、有効性を吟味されることになる。

十九世紀末に、比較言語学・比較神話学、さらには人類学等と並行して成立してきた比較宗教学、すなわち、近代的意味での宗教学・宗教史学も、伝統的なキリスト教神学とは異なるとは言え、ヨーロッパで提唱された学問としての制約を受けて、最初期にはやはり一種の統合的志向を潜在的に含んでいた。しかし、この学問分野の名称の欧文表記がなかなか合意を見ず、その状態が今日に至るまで続いていることは、統合的志向が初めから不安定であったことを示唆している(2)。のちに二十世紀半ばに至って指摘されることなのであるが、“religion”という概念自体が、かなり異質な諸現象をひとまとめにしてとり扱う言説的装置であった。そのため、宗教起源論や宗教発展段階論という形をとって、その統合的志向が現れ、進化発展の頂上には、いつもキリスト教が想定されることになったのである。そこから、宗教学・宗教史学が中世以来の神学の変形になる道が開かれていった。今日でもヨーロッパでは、宗教学特に比較宗教学を、神学の「補助学」(Hilfswissenscaft)として位置づける考え方が残っている。(3) 他方、それとはまた異なった動機から、宗教研究に実証的方法を導入し、これを一種の「科学」(science)として、諸学問の中に包括しようとする考え方も現れる。この場合にはしばしば、自然科学が学問体系構築のモデルとなり、近現代の時代思潮においては、こうした単純な科学主義はそれなりの説得力をもちやすかった。ある意味では、これもひとつの統合的志向であろう。M・ミュラーの考えていた“science”は、これとは性格を異にするものであったが、そのことは、後に続くものに十分理解されなかったように見える。かつて波多野精一は、宗教学と実証主義の結びつきを批判したが、これは当時の宗教学の一傾向を批判の射程に入れたものであった。(4) しかし二十世紀に入ると、諸宗教を扱う進化論的図式や素朴な科学主義は次第に説得力を失っていき、やがて宗教研究は新たな時代を迎えることになる。

一九六二年にカナダ出身のイスラーム研究者W・C・スミスが公けにした「宗教」論は、それに触発されたその後の議論と相まって、宗教研究のあり方を大きく転換させた。(5) 前述のように、彼によれば、宗教集団すなわち組織的にまとまった実在(entity)を「諸宗教」(religions)と呼ぶようになったのは十七―十八世紀のヨーロッパで、欧米諸国はやがてこの概念を非欧米世界へと輸出していった。他と対立するひとつの排他的な救済組織を宗教と理解する見方は、ここから始まったのである。このようにスミスは、いわゆる「宗教」言説が時代的・地域的制約を伴っていることを指摘し、これに代わる概念として、「信仰」(faith)と「累積的伝統」(cumulative tradition)を提唱する。しかしこれに対しては、当然のことながら疑問が提起される。スミスの説の背景には、彼自身のキリスト教的価値観とやはり一種の統合志向が見え隠れし、これもまた相対化を免れるわけにはいかないからである。現代の宗教論は、繰り返し相対化の波にさらされつつ、仮説を積み重ねていかざるをえない。例えばT・アサドは二〇〇一年に、イスラームの立場からスミスの説を批判した。(6) アサドは従来の宗教概念に対するスミスの「反本質主義的な直観」には共感を覚えるが、そこにもやはり「ある種の本質主義への執着」が認められると言う。このように徹底的な本質主義批判が現代の宗教論の特徴であり、アサドは本質に代えて、宗教経験を形成するさいに宗教的「実践」(practice)が果たす役割に注目する。彼は「宗教の普遍的定義はありえない」と言うが、(7) それは理念的な本質論的定義はありえないということであろう。

かくして、何らかの意味でスミスの問題意識を共有する宗教研究は、統合志向と結びついた普遍的概念を設定することを前提とした従来の「宗教」言説を、その動機とともにヨーロッパ起源のものとして相対化する。その中にあってアサドは、言説の対象となった人間の営みを個別的・具体的現実の側に立って見なおし、「実践」の角度から理解しようとする。そのために彼は、宗教の分析作業のうちに「世俗主義」(secularism)の要素を組み入れることを強調しようとしている。(8) 欧米のキリスト教界では、二十世紀中頃に「世俗化論」が提唱され、広く関心を集めたが、今からふりかえると、ルックマンに始まるこの議論も、アサドの説と全く無関係とは言えないであろう。(9) これは、別な立脚点から同様な現実的認識をもつに至ったものと考えられる。しかし、共通した現象を視野に入れているとしても、世俗化論が何となくキリスト教護教論の色彩を帯びてくるのに対して、アサドの論法は、現代世界の中でイスラームがおかれている構図をふまえて、ものの見方の転換を迫る現実的問いかけとなっている。キリスト教界では、聖俗二分法に基づいてすぐに否定的なレッテルを貼られる「世俗主義」という言葉をあえてもち出したことには、戦略的意味があるのかもしれない。したがって、現時点においてはキリスト教界も、非キリスト教界とともに、もう一度宗教概念を考えなおす作業を進めた方がよい。学問の世界のみならず通俗的次元でも、すでに長い間用いられてきた「宗教」という言葉を消し去ることは事実上不可能であるし、また一般に、このような普遍志向をもった概念はたえず再生産されるのであり、それだけに必要性もあるわけであるから、それを然るべき形で生かす方向が考えられなければならない。宗教概念は、本質的な実体としてではなく、現実認識のための仮説的性格をもった概念として設定しなおせば、今日でもなお有用な認識装置になりうるのではないかと思われる。「宗教」と呼ばれてきた人間の営みは、ややあいまいに裾野を広げながら、活発に活動を続けているのであるから、これを一定の範囲で仮説的にくくってみることはどうしても必要であろう。日本のキリスト教研究も、伝統的な神学概念で自らを囲いこまず、今まで述べてきたような意味合いでの宗教研究の座標軸のうえに位置を定めるところから出発しなおした方がよい。他方、日本語で「宗教学」という呼称が今後もなお市民権をもち続けうるとすれば、こちらもまた、従来の神学的キリスト教研究をも射程内に収めうるようなものとして再構築されなければならないであろう。

二　キリスト教研究の地域文化的制約と日本語としての「キリスト教学」の効用

現代の知のシステム化においては、多くの領域で使用する概念の定義が流動的になっており、そのため普遍的概念を基礎におく安定したシステムの保証が成り立ちにくい。「宗教」と呼ばれてきた人間の営みを研究するにあたっても、これをいきなり理念的にとらえるよりも、まずは、さまざまな時代におけるさまざまな地域文化の中で、他の文化現象と絡み合いながら、それにもかかわらず独自性を主張しうるようなこの種の営みが、実際には具体的にどのような発現形態をとってきたのかを明らかにしなければならない。アサドの言う「実践」は、まさにそのような文化的制約の中で、行動を通じ認識の対象として現れてきたものをさすのであろう。これは、一段階古い時代の用語で言えば、宗教を知るためには、教義(神話)のみならず儀礼にも注目しなければならないということにも通じるであろう。この儀礼なるものは、異なった宗教的伝統の中に類似した形態で現れるし、また絶えず地域的習俗との連続性を保っているので、個別的宗教集団同士を接近させるとともに、それらのはざまに新たに宗教的なものを見出していく可能性をも開く。今日のスピリチュアリティ論は、本来このような見方の延長線上で理解されるべきものであろう。

キリスト教神学が考えてきた「宗教」という世界は、キリスト教会が頂点に立ち、その下に諸々の宗教集団が従属するという構図であったが、現代の宗教論においては、宗教言説自体の被制約性が指摘されるに至ったことは、前に述べたとおりである。思想状況が新しい展開を見せ始めると、その方向をいち早くつかみ、それに対応して自らの弁証を企てるのがキリスト教神学の常であったが、二十世紀の弁証法神学も、「啓示」などの概念を総動員して、新たな形でキリスト教を諸宗教から切り離そうと試みる。しかしそもそも、統合志向に基づいて宗教概念を導入したのはキリスト教であったわけであるから、この峻別の試みには本質的に無理がある。またいわゆる世俗化論争も、その出発点をD・ボンヘッファーの思想に求めうるとすれば、元来キリスト教神学に由来するものであった。[10]これは最初キリスト教の弁証という色彩をもっていたが、ルックマン以降、現代宗教の「私事化」(privatization)が指摘され、世俗化は非教会化であると言われるに至って、キリスト教界は直感的に教会の危機を感じ、世俗化論を強く警戒するようになる。かくして二十世紀欧米のキリスト教研究は、結局、宗教概念をやや対立的に意識するキリスト教神学を主張するに至り、本来の宗教研究である宗教学からは距離をとっていった。そのため宗教研究は、人類学・社会学等々に広く開放されて、その裁量にゆだねられることになったので、宗教学はそれら諸学の間にあって、独自の道を模索せざるをえなかった。近年ではその中から、宗教学の自己否定をも含む新しい自由な論議が活発に芽生え始めている。

こうした概観からうかがわれるように、これまでのキリスト教研究と宗教研究の相互関係を表す基本的構図は、キリスト教を中心に形成されてきたヨーロッパ文化と密接に結びついており、その推移は、ヨーロッパ文化の変容がもたらした必然的結果であった。したがって、その背後にある欧米思想史の流れを視野に入れずに、これを理解することはできない。ところが他方、日本においてキリスト教や諸宗教を研究するにあたっては、研究の主体がおかれている文化的コンテクストが全く異なってくることに注意しなければならない。日本のキリスト教界の一部には、「日本」という文化の限定に基づく議論を感情的に嫌う傾向が見られるので、アジアの東端に位置する島々の文化と言い換えてもよいが、同じことであるので、ここでは通例に従って「日本文化」にしておく。その日本においては、キリスト教は近代の外来文化の一部にすぎないし、宗教概念は、日本語としての伝達経路および翻訳の問題の双方を合わせて考えられなければならない。ところが、近代化を急ぐ日本社会全体の傾向のために、文化的コンテクストの相違がほとんど意識されず、外来文化と結びついたキリスト教を扱うこの地での研究は、欧米文化の中のキリスト教研究と同じ立場から出発するのを当然のことと考えていた。個人的信仰の同一性を期待することは、ただちに文化的同一性と結びつくわけではない。特に主体の価値観をできる限り相対化すべき学問的研究においては、この点は十分に考慮される必要がある。そうであるとすれば、欧米の神学的動向をいち早くとりいれることによって、日本におけるキリスト教研究の業績にするというのは、あまりにも安易なやり方と言わざるをえないであろう。そのために、日本社会に広い範囲で見られる他の翻訳文化はそれなりの展開を遂げていったにもかかわらず、「信仰」という特殊な動機に導かれたキリスト教研究は、教会内部の学に限定されていった。それによって日本のキリスト教研究は、関心をもって受容される範囲をますます縮小していったのである。学問の公共性という見地からすれば、この傾向は決して望ましい結果ではないであろう。

他方、同じくキリスト教的価値観を無意識の前提とした欧米の宗教研究は、キリスト教研究の場合とは異なり、日本へ導入されるにあたってただちに現実の文化的コンテクストの影響を受け、その前提となったキリスト教と諸宗教との関係は逆転する。ここからかつてヨーロッパで、普遍的概念として「宗教」が想定されたさいの本来の意味があらためて浮かび上がってくる。そのため日本における宗教概念は初めから、欧米のそれとは異なった意味合いで、それなりの役割を果たしてきたと言えよう。すなわちここでは、宗教概念に期待された普遍性の意味合いが、キリスト教中心の特殊な見方を普遍化しようとする発想から、本来の普遍性の探求へと変わってきたのである。そのため日本における宗教研究は、キリスト教神学と結びついた欧米流の宗教研究とは異なった方向をとることになった。しかし、その宗教研究も、そのつど無意識のうちに働く一種の価値観の影響から必ずしも自由ではなかった。日本の宗教研究は、近代以降確立されていく大学制度の中で、「宗教学・宗教史学」として定着し、日本の文化的コンテクストに沿った形で展開されていく。科学技術を中心に欧米「先進」文化を急速にとりいれようとした近代日本、特に大学では、科学主義が支配的な価値観になることは自然の成行きであった。その中での宗教研究も、当初はその価値観の影響を受け、しばしば単純な科学主義・実証主義が日本的宗教学の前提とされた。のちに批判されたように、この科学主義・実証主義もやはりひとつの価値観であり、それが宗教研究にあたって、キリスト教神学にとって代わったにすぎなかった[11]。日本の宗教学の展開は、これに加えてさらに、反主流的なキリスト教の要因も働いたので、事態は一層複雑になった。それはたまたま大学の講座設立や学会をめぐる歴史的な経緯もあってのことであるが、日本の宗教学は「ユニテリアニズム」と微妙な関係をもつに至ったのである[12]。十九世紀末に欧米から伝来した「自由キリスト教」の流れに属するこの教派は、日本へ入ってきたキリスト教の中では、福沢諭吉の例に見られるように[13]、比較的安全なものとして、為政者からも好意的に受けいれられた。見方によっては、日本のキリスト教は、公共的な場への通路を自由キリスト教に求めざるをえなかったと言えるかもしれない。また、前述の科学主義・実証主義も、このユニテリアニズムと無関係ではない。日本におけるこうした特徴は、本来の宗教学に必然的に伴うものではないが、日本のキリスト教界では、やや異端的なニュアンスをもつユニテリアニズムが宗教学と同一視され、欧米的正統主義に立脚しようとするキリスト教界が、宗教学を敬遠するようになった。

そこで、欧米のキリスト教研究や宗教研究とはおかれた文化的状況を異にする日本のキリスト教研究と宗教研究は、新たに相互関係を築きあげなければならなかった。その中からごく自然に成立してきた学問的呼称が「キリスト教学」であったのではないかと思われる。[14]これは、一般には外国語からのかなり無理な翻訳語が飛び交っている日本の学界にあって、むしろ外国語への翻訳が困難な日本語の概念として異彩を放っている。そのためこの言葉は、時には便宜的呼称であるかのように扱われ、日本基督教学会においてすら、その傾向が見られた。しかし「キリスト教学」という呼称を意識的に用いようとした一部の研究者たちは、欧米流のキリスト教神学を安易にこれと同一視することはしなかった。例えばドイツの社会のように、神学という枠組みの中で社会・文化現象一般を語っても、さほどの違和感が生じないというのがひとつの地域文化的状況であるとするならば、日本社会のように、神学と言っても、通常は単に外来一宗教の自己弁証以上の何ものでもないと見なされるのも、もうひとつの地域文化的状況である。学問研究がそれ自体文化的営みである以上、宗教やキリスト教をめぐる研究も、それぞれの地域の文化的制約の中でなされざるをえないはずである。したがって人文系の学問においては、学問的成果の普遍性と言えども、絶対的真理によって保証されたものではなく、通用範囲の広さが表現されているにすぎない。各々の条件のもとで獲得された認識が、公共の場ですり合わされ、そのつどの合意として浮かび上がるわけである。日本語の「キリスト教学」という呼称は、日本における宗教研究・キリスト教研究に伴うそうした地域文化的な被制約性を、正面から自覚的に受けとめる中で、おのずから生まれてきたものではないだろうか。その意味では、キリスト教神学という前提をもたない文化の中で、宗教研究とのかかわりを意識しつつキリスト教を研究しようとするさいに採用されたこの用語の意義は、もっと積極的に評価されてもよいと考えられる。[15]しかしながら他方、従来キリスト教との関連でのみ使用されてきた「神学」という概念も、学問研究、特に人文系の研究が最終的には何らかの価値観の影響を受けざるをえないということをふまえて、もっと広い意味で用いられてもよいのではないだろうか。そこで次に、その問題をとりあげることにしたい。

三　「方法」としての神学

ヨーロッパを中心として歴史的に形成されてきたキリスト教神学は、かつて一時期には、人間によるすべての知的探求を統括するわざであるかのように、公的に認定されていたが、その後の人類のグローバルな交流に伴って、実際には、特定の地域文化的コンテクストを背景とするものであることが明らかになっていった。欧米のキリスト教会は、「神学」という概念を独占することによって、自らの普遍妥当性を主張する根拠としてきたのである。しかしここで確認しなければならない問いが二つある。ひとつは、「キリスト教」なるもののアイデンティティは今日果たして自明な事柄と言えるであろうかという問いであり、もうひとつは、そもそも「神学的」動機はキリスト教特有のものであろうかという問いである。二つの問いは相互に関連しており、宗教と呼ばれてきた文化現象の歴史的蓄積をふまえながら、グローバルな時代におけるその多様な展開の可能性を、個別的にかつ総合的に考えるためには、これらの問いに答えておかなければならない。

まず「アイデンティティ」成立の問題であるが、この概念は一般に、E・エリクソンの著作を通して、学術用語として定着して以来、積極的価値を自明のこととして含んでいた。アイデンティティの喪失を危機としてとらえる語り方(identity crisis)がその見方を支えていた。伝統的な欧米のキリスト教神学が当然の前提としてきた「キリスト教のアイデンティティ」のイメージも、この線に沿ったものである。その背後には、キリスト教を

「本質」的に理解しようとする見方があったことは言うまでもない。ところが、実際のキリスト教の歴史を見るならば、事態はさほど簡単ではないことがわかる。今日では、キリスト教と呼ばれてきたものの現実的多様性は、だれの目にも明らかになりつつあり、教会はそれを自らの危機として受けとめている。しかしキリスト教の多様化は、何も現代にかぎった現象ではないのである。「キリスト教の本質」が繰り返し探求されたのも、多様な実態が裏返しに反映されたものであろう。前に述べたように、宗教に対する本質主義的アプローチが後退していく中で、キリスト教の本質という問題の立て方も再考を余儀なくされている。[16] 宗教史的に見れば、キリスト教会は実は昔から、絶えずアイデンティティの危機に悩み、新たな弁証を試みながら、信条の制定などによってその危機を乗り越えようとしてきた。キリスト教のように長い歴史をもつ既成宗教集団の経験してきた多様性の幅は、諸宗教の多様性の幅に匹敵するほどのものである。そのような変化を経験する歩みの中で、何とかしてアイデンティティの連続性を理念的に確保しようとする試みが、キリスト教神学の錯綜した、それなりに内容豊かな歴史であった。その連続性の追求は、結局、統合性・普遍性の追求と重なり合うことになる。したがって、キリスト教神学の歴史を「宗教」の歴史と切り離すわけにはいかないのである。しかし現実には、その連続性の追求の最終的な歯止めは、教会の組織的決定にゆだねられた。その意味で言えば、伝統的なキリスト教神学を「教会の学」と呼ぶことには、それなりの根拠があるわけである。

そこで次にあらためて、「神学」という概念を広い視野から総合的に問いなおしてみることにする。[17] 民俗宗教等は別として、自覚的な宗教集団、特に創唱宗教の運動は、一般にそのつどの地域文化のコンテクストの中で、程度の差はあれ、何らかの言葉によって、自らの存立根拠を弁証しようと努力するものである。もしそれを広義の「神学」と呼ぶことができるとすれば、自覚的な宗教集団はおしなべて自らの神学をもつことになる。さらに、自覚的な宗教集団のみならず、宗教的意識をもった個人、あるいは、宗教的な活動をする任意の集団にまで範囲を広げ、そこに現れた主体的価値観の言葉による表出をも「神学的」と見なせば、神学の範囲はもっと広がる。宗教的言説が地域文化的制約をもつことをふまえ、それを相対化しつつもなお、それらがさし示している諸現象の連続性を認識し、この言説を普遍志向と結びつけて考えようとする場合には、その相対化の根拠は、最終的には言説を支える個々の人間の信念や価値観にまでさかのぼることを確認しておかなければならない。神学と呼ばれるものの典型であるキリスト教神学においてすら、教義史・教理史を見ればそのことは明らかである。そこにはカトリック神学・自由主義神学・弁証法神学等々があり、また、カルヴァン神学・バルト神学等々の呼称がある。したがって、教典その他の記録に記された個々の教団の宗教的言説を宗教学的に研究するに際しては、言説の表出において働いている主体的動機をそのつど的確に把握し、しかも最終的には、それを研究者自身の価値意識とのかかわりで位置づけることが求められるであろう。これが広い意味での神学的方法であり、これによって宗教研究者は、どのような立場であれ、研究対象となる現象とのかかわりを免れることができず、自らの当事者性を自覚せざるをえないことになる。[18] ただし方法と言っても、これは数ある宗教研究の方法のひとつというわけではない。神学的方法は、さまざまな方法を用いてなされる宗教研究を背後から支えるメタレベルの方法となるであろう。自らの立場の弁証と宣教を含んだ従来の意味でのキリスト教神学も、この神学的方法の一例としてとらえられうる。そのニュアンスの相違は、当事者性の自覚がどのレベルで働いているかということによるものにすぎない。[19]

かつて岸本英夫は宗教研究を、神学・宗教哲学・宗教史・宗教科学の四分野に分類し、このうちの宗教科学を狭義の宗教学と考えた。[20] その後この分類は、晩年に至るまで、若干の修正を試みつつ検討され続けたが、基本的発想は変わらなかった。しかし今日では、このような科学主義はもはや通用しなくなったので、宗教研究の分類もあらためて考えなおされなければならないのである。大まかに結論を言えば、現代の宗教学は、岸本の言う四分野のすべてを包括するのであり、広義の神学はそれらすべてに関わり、「宗教科学」と呼ばれたものも、そのような神学と無関係ではない。もしそのような宗教学をさらに分類するとすれば、宗教哲学・宗教社会学・宗教人類学・宗教心理学等々のように、視点の相違によるものとなり、実際の方法は、それぞれの視点の下で複数存在することになる。神学をこのようにとらえなおすとき、長い歴史をもつ欧米のキリスト教神学の豊富な遺産は、メタレベルでの宗教研究としての神学研究に多くの有用なモデルを提供するであろう。他方、非欧米文化のコンテクストに立脚点をもつ日本のキリスト教研究は、まず宗教研究の一環としての自覚をもち、歴史学・社会学・人類学・心理学等々に裾野を広げていく現代宗教学に即応する形で、今やそれ自体多様性を示すに至ったキリスト教を、現実の面から総合的にとりあげることを目指すべきではないだろうか。その場合には当然、長きにわたってアイデンティティを追求してきた「キリスト教」なるもの、それを支えた「教会の学」としてのキリスト教神学が、研究の対象と密接に関わってくる。日本語の「キリスト教学」という名称は、まさにそのような方向をさし示すものとして再確認される必要がある。ともかく日本のキリスト教研究にとって喫緊の問題は、他の学問分野に開かれた立場を、現代の視点から確立することにつきる。それは、「宗教の神学」とか「他宗教との対話」などという浅い問題意識のレベルをはるかに越えたところを目指すことになる。

（1）　*Saint Bonaventure's De Reductione artium ad theologiam, A Commentary with an Introduction and Translation by Sister Emma Thérèse Healy*, New York, 1955.

（2）　「宗教学」の開祖はF・M・ミュラーであると通常言われているが、彼の用いた表記(the Science of Religion)は、その後市民権を獲得するには至らなかった。Friedrich Max Müller, *Introduction to the Science of Religion*, London, 1873. F・M・ミュラー著、湯田豊監修、塚田貫康訳『宗教学入門』晃洋書房、一九九〇年。英語表記では、"comparative religion" の方が広く用いられている。ドイツ人であるミュラーの念頭には、ドイツ語の "Religionswissenschaft" があったと思われ、この表記は、ドイツ語圏では比較的安定している。

(3) キリスト教以外の諸宗教に関する知識、特に教義に関する知識を集めて、それらを比較して優劣を論ずる作業は、世界宣教を目指すキリスト教の「宣教学」(Missionswissenschaft)の一環として、神学の補助となりうる。

(4) 波多野精一は、「十九世紀の中頃より二十世紀の始めにかけて学界に活きた圧倒的勢力を揮った」「「学的」と「経験科学的」を同一視する立場」を批判し、これを「通常実証主義(Positivismus)という哲学的術語を以て呼ばれるもの」にほかならないと考える。彼によれば、「実証主義的宗教研究は必然的帰結として宗教の否定に導く。従ってこの帰結を明白に表明せぬ場合にも、宗教の事実を曲解しその真相を歪曲する。これが実証主義に下す吾々の判決の要旨である」ということになる。波多野精一『宗教哲学序論』(岩波書店、一九四〇年)『波多野精一全集』第三巻、岩波書店、一九六八年、二五〇頁。

(5) Wilfred Cantwell Smith, *The Meaning and End of Religion*, New York, 1962, Renewed Minneapolis, 1991 (Foreword by John Hick).

(6) Talal Asad, "Reading a Modern Classic: W. C. Smith's 'The Meaning and End of Religion,'" in Hent de Vries/Samuel Weber (eds.), *Religion and Media*, California, 2001. T・アサド著、中村圭志訳「比較宗教学の古典を読む――W・C・スミス「宗教の意味と目的」」磯前順一、T・アサド編『宗教を語りなおす――近代的カテゴリーの再考』みすず書房、二〇〇六年、二四―五〇頁。

(7) Talal Asad, *Genealogies of Religion: Discipline and Reasons of Power in Christianity and Islam*, Baltimore, 1993, p.29. T・アサド著、中村圭志訳『宗教の系譜――キリスト教とイスラムにおける権力の根拠と訓練』岩波書店、二〇〇四年、三四頁。

(8) *idem, Formations of the Secular: Christianity, Islam, Modernity*, California, 2003. T・アサド著、中村圭志訳『世俗の形成――キリスト教、イスラム、近代』みすず書房、二〇〇六年。

(9) Thomas Luckmann, *The Invisible Religion: The Problem of Religion in Modern Society*, New York, 1967. Th・ルックマン著、赤池憲昭、ヤン・スィンゲドー訳『見えない宗教――現代宗教社会学入門』ヨルダン社、一九七六年。

(10) Dietrich Bonhoeffer, *Widerstand und Ergebung*, München, 1951. D・ボンヘッファー著、森平太・倉松功訳『抵抗と信従』新教出版社、一九六四年。

(11) 波多野精一がこの点を批判したのは、当時の趨勢の中では的確であった。

(12)　鈴木範久『明治宗教思潮の研究――宗教学事始』東京大学出版会、一九七九年。詳しくは次章参照。
(13)　白井堯子『福沢諭吉と宣教師たち――知られざる明治期の日英関係』未来社、一九九九年。土屋博政『ユニテリアンと福沢諭吉』慶應義塾大学出版会、二〇〇四年。
(14)　この名称の由来については、次章を参照。
(15)　京都帝国大学における講座創設に伴って広く用いられるようになった「キリスト教学」(「基督教学」)という呼称は、出発点においては、既存の「仏教学」や「神道学」などの講座名称と足並みをそろえようとする役人的・事務的発想に動機付けられていたのかもしれない。しかしここには、それに実質的内容を与えていく段階で、欧米のキリスト教神学を相対化しうる文化的環境と相まって、新たなキリスト教研究の方法と内容を展開していくヴィジョンが潜在的に含まれていたのではないだろうか。それは、仏教学・神道学等々と並んで、仮説的に普遍性を志向し続ける宗教学を念頭におきながら営まれることになる。これらのバランスが適切に保たれるならば、この領域の学問研究が一層の公開性・公共性を獲得していくきっかけが生じるはずであった。
(16)　水垣渉「「キリスト教とは何か」の問いをめぐって」日本基督教学会『日本の神学』四九、二〇一〇年、七―三一頁は、現代的視点からこの問いに立ち向かうさいの姿勢について、多くの示唆を与えてくれる。
(17)　Peter L. Berger, *Questions of Faith: A Skeptical Affirmation of Christianity*, Oxford, 2004. P・L・バーガー著、森本あんり・篠原和子訳『現代人はキリスト教を信じられるか――懐疑と信仰のはざまで』教文館、二〇〇九年、一六―一七頁には同様な考え方が述べられている。
(18)　本書第五章参照。
(19)　このように考えれば、例えば「神道神学」というものも当然成立しうることになるであろう。上田賢治『神道神学――組織神学への序章』大明堂、一九八六年。
(20)　岸本英夫『宗教学』大明堂、一九六一年。

第一一章　宗教研究と地域文化（二）

本章の目的は、日本におけるキリスト教研究の歩みを歴史の流れに沿って具体的にふりかえりながら今後の展望を示すことであるが、そのためには、そこに現れた諸学説を単純に編年史的に記述する手法は、あまり適切ではないと思われる。日本のキリスト教研究に関しては、その前にとりあげられなければならない根本的問題があると思われるからである。欧米に研究の然るべきモデルがあり、それが時代とともに次第に正確な形で日本にとりいれられていくという輸入・発展図式をとるのであれば、学説の編年史的記述もそれなりに役立つかもしれない。実際日本のキリスト教界の一部には、意識しているかどうかはわからないが、その種の図式が今なお何となく残存しているようにも見える。それがさまざまな局面でキリスト教研究に影を落とし、日本の学界において、この分野を実質的に孤立・停滞させていく原因になってきたのではないであろうか[1]。それを突き破るには、もう一度新たな角度から反省的考察を試みることが必要であると考えられる。

そこで本章では、四つの視点から課題への接近を試みてみたい。第一にまず、この分野では、研究者がキリスト教との関係で自らをどう理解するかを問われるのが常であったことに注目しなければならない。すなわち、研究者自身がキリスト教徒という意識をもっていることが、いわば暗黙の前提になっていたのである。後から述べるように、宗教研究としては、これはかなり特殊な事態であろう。しかし当然のことながら、日本においては、「キリスト教徒」という規定の多様性は比較的早く表面化するので、実際にはこの前提は、次第にあいまいになっていかざるをえなかった。そこで第二に、研究対象としての「キリスト教」をどの次元でとらえるかという問題が、それにひそかに付きまとうことになった。この問いは換言すれば、キリスト教と文化とのかかわりを問うことであり、本質的には特に強調しなければならない問題とは言えない。しかし、日本では、キリスト教研究と他の学問領域とがもっと自然に結びつくように、このアプローチの必要性はあらためて指摘された方がよい。第三に、課題を目に見える形でとらえるべく、研究と研究の場所との関係が自覚的に問われねばならない。具体的には、大学と教会がそれぞれどのような形でキリスト教研究に影響を与えていったかという問題であり、ここでも、欧米の場合との共通性と日本の場合の特殊性とがともに浮かび上がることになる。さらに第四に、日本においては、欧米にはない「キリスト教学」という概念が主張されたが、その方法は必ずしも生産的に展開されるに至っていないことを思い起こさなければならない。今日の状況から考えると、ここにまさに新しい可能性が含まれていると思われるので、最後に多少立ち入って検討してみたい。以下、これら四つの視点からの考察を順にとりあげながら、必要に応じて学説の編年史的考察を織りこんでいくことにする。

一　研究の主体

欧米のキリスト教研究はすなわち「神学」であり、そこでは研究者がキリスト教徒であることは、格別の自覚を要しない当然の前提であり、研究がそのままキリスト教の弁証につながっていくことに対して、何の疑問もさし挟まれない。ところが日本においては、キリスト教徒であることは、どちらかと言えば例外的なことであり、まずは加入儀礼によってキリスト教徒にならなければならない。キリスト教研究は、さしあたりそのような人々が自らの信仰にうながされてなすべきものと考えられた。それは欧米の「神学」に相通ずるやり方であり、そうした方法を持続するかぎり、キリスト教研究は欧米からの輸入の学にとどまり、他の研究領域の発展に伴い、特殊な領域として自己閉鎖的にならざるをえない。またそれは、初めから「キリスト教的価値観」を志向するものであり、時にはそれへ向かって人を勧誘するものでさえあったので、人々の警戒心を呼び起こす場合もないわけではなかった。欧米のキリスト教が文化的優越性に支えられているように見えれば見えるだけ、ますます警戒心は強くなる。キリスト教以外の宗教集団の研究と比較するとき、日本におけるキリスト教研究のこうした性格は、かなり特徴的である。神道研究や仏教研究は、教団専従者によって行われる場合が多いとはいえ、研究者自身の教団への帰属はさほど話題にならない。イスラーム研究やユダヤ教研究などは、むしろ教団の外側に立つ研究者によって開拓され、やがて内側からの研究がそれに加えられるようになってきた。開発途上地域の宗教の研究、新宗教の研究などは、今もって外側からの研究が主流になっている。

日本におけるキリスト教研究のこうした特徴は、もとを正せば、キリスト教の受容の仕方に起因するのではないかと思われる。日本ではキリスト教は最初から、日本文化にとってはやや異質な思想・信条としてとらえられたが、他方、現実的な実利・国益と結びつく欧米の科学・技術は、実はそのキリスト教と表裏一体をなしていたのである。近代日本にとって科学・技術が魅力的に映れば映るほど、その裏にひそむキリスト教にかぶれることが危険な傾向と感じられるようになった。そこで、これら両者を切り離すことが試みられる。井上哲次郎は、帝国大学の講壇からキリスト教が語られることを嫌っていたと伝えられるが(2)、それはキリスト教がイデオロギー的にとらえられていたことを示す言い伝えであろう。イデオロギー(信仰内容)はともかく、キリスト教に関する歴史的・文献的知識の重要性は、広く認められなければならないはずであったにもかかわらず、それもまたキリスト教に直接関わる事柄であるがゆえに、日本の学問の中心から遠ざけられていった。しかし欧米の文化は、本来キリスト教から離して単独で扱うことはできないものであるので、その文化的産物に関する研究が進むにつれて、皮肉なことに、むしろ無防備な形でキリスト教を受けいれる場合も出てきた。それについては、次節であらためて言及する。

ところが、日本に入ってきたキリスト教の中には、比較的好意的に受けいれられたグループもあった。それは、一九世紀末に欧米から相次いで伝えられた「自由キリスト教」である。そこには「普及福音教会」・「ユニテリアン」・「ユニバーサリスト」が含まれていた[3]。元来合理的な性格をもつこれらのグループは、キリスト教の本流かぎらすれば「異端的」であった。しかし日本では、これら、特にユニテリアンは、キリスト教研究のみならず、宗教研究全般にわたって、大きな影響を及ぼすに至る。結果的にそうなったのは、ひとつには、ユニテリアニズムを日本の為政者が比較的安全なキリスト教と見なしたためであり[4]、またひとつには、たまたまユニテリアニズムが日本の大学の「宗教学」研究のきっかけを作ったためである。「宗教学」の学会や講座が成立していった背景に、ユニテリアンの活動があったことは明らかであろう[5]。欧米の正統主義的キリスト教の立場をとれば、日本の宗教学は、一種の異端的教派に支えられたものであるようにも見えるかもしれないが、日本社会の文脈において、正統主義的キリスト教とユニテリアニズムのどちらが、学問的公共性を保証する場を開くことができたかは、よく考えてみなければならない。キリスト教信仰が自明の前提になるということなど思いもつかない日本社会では、キリスト教研究は、宗教学のような普遍志向に一定の評価を与えながら、適切な方法を見出していく必要があったのではないだろうか。

宗教現象に主体的に関わることとそれを「研究」することとをどう切り分けるかは、宗教研究に絶えず付きまとう根本的問題であるが、以上述べたところから明らかなように、日本におけるキリスト教研究の場合、それが一段とさし迫ったものにならざるをえなかった。つまり、そのモデルとなった欧米のキリスト教研究は実際にはキリスト教神学であり、それは、信仰と研究を切り分けないことをもって本質とするのに対して、多くの宗教現象が並存する日本社会では、宗教研究のこのような方法は一般的には通用しにくいからである。ところが、それにもかかわらず、欧米のキリスト教神学のモデルに付き従う日本のキリスト教研究者は、しばしばその落差を意識しようとせず、いきなり神学的方法をとろうとする。欧米のキリスト教神学の伝統がもつ圧倒的な重みが、その意識の欠落を正当化しているようにも見える。元来、日本のキリスト教研究は、「宗教研究」としての自覚をあまりもっておらず、キリスト教研究から他の学問領域への通路を見出しにくい原因もそこに存在するのではないかと思われる。近代宗教学は、啓蒙主義を媒介として神学から自立するに至ったわけであるが、その後神学の方へ若干の揺れ戻しがあったことも事実であろう(6)。しかしながら日本におけるキリスト教研究では、この経緯は十分に理解されておらず、否定契機なしに欧米の神学が導入されることになり、その結果、神学としても日本独自のものは現れにくくなったのである(7)。このような状況からすれば、日本でキリスト教研究がいつ、どのようにして始まったかを確定することはほとんど不可能に近いと言えるであろう。少なくとも当事者の意識によるかぎり、そもそもどこまでが個人的信仰告白で、どこからを「研究」と呼びうるのかが明らかでないからである。そこで日本におけるキリスト教研究の出発点を定めるにあたっては、きわめて形式的かつ現実的な基準を導入せざるをえない。つまりさしあたり、大学の講座・学会・学会誌などを目安としてこれを考えざるをえないであろう。しかしその考察に先立って、キリスト教研究と言うとき、研究対象をどのように見定めているのかをはっきりさせておかなければならない。

二　研究の対象

一口にキリスト教研究と言っても、その「キリスト教」をどの切り口からとらえるかによって、方法は大きく異なる。およそ宗教なるものは、それ自体なまの形でとらえられるものではない。いずれにせよそれは、何らかの文化現象と結びついてはじめて研究対象となる。「教説」は、特に教団構成員によって、当該宗教の「本質」的要素と考えられているが、教義(教理)を展開すること、さらにそれを研究することは、実際には思想・哲学の研究と重なり合っている。また宗教におけるもうひとつの重要な要素となっている「儀礼」の研究は、芸術(美術・音楽・建築・文学等々)の研究につながってくる。そしてそれらの営みを現実の場面にもたらす「宗教集団」の研究は、当然社会科学の一分野であり、最終的には、すべての研究が歴史的視点をも必要とすることになる。場合によっては、自然科学すら宗教研究と無縁ではない。したがって、さまざまな文化的伝統と不可分に結びついて自己展開を遂げてきた欧米のキリスト教の中にあっては、キリスト教研究(神学)は絶えず諸学問との折衝を求められており、文化をどうとらえるかという問いがいつもこれに付いてまわる。ところが、日本へ導入されたキリスト教は、初めから文化領域ごとに分断されており、為政者も教会も、それぞれ異なった動機から、むしろその方向を積極的に推し進めた。文化論を基礎においてキリスト教研究を総合的に構築するという問題意識はここからは生まれず、それが結果的に、地域文化に根差したキリスト教研究の独自な展開をも困難にする原因となったと思われる。

かつて石原謙は、日本人によるヨーロッパ中世教会史研究を回顧しながら、その問題点を指摘した。(8) 彼によれば、政治史・経済史・社会思想史・文学史・芸術史等の領域でヨーロッパ中世を扱った日本人の研究を見ると、

「ほとんどすべてがキリスト教への関心も神学の理解もなく、したがって多くの場合中世史でありながらカトリック教会および思想の背景を無視し、時にはそれを否定しているために、立場の偏向を免れないことが多い」とされる。もう一方で神学者、特にプロテスタント神学者は「一般に教会史への関心が弱く、まして政治史や経済史には何の興味をも感じないために、史学者との間にはいささかの関わりも協力もなく、意見交換の試みのないのは遺憾である」と言われる。これはまさに「中世の暗黒ではなく、研究者自身の暗黒」である。石原謙は「教会史」というものを強く意識し、これと思想史や経済史との関連を問おうとするが、それは、彼が哲学畑の出身であり、歴史の「理念」を重視するためであろう。近年多少事態の改善が見られるとは言え、日本人によるヨーロッパ中世史研究が、教会史研究を本来の形で十分に消化吸収しているとは思われない。

キリスト教研究との関連で歴史学に見られるこのような疎隔状況は、日本においては、いわゆる「西洋」を研究対象とする学問領域に共通するものであろう。ところが、このことを何がしかの違和感をもって自覚している研究者は必ずしも多くないし、ましてその問題点を克服しようと苦闘する研究者は稀である。それに対してキリスト教を研究する側は、今度は教会内の現実的出来事に目を奪われて、広い識見を養う機会をもてないままに、自らを特殊な狭い領域に閉じこめてしまうのである。そうした断絶状況の中で、時にはまた、キリスト教理解を欠いた歴史学の場合とは逆に、キリスト教研究が他の学問領域と無媒介に重なってしまうことが起こるという点にも注意を払っておく必要がある。先に「皮肉なことに」(二五二頁)と言ったのはこれである。例えば、教義学・組織神学と哲学・思想との微妙な関係は、正面から課題として集中的にとりあげられることがあまりなく、通常あいまいなままに放置されてきた。そのため、ヨーロッパ中世哲学(思想)の研究にあたっては、哲学がいきなりカトリック神学そのものの形をとって現れることになる。ここでは、アリストテレスその他非キリスト教思想も扱われるとしても、それらは往々にしてカトリック神学のひとつの構成要素にすぎない。日本でヨーロッパ中世哲学(思想)を研究するにあたっては、古くは岩下壮一や吉満義彦の例に見られるように、はっきりと自覚された研究の主体的動機と研究の対象とを切り分けることはかなり難しい。しかし、すぐれた研究者の場合には、その関係が無反省のままに放置されることはないであろう。

さらに、日本のキリスト教研究の中で、旧・新約聖書の研究が占める独特な位置にも、このさい言及しておかなければならない。ここでも、方法的にどこまでを本来の「研究」と見なしうるかが、また別の形をとりながらあいまいになるからである。[9] 一般に日本文化の中に、目に見えるようなキリスト教の影響を指摘することは容易ではないが、その中にあって、聖書の急速な普及はやや例外的である。ただし、教典としての聖書には「物」という側面があるので、その受容は必ずしも思想内容の受容であるとはかぎらない。[10] とは言うものの、「物」である以上、一旦導入されれば、さまざまな角度からそれを見ることが可能になり、研究の対象になる機会が増大する。そのさい聖書は、言語学・文献学・歴史学など実証的諸学の研究対象ともなりうるので、さしあたり主観的な思想・信条を括弧に入れてこれを扱うことができるかのように見える。二十世紀になって日本にも紹介されるようになった歴史的・批判的方法は、この傾向に拍車をかけることになった。それに加えて、日本独自の運動としての無教会主義が、教会的伝統の代わりに聖書に集中するというプロテスタンティズムの志向を徹底化し、これに歩調を合わせていった。[11] しかもこの運動は、狭義のキリスト教界を越えて、出版活動などを通じて文化的影響力をもったので、そこから聖書研究が一段と推進されていった。それは旧・新約聖書正典にとどまらず、外典・偽典や初期キリスト教周辺の諸文書にも及んでいる。日本のキリスト教研究に見られる聖書へのこうした傾倒は、今日に至るまで続いていると言えよう。しかしその内実を見ると、「研究」と称するための基準が実は研究者個人にまかされたままになっていることが明らかになってくる。

そこで、研究の対象をどうとらえるかという問いから考えていっても、日本におけるキリスト教研究の出発点を定めるためには、やはり大学の講座・学会・学会誌など現実的な基準によらざるをえないことになる。そういう意味で、キリスト教研究のみならず宗教研究にともかくひとつの目安を与えたという点では、こうした制度の果たした役割は大きい。そしてそこには、日本社会を啓蒙するという暗黙の期待があったようにも思われる。その草創期において、キリスト教をめぐってどのような研究テーマが選ばれたかを検討することによって、かかる推測が可能になるであろう。そのために、当時の『宗教研究』へ目を向けることにしよう。[12] まず論文でとりあげられたテーマとして、キリスト教関係は決して多くないことがわかる。創刊号では、石橋智信「「六経」研究の根本問題」だけで、次号にその続編が現れ、さらにごく短い試論である姉崎正治「キリスト教とロマ法」が付け加わる。キリスト教そのものを真正面から論じたものとしては、その次の号に掲載された日野眞澄「使徒信條の由来と其眞義」が最初であろう。石橋論文は、「現存申命記が内容とする法制は、何時、如何なる代に、制定発布せられしものなるか」を問い、その内容を分析した結果、「西暦紀元前六二二年」という年代を導きだす。[13] また姉崎論文は「雑纂」であるが、「キリスト教道徳とロマ法律との関係」を問いつつ、ひるがえって「日本の立法」を論ずるきわめて啓蒙的色彩の濃いものである。[14] さらに日野論文は、使徒信条の起源とそれが制定された目的を問い、ここでは「神は歴史に活動して止まぬ事」が説かれていると言う。すなわち、キリスト教は空想・理想ではなく、「歴史的宗教」であると主張するのである。[15]

これらの論文は、日本の学界レベルで展開されるその後のキリスト教研究の方向を、それとなく暗示しているように思われる。石橋智信と日野眞澄は、いずれも洗礼を受けたキリスト教徒であるが、教会に忠誠を尽す従順な信徒というわけではなく、多かれ少なかれ自由主義的志向をもっている。石橋論文は、当時のヨーロッパにおける聖書の資料批判の方法をよくおさえているが、その関心はどちらかと言えば、申命記の思想よりも法制そのものに向けられており、その意味では、姉崎論文に相通ずる。姉崎正治が指摘しようとするのは、「現在日本の立法に変化を生じつつある或点は、千五百年前にロマ法に起った変化に似通った所がある」という事実である。石橋智信はこの後間もなく姉崎正治の後継者として、東京帝国大学文学部宗教学宗教史学科主任教授となる。日野論文も、当時の欧米における研究成果を消化吸収した力作であるが、その問題意識は、キリスト教が非キリスト教世界とどう関わるかということを中心としているように見える。日野眞澄はこの時期すでに同志社神学校を離れ、神戸高等商業に在任しており、再び同志社に戻ったときには、予科や文学部の所属となった。『宗教研究』誌上には、その後さまざまなキリスト教関係の論文が現れるが、いわゆる神学論文はあまり見られず、そこから何となく大学や学界のキリスト教研究という枠組とその中心テーマが形成されていくことになったようである。(16)

次に、制度・組織の面から、その点について、もう少し具体的に考察しておきたい。

三　研究の場所

研究の主体と対象とのかかわりをどのように定位し、どこからを「研究」と見なすかが明確にならないままに、実際には研究の「場所」が、日本におけるキリスト教研究を学術研究の一環として成り立たせていったことは前述のとおりである。その場所は具体的には大学や学界(会)であるが、近現代はそれら研究・教育制度自体が大きく変化する時代でもあるので、それに伴って研究が次第に複雑な様相を呈してくることになる。確かに近年ヨーロッパにおいても、キリスト教会と大学との間には緊張関係が見られるが、それは日本の場合とは根本的に異なっている。ヨーロッパでは、大学は教会から発展してきたものであるが、日本では、キリスト教は大学の場で相対化されたうえであらためて研究対象になるというのが元来の形であり、そこから学問的なキリスト教研究が、ひとつのゆるやかな枠組を形成してきたように思われる。大学が変化しても、この基本的枠組は変わらず、それによって教会との間の距離は広がっていったが、それなくしては研究と呼びうるレベルが保てなかったこともまた、疑いえない事実であろう。

現代の大学を支配する実用主義を批判しようとするとき、ヨーロッパの大学では、その成立の背景にあった古典的伝統文化への回帰が唱えられるのが常であった。そのさいキリスト教も、その文化の不可欠の要素としてとらえられる。価値の多元化が進むアメリカの大学もこの点では同じであり、伝統的宗教文化の重要性は否定されていない。ところが日本の大学(特に帝国大学)は、どちらかと言えば、日本の伝統文化からの断絶のうえに形成されていった[17]。そこでは欧米文化が急速に吸収されていったが、その反面、キリスト教に対しては常に警告を怠ることがなかった。宗教的伝統は、いずれにせよ日本の大学にはなじまず、良きにつけ悪しきにつけ、それが日本の大学の特色となっていった。特定の教団によって創設され、宗派教育という形で宗教教育を行う私立大学は、多くの場合伸び悩み、なかんずく宗派教育においてはあまり成功せず、結果的には、世俗化の方向で打開を図らざるをえなくなる。キリスト教主義大学は、日本の高等教育の歴史の中で一定の役割を果たしたとは言え、いずれも宗教教育の展望という点では問題を抱えている[18]。大学とのかかわりで例外的に力を発揮したキリスト教は、前述のように、ユニテリアニズムと無教会主義で、これらは国公立大学においても、それなりの影響力をもってきた。しかしこの現象は、日本の大学の「非宗教性」(非宗派性)と表裏一体をなしていると思われる。

日本の大学の歴史は、通常三つの時期に分けられる。第一期(創設期)は、一八八六(明治一九)年の東京帝国大学の創設から一九一八(大正七)年まで、第二期(拡張期)は、一九一八年の大学令公布から一九四五(昭和二〇)年の第二次世界大戦終結まで、第三期(膨張期)は、一九四五年以降戦後の時代である[19]。それぞれの時期の目標は、第一期が学問の研究と教育、第二期が専門的職業のための教育、第三期が一般教養の再編成であり、このような機能の変化は、欧米の大学の歴史にも類似した形で見出されると言われる。日本におけるキリスト教研究が一義的にとらえられないことは、実はこれと深く関わっている。一八七五(明治八)年新島襄によって建てられ、第二期に正式の大学になった同志社は、「単なるキリスト教の伝道機関ではなく、科学および実学を重視したが、その建学の精神は、世俗を超越した良心の育成にあった」とされる[20]。すなわち同志社は、日本のキリスト教主義大学の中では最も古いものに属するが、その主張はかなり自由主義的であった。当時の大学がキリスト教とどのように対応したかを見れば、このことはよく理解できる。その他のキリスト教主義大学は、大半が第三期になって大学に昇格したものであるから、そこではキリスト教は、研究よりも教育や教養と結びついていった。

「学会」という組織は本来学問研究を推進するためのものであるが、他方これはどうしても大学制度と結びつかざるをえないので、大学の機能の変化に対応して、研究以外の要素も入り込んでくることになる。また、学会での発表が業績に数えられ、業績の量が現実的利害に関わることがわかると、学会そのもののあり方にも変化が及んでくる。そのような事情を背景としながら、第二次世界大戦後、各種新制大学、特にキリスト教主義大学の成立と並行して、キリスト教関係の学会が急激に増加してくる。日本旧約学会は一九三三(昭和八)年設立と称しているので、これを一応例外とすれば、一九四九(昭和二四)年にキリスト教史学会、一九五二(昭和二七)年に日本基督教学会、一九五八(昭和三三)年に日本新約学会が設立される。また、キリスト教主義大学が独立して自らの学会を組織する場合も少なくなかった。そして、ほとんどの学会が学会誌を発行するに至る。しかし、これらの学会が協力してキリスト教研究の発展を目指してきたかと言うと、必ずしもそうではなかったし、日本宗教学会を始め他の宗教関係の学会との交流も盛んとは言えない。要するに、学会の増加は、キリスト教研究の質を高めることと結びついてはいかなかったのである。

欧米のキリスト教研究の場合、「教会」という場所は無視できない要因である。それは研究のための場所ではないが、研究の成果の妥当性を計る場所であり、研究に活力を与える源ともなる。研究者は学界と教会の間を往来し、普通の信徒もまた時には研究に参与する。そのことによって、キリスト教研究と文化諸領域とのつながりが、実際上保証されているのである。したがって、キリスト教の学問的研究と教会との間にすき間ができることは、文化的危機意識となって現れてくる。いわゆる「世俗化」の進展とともに、ヨーロッパのキリスト教界では、繰り返しその点が指摘されてきた。しかし日本では、キリスト教研究をめぐる状況は全く異なる。幾人かのキリスト教徒の個人的影響力を別にすれば、キリスト教会はほとんど日本社会に影響を与えていないし、その反動として、教会は文化にあまり関心をもたない。結果的に教会は、キリスト教研究を媒介的に育成する場所とはならず、一方では小さく浅く固まっていくキリスト教研究が、他方では信徒の獲得にあたって総人口の一％の壁を破ることのできない教会が、残された。

四　「キリスト教学」の可能性

日本宗教学会創設からはかなり遅れて、キリスト教研究のための包括的学会として、日本基督教学会が設立されたとき、その名称には、「キリスト教学」という概念に対するある種の期待が込められていた[21]。日本基督教学会の学会誌『日本の神学』の初期の号には、そのことを示す論稿がいくつか見られる[22]。第二輯の「序」で、菅円吉は次のように述べる――「第二輯が出るにあたって、私は特に読者諸兄の注意を喚起したいことは、昨年の秋、我らの理事長石原謙博士が、わが国のキリスト教学の発達のためにつくされた功績が認められて、文化功労章が授与されたということである。特に「キリスト教学」という言葉が用いられたということは、我らのキリスト教学会員一同にとって、はなはだ意味深く、石原博士の受けられた栄誉は、我ら学会員一同自身のことのように思われて嬉しい[23]」。菅円吉は別の文章で、「私は個人としては、キリスト教学という名称は、あまりむずかしいことを言わないで、広くキリスト教に関する研究の全体を総称する言葉と見るのがいいのだと思う」とも言っているので[24]、特にキリスト教学の自立的方法を考えようとしているのではなさそうである。同じような感覚で石原謙自身も、創刊号において、「日本の神学界」という言葉を何の抵抗もなく使用している[25]。

しかしもう少し別の立場からすれば、キリスト教学という概念には、もっと強い思い入れがあり、それが日本基督教学会成立に至る底流となっていたことにも注目しておかなければならない。実際学会成立後、第九回学術大会（一九六一（昭和三六）年、京都大学）において、「基督教学とはなにか」を問うシンポジウムが開催された。そこでは、キリスト教学の原理的成立（学問としての独自性）が可能かどうかが議論されたが、意見は分かれていた。企画の中心となった有賀鐵太郎は次のように述べる――「私自身はもちろん、基督教学は一個の学問として成立するものであるという見解を持っている者であるが、そのことと日本基督教学会の出発とは深い関係のあることである[26]」。つまり、学会創設にたずさわった人々の一部は、神学ではなくキリスト教学を学会の名称とすることに、大きな意義を見出していたのである。ところが、有賀の発言を見ると、彼には、自らが中心となってこの学会を引っぱっていくということに、何がしかの遠慮があったようである。それはおそらく、京都大学教授という彼の立場によるものであろう。というのは、キリスト教学という概念を生みだしていった流れは、かつて京都帝国大学にキリスト教学の講座が設置されたことに始まると考えられるからである。歴史的優位性をあえて相対化しようとするのが彼のスタンスであった。

有賀の回顧によれば、それは一九一九（大正八）年と一九二一（大正一〇）年の二回にわたり、渡辺荘（富士見町教会会員）が京都帝国大学に資金を寄付し、新しい講座の設置を願い出たことに始まる[27]。講座の内容は、「基督教の学術的研究のため」と指定され、一九二二（大正一一）年五月に認可された。新講座の名称は「宗教学第二講座」と呼ばれ、宗教学第一講座担当の波多野精一が兼任した。一九三七（昭和一二）年三月になってようやく、波多野精一が第二講座担当となるが、七月には定年で退職している。『波多野精一全集』の「年譜」によれば、この時期から「キリスト教学」という言葉が表面化したようであり、松村克己が「キリスト教学講師」になったとされている[28]。第二次世界大戦を間に挟んで、一九四八(昭和二三)年に、有賀が同志社大学神学部から移り、京都大学文学部「基督教学講座」を担任することになる。彼の理解によれば、この講座の目指すところは、「信仰の有無またはいかんを問わず、キリスト教の研究を学問として公開すること」であった。

日本の学術研究の中心的な場所で、「宗教学」と並んで制度的に確定された「キリスト教学」という概念は、現実には当時の文部省の方針によるものであったとは言え、それなりに評価されて然るべきものではないかと思われる。日本文化の中でキリスト教の研究を行うにあたっては、研究のおかれているコンテクストが欧米とは全く異なることを十分に自覚し、方法を慎重に選ばなければならない。まず「神学」という概念は、キリスト教的価値観と深く結びついた形で、長く重い歴史を有しており、近代的な諸学問とは、無関係とは言わないまでも、どこかなじまない。特に日本においては、神学がキリスト教神学であるかぎり、欧米文化という媒介項を抜きにして、これを直接学問の世界に位置づけることはかなり困難であろう。そうであるとすればむしろ、その困難な関係を新しい形で積極的にとりあげた方が、伝統的なキリスト教神学にとっても有意義であるのではないかと思われる。つまり、神学をキリスト教だけのものとせず、宗教集団が自らの価値観を弁証しようとするとき、そこに一種の神学が生まれると理解するのである。神学の意味をこのようにとらえなおせば、宗教現象のさまざまな側面と神学との関係を考えることは、宗教研究の基本的な課題となるであろう。

また「宗教哲学」という概念も、そのままキリスト教研究と重ね合わせるわけにはいかない。それにもかかわらず、日本人によるかなり早い段階での宗教哲学が石原謙によって著されたという事実は、キリスト教研究と宗教哲学との不可分の関係を示している[29]。これは、その当時の欧米における宗教研究を総括的にとらえなおしたレベルの高い業績で、早速『宗教研究』に書評の対象としてとりあげられる[30]。評者宇野圓空は石原の中心的主張を、「宗教学は宗教に関する個々の現象を叙述し説明するのみで、其一般概念を与え得ないから、宗教哲学の準備としての外意味を成さず、それが学として成立するには、必然的に宗教哲学とならなければならぬ」とする点に見出す。しかし、「宗教学をば其正当な意味に於て理解するならば」、このような判断には至らないと言う。石原の理解している宗教哲学は、「其形式に於て大体トレルチのそれを継承して居るやうであるが、其内容に於ても亦彼に拠る所が甚だ多い」のである。ここで宇野圓空が的確に評しているように、宗教哲学は、少なくともその出発点では、ヨーロッパのキリスト教文化、さらにキリスト教神学に深く根差していると言わなければならない。しかし日本の宗教哲学は、こうした初期の動機を持続することなく、キリスト教研究を離れて、独自な展開を遂げていった。したがって、それとは別に、もう少し具体的現実に即した実証的もしくは歴史的キリスト教研究が期待されざるをえないことになる。実際石原は、その後「キリスト教史」の研究へと進んでいったのである[31]。

このように考えてくると、日本文化の中でのキリスト教研究には、「神学」という言葉も「宗教哲学」という言葉も、いまひとつしっくりと当てはまらない。「神学と宗教哲学との間」という表現も用いられたが[32]、本当は、近代宗教学の延長線上にも位置づけられるような新たな研究手法の形成こそが、キリスト教研究に求められているのではないかと思われる。「キリスト教学」という概念が浮かび上がってきたとき、無意識のうちにそのような方向が期待されていたのではないであろうか。ひとつの問題は、この学問名称は外国語に訳しにくいということである。安易に妥協すると、またもや“theology”になりかねない[33]。しかし日本語の感覚からすれば、「キリスト教学」という表現に何の不自然さもない。ちなみに日本のキリスト教会では、「宗教学」は特殊なキリスト教理解すなわち「自由キリスト教」に通じるものとして、拒否されるか、もしくは、良くても相対化されてきた。確かに、すでに指摘したように、近代宗教学の背景には啓蒙主義があり、なかんずく日本の宗教学の背景にはユニテリアニズムが存在する。これは、欧米の正統的キリスト教の立場からすれば、特殊でややうさんくさいものに見えるかもしれない。ところが、日本文化の中へ移しかえられると、この正統—異端関係は逆転し、それにさまざまな現実的要因が加わって、全く新しいコンテクストが出現する。キリスト教研究は、このコンテクストの変化をありのままにふまえて、他の研究領域に開かれたものとしてのキリスト教学の方法をあらためて見出していく必要があるのではないであろうか。[34]今日では、「キリスト教」としての統一的イメージを思い描くことは困難であるという認識が広く共有されつつあると考えてよいであろう。そうであるとすれば、地域文化との関連で、キリスト教の多様性の幅を確認していくことが、キリスト教研究の新しい重要な課題となる。日本のキリスト教学も、自らの立脚点を問うところから、それに参与する形で展開されて然るべきではないかと思われる。

(1)　日本におけるキリスト教研究全体の流れを複数の視点から展望したものとして、「座談会・日本のキリスト教学(会)の将来」『日本の神学』一七、日本基督教学会、一九七八年、および「座談会・学界の過去と学会の未来」同上、四一、二〇〇二年がある。前者には筆者も参加しているが、特に後者に、一種の輸入・発展図式が見え隠れしている。それはしばしば「国際的研究業績」という表現で語られる。

(2)　菅円吉「基督教学会の成立にいたるまで」同前、二、一九六三年、一二八頁——「本当か偽かは私はよく知らぬが、東大の井上哲次郎博士は、東大には神学の講義は絶対にさせないと豪語されたということである。したがって東大ではキリスト教神学の講義はなかった」。真偽のほどはわからないとは言え、井上哲次郎の発言としては、いかにもありそうなことである。少なくともキリスト教会の側には、そのような言い伝えを強調しようとするある種の被害者意識が存在したことは事実であろう。

(3)　日本におけるこれらの流入と盛衰については、鈴木範久『明治宗教思潮の研究——宗教学事始』東京大学出版会、一九七九年に詳しく述べられている。

(4)　福沢諭吉は、英国国教会やメソジストの宣教師たちとも親しく交わっていたが、結局最後に人事の権限を与えたのはユニテリアン宣教師であった。白井堯子『福沢諭吉と宣教師たち――知られざる明治期の日英関係』未来社、一九九九年参照。それは、日本の国益・社会的効用のために容認するキリスト教としては、ユニテリアニズムが最もふさわしいという彼の考えによるものであろう。

(5)　一八九三(明治二六)年にシカゴで開かれた「万国宗教大会」(The World's parliament of Religions)、一八九六(明治二九)年に東京で開かれた「宗教家懇談会」がきっかけとなり、同年「比較宗教学会」が成立する経緯については、前掲『明治宗教思潮の研究』二〇五―二七八頁参照。その設立にあたった岸本能武太はユニテリアンであり、彼に協力した姉崎正治が、のちに一九〇五(明治三八)年東京帝国大学に開設された「宗教学講座」の初代教授に就任した。日本における近代的宗教学の歴史はそこから始まるが、登場する人脈は、しばしばさまざまな形でユニテリアニズムに関わっている。

(6)　田丸徳善『宗教学の歴史と課題』山本書店、一九八七年、特に一〇七―一二〇頁。

(7)　アジアに見られる独自なキリスト教神学の展開(例えば「民衆の神学」・「民話の神学」・「水牛の神学」など)と同じような現象は、日本においては、わずかの例外(「神の痛みの神学」など)を除いては見られなかった。

(8)　石原謙「日本の神学における問題点・一般歴史学との話し合い――中世教会史をめぐって」前掲『日本の神学』二、一一一頁。

(9)　例えば、内村鑑三が『聖書之研究』を創刊したのは、宗教学講座の設置に先立つ一九〇〇(明治三三)年であった。彼はアマスト大学在学中に *The Old Testament Student* という雑誌を読んで、自分も将来このようなものを出したいと考えたらしい。それはかなり学問的な内容を目指しており、実際『聖書之研究』には、「研究」という部分があり、旧・新約聖書をそれぞれ初めからとりあげている。鈴木範久『内村鑑三日録6 一九〇〇―一九〇二・天職に生きる』教文館、一九九四年、七〇―七八頁。「研究」や「講義」という言葉を使うときの内村鑑三の意識では、自らの信念の吐露と学問的研究との識別は消え去っている。

(10)　拙著『教典になった宗教』北海道大学図書刊行会、二〇〇二年、一六一―一八一頁。

(11)　無教会主義の運動を実質的に展開していった塚本虎二は、『聖書知識』という雑誌を刊行し、その表紙には「教会の外に救あり」と記していた。

(12)　『宗教研究』三二一、特集・既刊宗教研究総目次・索引(一九一六―一九九九)、日本宗教学会、一九九九年参照。

(13)　石橋智信「「六経」研究の根本問題――申命記の年代考(上)・(下)」『宗教研究』一巻一号、宗教研究会、一九一六年、一三九―一五八頁、同上、一巻二号、一九一六年、三九七―四一六頁。
(14) 姉崎正治「キリスト教とロマ法」同前、一巻二号、一九一六年、四二二―四二六頁。
(15) 日野眞澄「使徒信條の由来と其眞義」同前、一巻三号、一九一六年、四三七―四七四頁。
(16)『宗教研究』二巻六号、一九一七年には、石原謙「アレキサンドリアのクレメンスの哲学」のような本格的論考が現れる。その後一〇年程の間に、佐野勝也・三枝義夫・菅円吉等のキリスト教研究が発表されていくが、これらはいずれもキリスト教思想を扱ったもので、ヨーロッパ哲学とのかかわりを強く意識している。
(17) 永井道雄「大学と社会」永井道雄監修『大学はどこから来たか、どこへ行くのか』玉川大学出版部、一九九五年、九―一八頁。
(18) 永井道雄『日本の大学――産業社会にはたす役割』中公新書、一九六五年、一三五―一三八頁。高尾利数編著『キリスト教主義大学の死と再生』新教出版社、一九六九年は、今日では一時期の記念碑的資料となったが、そこで示唆されているキリスト教主義大学の諸問題の中には、今なお未解決のものが少なくない。
(19) 前掲「大学と社会」二五―六四頁。
(20) 同書、四一頁。
(21) 本章では、特定組織の歴史的名称の中で、あるいは、特定個人の著作の引用文の中で「基督教学」が用いられている場合を除いて、一般的には「キリスト教学」と表記する。
(22) 代表的なものとしては、前掲「基督教学会の成立にいたるまで」『日本の神学』二、一九六三年、一二六―一三一頁。有賀鐵太郎「序・第三輯を出すにあたって」同上、三、一九六四年、一―八頁。それにもかかわらず、学会誌のタイトルが「日本の神学」になり、それが今日まで続いていることは、この問題をめぐっての合意形成が、当時にあって必ずしも容易ではなかったという事実の現れと言えよう。この誌名がどのようにして決定されたかは明らかでないが、何らかの妥協の産物であったのかもしれない。
(23) 菅円吉「序」同前、二、一頁。
(24) 前掲「基督教学会の成立にいたるまで」同前、二、一三〇頁。
(25) 石原謙「刊行のことば」同前、一、一九六二年、一―三頁。
(26) 前掲「序・第三輯を出すにあたって」同前、三、四頁。

（27）　同前、五―六頁。

（28）『波多野精一全集』第六巻、岩波書店、一九六九年における巻末の「波多野精一年譜」六―七頁参照。当時の公式表記は「基督教学」であったかもしれない。その後の一〇年間に京都帝国大学で生じた不幸な事件は、波多野精一が松村克己に宛てて書いた大量の書簡によってうかがい知ることができるにすぎない。同前、二六〇―三二五頁参照。したがって、これが日本のキリスト教研究にどのような影響を与えたかについては、人によって意見が異なるであろう。

（29）　石原謙『宗教哲学』岩波書店、一九二八年。

（30）　宇野圓空「宗教学と宗教哲学――石原謙氏『宗教哲学』を読む」前掲『宗教研究』一巻三号、五七三―五九三頁。

（31）　波多野精一は確かに「実証的」方法を嫌い、宗教哲学を重視していたように見える。しかし、第二次世界大戦後の大学の激変する状況の中で、しかも欧米の研究を正確に消化していくという学問スタイルが終りを告げたときに、キリスト教研究がそのままの形ですむとは思われない。

（32）　武藤一雄『神学と宗教哲学との間』創文社、一九六一年。

（33）　注（1）であげた『日本の神学』一七の座談会で、高森昭がこのことを指摘している――「つまりキリスト教学というのは英語に訳せないのだろうと思います。或いは英語で言おうとすれば、セオロジー（Theology）でその内容を包含できるのではないかと思うわけです」（同上、二九頁）。ただしこの発言は、キリスト教学の独自性を否定しているわけではなく、それが未解決の課題であると言おうとしているようである。

（34）　日本基督教学会の成立以降の歩みの中で、「キリスト教学」という概念の重要性が必ずしも意識されず、あいまいになっていった原因のひとつは、先に本章第三節で指摘した大学の変化にあると思われる。すなわち、数多くのキリスト教主義大学が設置されていく中で、カリキュラムに「キリスト教学」あるいはそれと類似した名称の必修科目が組み込まれ、その担当者が出現した。そこで期待されていたのは、キリスト教を弁証する宗教教育であり、もはや学問論の入り込む余地はなかったのである。しかし、「キリスト教学」の可能性の問題が、こうした現実的状況に巻きこまれるのは望ましくない。「キリスト教学」の問題を正面から扱った近年のすぐれた論稿としては、次の二篇があげられる――安酸敏眞「トレルチと「キリスト教学」の理念」京都大学『基督教学研究』二五号、二〇〇五年、一九一―二二二頁。久保田浩「「キリスト教学」という狭間、そしてその可能性」立教大学『キリスト教学』四八号、二〇〇六年、一〇三―一二九頁。

第一二章　宗教論の曲り角

本章は、最近の日本における宗教論の中で最も包括的なものである次の『講座』をとりあげ、その内容を総合的視点から批判的に論評することによって、これまで述べてきた考えをまとめていくための一助とすることを目指すものである。

『岩波講座宗教』（全一〇巻）　岩波書店、Ａ５判、各巻三四〇〇円＋税
【編集委員】池上良正・小田淑子・島薗進・末木文美士・関一敏・鶴岡賀雄

1　『宗教とはなにか』二〇〇三年一二月一二日刊、二九三頁
2　『宗教への視座』二〇〇四年一月二七日刊、三〇三頁
3　『宗教史の可能性』二〇〇四年二月二六日刊、二九九頁
4　『根源へ――思索の冒険』二〇〇四年三月一九日刊、三〇一頁
5　『言語と身体――聖なるものの場と媒体』二〇〇四年五月二六日刊、三一七頁
6　『絆――共同性を問い直す』二〇〇四年六月二五日刊、二九五頁

7 『生命──生老病死の宇宙』二〇〇四年八月二六日刊、三一一頁
8 『暴力──破壊と秩序』二〇〇四年九月二八日刊、二九九頁
9 『宗教の挑戦』二〇〇四年七月二八日刊、二九三頁
10 『宗教のゆくえ』二〇〇四年一〇月二八日刊、二九一頁

はじめに

旧国立大学では、法人化の要請を受けての自己防衛的対応により、伝統的小講座制が姿を変えざるをえず、他方私立大学では、少子高齢化の波の中にあって、社会的ニーズを考慮した教育システムの開発を迫られており、日本の大学をめぐる状況は急速に流動化しつつある。これは、長い目で見れば、当然学問領域の区分の仕方にも影響を与えざるをえない。帝国大学以来の講座名称に従って確立されてきた「宗教学・宗教史学」も、日本独自の展開の仕方がそれなりの社会的意義を有していたにもかかわらず、ここにきてあらためて、自らの今後のあり方を問いなおさなければならないことになった。またかねてより、「宗教学・宗教史学」と並んでやや便宜的に用いられている「宗教研究」という言い方も、近年広がってきた「宗教」概念再検討の動きの中で、次第に輪郭をあいまいにしつつあるように見える。研究方法のうえでも、「客観性」や「中立性」を楽観的に語りえた時代が終りを告げるとともに、逆に研究者の主体的責任が問われ始める。そのような事態を考え合わせると、新たに射程を延ばして問題を整理していくためには、さしあたり「宗教文化論」という大きなくくり方を用いるのがよいのではないかというのが、本書における論述の作業仮説であった。このくくり方によっても、現在がこの領域における研究の曲り角であることに変わりはないが、これによって転換期の特徴が一層明らかに浮かび上がるこ

とが期待されている。

しかし「曲り角」と言っても、最近突然新しい動きが生じたわけではなく、日本宗教学会においてはすでに一九七七年にシンポジウム「宗教概念の再考」が企画され、それ以来引き続き、陰に陽にこのテーマが検討されてきた。そうであるとすれば、ほぼ三〇年にわたる模索の道程を示唆するのに、「角」という表現は適切でないかもしれない。しいて言えば、目指すべき方向が少しずつ自覚され始めたのが近年であるがゆえに、あえて「曲り角」と称することにしたわけである。さらに、この表現を用いる外在的な理由として、第一九回国際宗教学宗教史会議(IAHR)世界大会(東京大会)が二〇〇五年日本において盛会のうちに終了したこともあげられるであろう。これによって、問題意識を国際的に共有する道がある程度開かれたと考えられるからである。予想されたようにそれは、問題意識の面でも、方法の面でも、ますます多様性を志向する道であった。この時点で『岩波講座宗教』全一〇巻をとりあげて、批判的に分析することは、現代状況をあらためてさまざまな角度から見つめなおすとともに、集約する方向を考えていくために、きわめて有効であると考えられる。さしあたり全体を通読してみて、結論的にあらかじめ述べておきたいことは、日本社会において「宗教学・宗教史学」がこれまでに切り開いた道は、実質的な意味では今後も継承されるに違いないということである。しかし、宗教概念の再考が、宗教と呼ばれてきた人間の営みの幅の広さに目を開かせたように、それについて研究することもまた、単にひとつの学問分野だけでは収まりきらない展開を見せつつある。こうした動向を前にして、若干の交通整理を行うことが、本章における「批判的分析」の内容となるであろう。

一　シリーズものの功罪――主題の選び方と全体の構成をめぐって

複数の研究者が集まって、宗教学の諸問題を論じるという試みは、これまでにも何度かなされてきた。二十世紀後半においては、一人の著者が宗教学について総合的な著書を出すということは次第に少なくなり、一冊であっても分担執筆の形をとる場合が多くなった。一冊にまとめられたものの中にも注目すべきものがあるが、ここでは特にシリーズものをとりあげる。宗教学という看板のもとに包摂される領域がかなり錯綜している現状からすれば、複数の著者が執筆にあたるという試みは当然と言えるであろう。したがって、そのこと自体は適切であり、研究状況の進展に見合っている。しかし、このような企画が単に問題の拡散をもたらすだけであるとすれば、それはむしろ事態の混乱につながるであろう。重要なことは、たとえ仮説であろうとも、全体を統合する視点をどこかで感じさせるかどうかである。これからの宗教論にとって最も枢要な課題はそこにあると考えられるからである。この課題をどこまで自覚しているかという点で、編集者の責任もさることながら、まさに出版社で出版企画にあたる者の見識が問われることになる。

宗教学の新しい流れを意識した複数の著者によるシリーズものの出発点としては、まず何よりも、田丸徳善・脇本平也・井門富二夫・藤田富雄・柳川啓一編『講座宗教学』全五巻、東京大学出版会、一九七七―七八年があげられなければならない。これは、問題意識の集約という点ですぐれており、その後の研究の指標となった。ここで執筆している最も若い研究者たちが今回の『岩波講座』の中心メンバーとなっている事実からも、そのことがうかがわれるであろう。特に、第五巻に掲載を予定されながら、ついに書かれることのなかった柳川啓一の論文「ビヨンドの思想――「聖と俗」理論の再検討」が目指していたところは、おそらくその後今日に至るまでの宗教学の展開の中で実現されていったのではないかと思われる。今回の『岩波講座』の最後に書き記された堀江宗正の発言「(欠けるところなき完全な普遍的価値という)幻想が幻想であることを認め、その本体があるとしてもそれが互いの地平の果てにあって、今はまだ見えていないということを知ったとき、われわれはお互いの地平が、地続きであることに気づくことができるようになるのかもしれない」(10・二九一)からは、柳川啓一の思い描いた「ビヨンドの思想」の反響が聞こえてくるような気がする。

その後一五年経って出版された脇本平也・柳川啓一編『現代宗教学』全四巻、東京大学出版会、一九九二年は、手頃なサイズでやや簡略に研究の進展を整理しており、同時に、問題の新しいとらえ方も示唆している。ここでも、アプローチの多様性はあるとしても、問いを発する共通の基盤は、ある程度意識されている。ところが、五年後に現れた『叢書現代の宗教』全一六冊、岩波書店、一九九七年は、全く性格を異にする。一人一冊という形態も、もちろん今までとは違っているが、ここには宗教概念を検討するという共通の問題意識が見出されない。ちなみに、坂口ふみ・小林康夫・西谷修・中沢新一編『宗教への問い』全五巻、岩波書店、二〇〇〇年も、外見においては類似しているが、本章で考えようとしている問題と同じレベルでとりあげるわけにはいかない。これらに寄稿した著者のうち幾人かは、前述のシリーズものと重なっており、ほかでは充実した仕事をしている人も多いが、この種の出版社主導の企画に組み込まれると、全体としてあまり影響力をもたなくなるのではないかと思われる。むしろ、長谷正當・細谷昌志編『宗教の根源性と現代』全三巻、晃洋書房、二〇〇一—〇二年の方が、日本における宗教論の歴史の中では、今後大きな意味をもつことになるであろう。ここでは、東京大学の宗教学とは伝統を異にする京都大学の宗教学が、現役世代の総力をあげて、その成果を開示している。もちろん従来の歩みに沿って、宗教哲学が中心的関心事となるが、それ以外のアプローチも垣間見え、宗教概念の再検討という問題意識と重なり合ってくる可能性もうかがわれる。

二十世紀後半から二十一世紀初めにかけて現れたこれらのシリーズものについては、すでに『宗教研究』の書評でとりあげられてきたので、あらためてその内容に言及する必要はないが、今回の『岩波講座』には何が期待されるべきかを述べるためには、今までの流れをどう評価するかを明らかにしておかなければならない。境界領域の展望が開け、既存の学問分野の線引きが次第に揺らいでくる時代にあっては、特定の縄張りを固守することは、あまり意味をもたない。日本の宗教学が歩んできた道もまさにこの方向を目指しており、境界領域の研究を積極的に切り開くことこそ宗教学に課せられた務めであるという自覚が芽生えつつある。しかしそのためには、まず宗教学内部に存在する境界線を透明にしておく必要がある。したがって、新しい企画を立てるのであれば、この点をふまえねばならない。日本の宗教学に関して言えば、第一に、いわゆる「実証的」方法と主体的・内省的方法との折衝が図られるべきであり、第二に、個々別々に積み重ねられてきた既成宗教集団の研究を相互につないでいく場が見出されなければならない。そこにおいて、本来仮説的性格をもつ宗教概念が、今後どこまで有効なのかが問われることになるであろう。

『岩波講座宗教』全一〇巻の編集者たちには、確かにそのような意識が潜在的にあったと思われる。彼らは皆、それぞれの仕方で、過去のシリーズものに関わってきたからである。今回の著者たちは、一九五〇年前後に生まれた研究者が中心になっている。日本では、種々の社会的背景の影響もあって、この世代に優秀な宗教学研究者が集中していることは周知の事実であるから、ここに焦点を合わせること自体は正解である。しかし、分担執筆者の範囲をこれほどまでに拡大する必要が果たしてあったであろうか。出版社の販売戦略を考慮するとしても、関連諸学や大学や地域間のバランスをあまり気にしていると、質的レベルの維持の問題が生じるとともに、作業が分散し、落穂拾いの役割は若干果たされるかもしれないが、これまでに積み上げたものを生かして問題を集約していくことにつながらなくなる。そういう意味では、分量はこの半分以下で十分だったのではないかと思われる。シリーズものの功用は、時代の中の共通認識をできるだけ浮かび上がらせるところにあるはずだからである。自由な拡張を許し、新しい芽生えを期待する場を提供していくのは、むしろ学会誌の役割であろう。

編集者たちの方針を示す「編集にあたって」には、次のように記されている――「この講座は「宗教」という領域が確固として存在しているという前提には立たない。それだけ探究の領域も拡がらざるをえない。焦点が定めにくいことも意識している。〔中略〕現代において宗教を問うとき、脱領域的な知の冒険は避けられない」。確かに、このような認識が今日の宗教論の出発点にならなければならないが、問題は、「脱領域」と言うときの「脱」の意味である。「編集にあたって」は、さらに次のようにも述べる――「宗教を手がかりとしながら、宗教を考え直すだけでなく、広く現代世界の学知に新しい地平を開くものでありたいと願っている」。つまり、宗教論はあくまで、「宗教を手がかりとしながら、宗教を考え直す」のである。宗教論であるかぎり、歴史的宗教現象から離れることはありえない。それを徹底したところではじめて、それに風穴を明けることの意味が浮かび上がる。

深澤英隆が言うように、日本語で「宗教」という語彙を用いるときには、「しばしば何らかの宗教の共通本質や、宗教の他に還元できない固有性が、肯定的であれ否定的であれ、理念的に前提とされている」(1・二四)。この事態は、欧米においても似たようなものであり、宗教論は、「あれこれの具体的な宗教について、あるいは理念的な宗教について語ることは有意味である、との感覚」から出発せざるをえない。その上で、近代における宗教概念の「生誕と生成の物語」を通して、概念自体の妥当性を問うことになるので、ここでは一種の循環論法を避けるわけにはいかないのである。そこでまず、こうした問いをふまえたところから出発し、あらためて本講座の中から本来扱われるべきテーマを拾いだしつつ、それらを集約する方向を確認していきたい。

二　問題点集約のための試論

（一）　宗教を見る眼

第1巻には「宗教とはなにか」という題が付けられているが、そもそもこのように大上段にふりかぶった問いを立てることの妥当性が疑われるようになってからすでに久しい。したがって、深澤英隆「「宗教」の生誕――近代宗教概念の生成と呪縛」(1・二三―五四)はその辺の事情を説き明かすことから始めなければならなかった。これは、講座全体を方向づけている最も重要な論稿のひとつである。ここで述べられているように、「religionは、古典期のreligioと連続しながら、近代以降、他の類似概念と交代するかたちで、浮上してきた」が、そこにはそれなりの現実的動機があった。つまり、宗教とは何かではなく、何を宗教と呼んできたのかが問われなければならないのである。

深澤によれば、「大航海時代以降に世界の諸地域で見いだされたある種の実践群」に関する情報がその現実的動機であり、その結果、「キリスト教の優越と自明の支配権という観念」が生じたが、長期的にはキリスト教の相対化を招き、やがて「キリスト教の脱自明化」＝「世俗化」に至る。その過程で練りあげられていった「宗教言説」は「脱教会化・脱教団化」し、新たに「宗教哲学」というジャンルも登場する。十七世紀から十九世紀にかけて展開された「宗教言説のモード」は、ここでは「理性宗教論」・「宗教批判論」・「神秘主義論」・「宗教の歴史論」として分類されているが、これは適切な見方と言えよう。ただし、分類の枠組みは変えずに、これら各々を広義の宗教批判のヴァージョンとしてとらえなおすことも可能かもしれない。その方が、のちの近代批判・文化批判への展開を一層説得的にするのではないかと思われる。

いずれにしても、近代ヨーロッパにおいて、「ある種の妄執のようなもの」として浮かび上がった宗教概念は、いつのまにか世界のほとんどの地域で、「生活世界に属する自然的な語彙」となった。しかしそこには、「さまざまなきしみやもどかしさ」があり、また、「宗教」という日本語でこれを模倣したさいの「ねじれ」も存在する。「宗教という概念自体が、もともと近代ヨーロッパの諸事情に由来する理論的構築物にほかならない以上、この問い〔＝「宗教とはなにか」〕に経験的本質論をもって即答することなどできない」というのが本当のところであろう。しかし、「この語の近代ヨーロッパにおける浮上以来の系譜と変転とを再確認」した結果としてならば、これを捨て去る必要はない。深澤の結論も、「どのようなかたちであれ、宗教という語彙を自由かつ創造的に運用することは、試みるに価する賭である」ということであり、これは、現時点での総括として妥当であると思われる。

深澤論文の問題提起は、最終巻の鶴岡賀雄「〈宗教のゆくえ〉序論」（10・一―二四）および島薗進「現代日本と「宗教」――超越的普遍性の理念とその相対化」（10・二四三―二六七）に受け継がれる。鶴岡によれば、第一巻の問いは、宗教のゆくえを考えようとするときのスタンスにつながっている。そしてここでも、「近代キリスト教的偏差はあるにせよ、「宗教」という名で人々が名指そうとしてきた何かそのものは「人類」とともに古く、普遍的であると考えることはなお可能である」と言われる。その宗教をあらためて、過去から将来にわたる「時の流れ」の中でとらえかえすためには、まず、「現在という時点で宗教が有する、いわば微分的方向性を探る」ことから出発しなければならない。島薗はその「微分的方向性」を、第二次世界大戦中から今日までの日本の知識人の言説の中に定位しようと試みる。そこでは確かに宗教は、彼が言うように種々のアプローチはあるものの、おしなべて、「超越的普遍性を志向するもの」として、プラスの価値を与えられてきた。「しかし、近代の「大きな物語」の弱体化の中で、超越的普遍性に関わるものとしての「宗教」も相対化の波にさらされており、これまでとは異なる基礎づけを必要としている」のである。深澤論文から島薗論文にいたる枠組の中で、この「これまでとは異なる基礎づけ」の可能性を探っていくのが、本講座の目指すべき本来の内容であろう。しかしながら他方、「現在、社会の側から宗教研究者に規範的判断が求められている」(深澤)のも事実であり、それを考えるためには、いわゆる宗教哲学によって探究されてきた問題にも目を向けなければならない。

杉村靖彦「哲学者の神」(４・二三三―二五九)は、ヨーロッパ哲学に現れた「神」の問題を手がかりとして、「現代の宗教哲学」の可能性を検討しようとしている。しかしそれは、しばしば見られるように、宗教の問題を神の問題におきかえることではない。ここでは神の問題は、既成の考え方の枠組を解体し受けとりなおすための手がかりにすぎない。「宗教哲学は、いわば「現にある」宗教を「あるべき」宗教に置きかえることによって、実定宗教の「意味」を自己の側へ奪いとろうという傾きをもつ」が、杉村の言う「現代の宗教哲学」は、「近代の産物としての宗教が不可能になるところで浮上してくる一つの問いないしは課題の名称」である――「哲学自身の問い直しと宗教自身の問い直しが交差するところで、このように問題を設定した杉村は、実際には、われわれに突きつけられてくるのである」。このように問題を設定した杉村は、実際には、デカルトの「我」の遡行的読解から出発して、メーヌ・ド・ビラン、ハイデガー、レヴィナス、アンリなどをとりあげて検討し、「「現代の宗教哲学」が不可避的に直面させられるアポリア」を指摘する。それは、「哲学と宗教の双方が根底から問い直される地点から出発する思索が「宗教哲学」を名乗るやいなや直面させられる難問」である。哲学について言えば、「哲学自体を疑い問いただす反哲学的な問い自体が哲学的な問いになる」のであり、「そうした陥穽にはまりこんでは抜け出るという繰り返し」が現代の状況である。宗教についても、結局、同じようなことが言えるのであろう。

そうであるとすれば、宗教哲学の伝統から規範的判断を導きだすのは困難であることになる。「あるべき」宗教を目指して、実定宗教の意味を収奪する形での宗教哲学が成り立ちにくくなっているのであれば、狭義の宗教学に通じる宗教批判の流れはどうなっているのであろうか。この点を考えてみようとするのが熊野純彦「〈聖なるもの〉をめぐる唯物論——宗教批判とエコノミーとのあいだ」(4・一六一—一八六)である。ここでは、初期マルクスにおける宗教批判の問題から出発し、宗教とエコノミーとの関係が探求される。マルクスは、「ドイツにとって、宗教の批判は本質的には終了している」と言うが、熊野はこれに同意しない。「エコノミーのうちにこそ宗教がある。そのかぎりで、宗教批判はいまだ「終了して beendigt」はいない」からである。その説明として、バタイユの考えが引合いに出される。マルクスとバタイユを読み合わせるとき、「エコノミーにおける過剰のただなかで〈聖なるもの〉が生成する」ことが明らかになる。したがって、「宗教の内在的な批判が不可避であるとするならば、それはなおこの場所、つまりエコノミーという、ひとの生の基底が紡ぎ出される場においてであるほかはないはずなのである」。このように、宗教哲学は難問を抱えており、宗教批判は未完であるとするならば、宗教をめぐる「これまでとは異なる基礎づけ」という大きな目的は未だ達成されず、むしろいささか遠ざかった感すらある。そこでさしあたりは、やはり現時点における「微分的方向性」をもう少し具体的に探っていくしかないであろう。

(二)　宗教の出る幕——ことばとからだ

「宗教」と呼ばれてきた人間の営み(以下括弧をつけずに宗教と言うが、いずれもこの意味である)が、感覚と連動しながら現実化する場面は、「ことば」と「からだ」が互に関わり合う地平である。鶴岡賀雄が「〈言語と身体〉序論」(5・一—二二)で言うように、「言語と身体とは、たしかにある並行性を有する。単純化して言えば、「体＝身体」と「心＝精神」の関係は、さまざまな水準の物質性において捉えられた「言語」とその「意味(ないし思想あるいは観念）」との関係に類比され、あるいは並行する。二つの関係は同一のこととも捉えうるだろう」。そして、言語の極限は沈黙、身体の極限は死であり、ここもまた、宗教の出る幕である。

宗教がことばと結びつき、「もの」として定着するとき、それは書物の形をとり、教典となる。しかし教典は、現実の宗教生活の場面では、受けとり手によって解釈されたり、あるいは、特殊な書物として儀礼的に用いられたりするわけであるから、常にからだと切り離しては考えられない。こうした事態をふまえたうえで、宗教とことばの関係を考察するのが、下田正弘「聖なる書物のかなたに――あらたなる仏教史へ」（5・二五―五二）である。下田によれば、「宗教と書物とのあいだにおいては、権利上、宗教が書物の生みの親であり、書物はその一部でしかないにもかかわらず、実際には、しばしば書物が宗教をみちびき制御するという逆転した関係がなりたっている」。これが極端な形をとると、物としての書物を崇拝する教典崇拝になる。そのようなあり方をも含めて、教典は実際には受けとり手にゆだねられている。「そもそも聖なる書物の聖性は書物に内属する特性などではなく、書物をとりまく状況に、とりわけ書物をその状況ごと受けとる受け手の存在に依拠する」。この事態は本質的には、「ことばのもつ限界」につながっており、そうであるとすれば、教典をとりあげるさいには、教典の不在をも考慮に入れなければならないのである。

下田は、「仏教にとって真理とはことばそのものではなく、それによって伝えられ、実現されるべき内容にある。〔中略〕そこにはことば自身を聖化する姿勢はまったくみられない」と言い、結集・書写・伝承の過程をたどりつつ、その展開こそが仏教であることを明らかにする。「口頭伝承の段階ではブッダのことばとその註釈のことばとは現実において分離不可能であり、こうした伝承のプロセスに――まるで史的イエスをおもわせるような――史的ブッダという観念が機能しうるはずはない」。したがって、「大乗経典にあらわれる多数のブッダを非歴史的な捏造だと理解するのは、近代の歴史理解の枠組みを古代インドにそのままあてはめることから起こる曲解にすぎない」のである。しかし、教典に対するこのような見方は、仏典だけに当てはまるものであろうか。近代のキリスト教は、「初めに言があった」という理念にこだわり、史的イエスをめぐる伝承にも、無意識のうちにこの理念を当てはめようとするが、現実のキリスト教は、もう少し異なった次元で生きているのではないであろうか。

宗教現象においてことばとからだが互に関わり合うということは、教典と儀礼が不可分であることを意味する。教典の意義を強調するあまり儀礼を消極的に扱うのは、無意識のうちに近代の宗教論に忍びこんでいる傾向であるが、嶋田義仁「儀礼とエートス――「世俗主義」の再考から」(2・七五―一〇六)は、これが実は近代プロテスタンティズムの所産にすぎないことを的確に指摘する。嶋田によれば、ヨーロッパ近代の人間中心主義・科学主義・世俗主義は、このような反儀礼主義によって支えられていた。プロテスタント神学はこれを受けいれないかもしれないが、ローマ・カトリック教会との戦いが、結果的に社会をこの方向へ導いたことを否定できないであろう。儀礼的なものは、もとを正せば、「無文字文化時代にうまれた宗教表現」である――「身体という時間的空間的に限定された表現媒体を利用する儀礼的宗教はそれゆえ、文字文化の発達とともに、その影響力を失っていかざるをえなかった。しかし文字文化もそう急激に発達したわけではないから、世界宗教においても、儀礼的側面は残ったし、文字経典を読むこと自体が、儀礼化したという面がある」。そのさいの儀礼は、残存物というよりも、むしろ宗教にとって必須の要素と考えるべきであろう――「いかなる宗教も純粋に内面的であり続けることは出来ない。いかなる宗教も内面的であるとともに、外面的なのである」。嶋田が言うように、身体表現は人間存在にとって根源的なものであり、その共同性・時間性と結びついているので、宗教が人間の問題であるかぎり、儀礼的なものが消失することはない。

からだとの関連で宗教を考えるとき、浮かび上がってくるもうひとつの概念は「いのち」である。しかし、

「〈生命――生老病死の宇宙〉序論」(7・一―二六)で池上良正が述べているように、これは「一方で日常的現実を超えた次元にまで延びていくようなイメージやメタファーに彩られた広がりをもちつつ、他方では最先端の科学的思考によって解析され操作される対象となっている」という問題状況にある。それにもかかわらずここからは、「霊性(スピリチュアリティ)」・「癒し(ヒーリング)」・「老い」・「死」等々、宗教と重ね合わせて論じられてきた具体的・現実的諸問題が次々に立ち現れてくる。一般的な宗教論の中では扱いにくいにもかかわらず、いのちをめぐるテーマは、宗教との関連で今後も繰り返し問われ続けるに違いない。

前川理子「近代の生命主義――自然主義への応答と宗教」(7・一四三―一七三)は、十九世紀末から二十世紀にかけて日本に現れた「生命主義」の系譜と宗教意識へのその影響を論じる。大正時代の文化主義を念頭におきながら、田辺元によって名づけられた「生命主義」は、近代日本の思想を説明するためには、かなり有効な概念であった。すでに新宗教運動の救済観に対してこれを当てはめることが試みられてきたが、前川は、この概念をさらに広く日本の宗教現象に適用しようとする。すなわち、「ほぼ同時代の西洋に(哲学や自然科学、文芸などの領域で)台頭した新しい「生命」の思想が、在来の生命観を受け皿に展開したのが近代日本の生命主義であるという基本的了解」から出発して、その流れをたどりつつ、世紀転換期の新しい宗教性を「生命の宗教」としてとらえようとするのである。日本において、「自由キリスト教」やブッダの人格の強調が影響力をもったことは、このようなとらえ方によって説明されうる――「宗教における人格主義は、自己内面への重心の移行を示すものだが、これは『生命』の称揚としばしば明確に結合している」。前川によれば、生命主義的傾向は近代以前の日本にもあり、それが外来の生命観を媒体として、「複合的思想体」となった。確かにこの傾向は今日でも続いており、やや漠然とした「いのち」という言いまわしや自然科学的生命観とも微妙な関係を保ちつつ主張されている。

こうした思想的問題とは別に、現実の人間にあっては、いのちは何はともあれ維持されなければならないものであり、そこからはまた、別の次元の具体的問題が生じてくる。そのさい最も身近なテーマは「食」であろう。そこではまず、人間が自らのいのちを保つために、他のいのちを殺し、食していることをどう考えるべきかという問いが浮かび上がるわけであるが、中村生雄「殺生の逆説」(7・一一七—一四二)は、それを宗教史的視野に立ってとりあげる。中村は、鈴木大拙や宮沢賢治を手がかりとして、「近代日本の知識人にとっての「殺生＝肉食」問題」を論じつつ、「仏教教説の形成過程に照らすかぎり、殺生と肉食は由来と性格を異にするテーマであった」が、「仏教外の浄／不浄の観念に影響され、強い忌避の対象になっていった」経緯を説得的に分析する。近代になると、かつての浄／不浄の二項関係が崩れだし、殺生と肉食の現実が白日のもとにさらけだされるので、これがあらためて問われざるをえない。そしてその問いは伝統的に、どうしても宗教的問題となるのである。

さらに少し異なった視点から、食を宗教と結びつけて考えようとするのが、鈴木七美「ダイエット・コスモロジーの近代——食と健康」(7・二一三—二三九)である。これは医療の近代化が進む一九世紀のアメリカ合衆国で、健康や食文化のあり方をめぐって運動を展開した「食の改革者」(ダイエット・リフォーマー)たちをとりあげ、「近代の健康観が形成されるプロセス」を論じたものである。ここで中心的話題となる「菜食主義」は、それを特に主張したセブンスデー・アドヴェンティストだけの問題ではない。このようないのちの維持に関わるテーマは当然、鈴木岩弓「老いと宗教」(7・二四一—二六四)が扱う老いというテーマ、さらに死というテーマにもつながってくるが、これについての論評は、東京大学による死生学研究(COE)のすぐれた成果が発表されつつあるので、他に譲ることにする。

（三）　宗教の現実態

宗教論がしばしば上滑りになるのは、宗教概念が仮説的に構成されたものであるにもかかわらず、固定的イメージでこれを理解してしまうためであることは、すでに述べたとおりである。池上良正「現世利益と世界宗教」（2・一六七―一九二）が言うように、「近代以降の思考的枠組みのなかで形成された「宗教」「信仰」概念は、教祖・教義・教団をそなえ、民族や国家の枠をこえて伝播した「世界宗教」を、当初からの基本的なモデルとしていた」のである。そのため、生活者レベルに根差した宗教の現実態は、このモデルの対極に位置づけられねばならなかった。日本的文脈では、それは、批判的ニュアンスを込めて「現世利益」と呼ばれる。現世利益に対する否定と肯定を両極におく対立軸に沿って、諸教団・諸宗派を位置づけることもある程度可能ではあるが、十分な説明原理とはならない。むしろ最近では、「現世利益を本来的な理念との対比における残余領域ではなく、日本における「宗教」や「信仰」の現実態を有効に描き出す、ひとつの積極的なシムテムとして捉えていこうという視点」も提示されている。現世利益は、何らかの宗教現象を説明する分析用語としては、現代社会におけるその有効性がきわめてかぎられているという池上の見方は、そのとおりであろう。

宗教集団をモデルに照らして固定的に位置づけることはできないという認識は、これを時間的にも空間的にも動きと変化を通してとらえかえすことを要請しているように見える。実際歴史の大きな流れに目をとめれば、宗教を運動として理解することもできるのである。竹沢尚一郎「運動としての宗教」（1・一九一―二一四）は、そのような視点に基づく論稿である。竹沢は、「宗教と世俗を峻別し、教会と国家を異質な相のもとにおく研究視角が、宗教の運動としての性格を理解するには障害でしかない」という認識のうえに立って宗教改革と社会改革とのかかわりを考えようとする。特に二十世紀後半以降いわゆる先進諸国で発生した「あたらしい社会運動」は、「諸個人の身体や無意識にかかわる領域から出発して、各人のアイデンティティを問い、生活のデザインを問うものになっている」ので、「宗教運動にかぎりなく近づいていく」と言われる。ところがこれは、逆に言えば、宗教運動が社会運動と一体化してしまうことを意味し、現にそのような傾向も見られる。その結果如何によっては、宗教固有の領域が消滅するということにもなりかねない。実際竹沢は、「こうした状況においては、宗教が保持してきた否定の実践としての能力を、社会運動に対して資源として提供するにとどまるか、あるいは社会運動などがここ二世紀来発展させてきた運動の力を宗教がとりこむことができるかは、予測しがたいことであろう」と述べている。これは、巨視的に見れば、確かに現代宗教が直面しているひとつの問題である。しかし、宗教集団の現実態をやや小刻みに見ていくときには、今なお宗教というくくりでおさえておくべき現象も少なくないことがわかる。

その中で最も重要なのは、本講座の第6巻でとりあげられている「絆」という視点であろう。これは東日本大震災以降、キャッチフレーズとしてメディアで用いられるようになり、いささか色あせてきたが、本『講座』の時点ではまだ新鮮であった。現在では、この時点に立ちもどって、「絆」概念をあらためて問いなおす必要がある。「〈絆――共同性を問い直す〉序論」(6・一―二四)における池上良正の説明によれば、絆は日常生活に根差したミクロな人間関係のメタファーであり、現実の歴史的・社会的文脈の中にある広義の宗教は、まず何よりもこれとの関連でとりあげられる必要がある。絆のメタファーを用いることには、確かにプラスの面とマイナスの面があるが、今日では、「新たな「絆」が創り出される可能性と方策の発見」について積極的に考えた方がよい。そこで、「これまで「宗教」とはよばれてこなかった事象に、何らかの宗教性の影を問い直す試み」が注目されることになる。それは、「近年の新しいネットワーク構築のなかに、ある種の超越性や霊性を嗅ぎ取ろう」とすることである――「「宗教」は、「生きている」という自信にあふれた個人が、他者との関係を「結ぶ」「つなげる」という主体の力を昂揚させる一方で、頑なに自我に執着しがちな人の性向を「脱自化」して、「生かされている」「結ばれている」「つながっている」という感覚を取り戻させる働きを、どこかで発揮してきた」。これら「二つの感覚を上手に携えていく英智を探り当てること」に、広義の宗教の実践的課題を見出そうとする池上の発想は、今後の宗教論を支える基本的認識となるのではないかと思われる。

日常生活に根ざしたミクロな人間関係の中で宗教を考えようとするのであれば、われわれは当然、日本における事例をとりあげるところから出発することになる。日本の伝統的な家郷社会という絆の変質をもたらしたのは、大谷栄一「近代日本の在家仏教運動にみる絆——一九二〇年代の国柱会の明治節制定運動と「新国民運動」」(6・一三三—一六〇)が言うように、「国民」という「想像の共同体」の絆であった。大谷は、これが法華系在家仏教運動、特に国柱会によって築きあげられる経緯を明らかにする。しかしながら他方、現代では、これもまたさまざまな変化に直面している。井上治代「家族の彼方——「集団から個人へ」価値意識の転換」(10・一〇三—一三二)は、家郷社会という絆の変質をめぐって、また別な側面からのアプローチを試みる。ここでは、死者祭祀や墓制などを手がかりとして、第二次世界大戦後の日本の家族変動に目が向けられる。それは、集団から個人へという価値意識の転換を生みだすことによって、伝統的な絆に変質をもたらしたのである。

現在問わねばならないのは、こうした流れを受けて、各種宗教集団が絆の新しい形成にどの程度関わっているかということである。ミクロな人間関係の現場において、独自の存在意義を保持するのでなければ、宗教集団は、グローバルな現代社会のマクロな現実の中で、見分けがつかなくなっていくであろう。井上順孝「信仰共同体の今——変質しつつある絆」(6・二七—五一)は、新宗教の事例を参照しつつ、その存在意義を探ろうとする。井上は、新宗教の拡大の原因を、それがもたらした絆のあり方に、近代社会に適合的な要素があったためと考える。そうした絆の原理は、「同じ志を有するものによる結びつきが、宗教活動のみならず、社会生活におけるさまざまな局面に影響をもたらす」というもので、「同志縁」と呼ばれる。これは、伝統的な宗教が作りあげている信仰共同体とは異なって、近代社会に適合したタイプの信仰共同体であり、民族の枠を越える志向性をもつ。さらに高度情報化社会の発達に伴って、宗教集団の内外でもメディアが用いられるようになると、絆の変質は一段と進行する。これについては、石井研士「電子メディアの可能性と宗教のゆくえ」(10・七九―一〇一)が参考になる。かくして、「ネット宗教」・「サイバー宗教」・「バーチャル宗教」・「ハイパー宗教」などの概念が交錯する事態となり、日常生活に根差したミクロな人間関係から出発したはずの絆の探求は、マクロな社会運動の地平に巻きこまれる。

井上の考察は、新宗教を中心とするものであるが、既存の宗教集団が現代社会においてどのような絆を形成しうるのかというアプローチも必要であろう。中牧弘允「宗教はあたらしい絆をつくりだせるか」(6・二四五―二七〇)は、「宗教的ではないとかんがえられている現象や組織に宗教がどうかかわるかという視点」から、その問いに迫ろうとする。具体的には、第一に、阪神大震災を例にとって、宗教集団が「天災」にどう対応したかを分析し、第二に、会社という絆すなわち「社縁」が、血縁や地縁とは別に、宗教集団とどう関わってきたかを検討する。しかし結果的には、宗教集団固有の絆の形成を一般化することは困難であり、従来形成されてきたものも、時代の波の中で変化にさらされていることが明らかにされる。要するに、現代社会の文脈の中で、具体的に宗教論を定位しようとするかぎり、いかなる場合でも、宗教的なものの拡散状況や宗教集団がボーダーレスになっていく傾向を度外視して、宗教問題を純粋に論ずるというわけにはもはやいかないのである。

三　歴史と現代における宗教

近代の宗教学は、初めから宗教史学との密接な連携のうちに展開されていった。宗教史的事実を探求する努力の蓄積なくして、宗教学の理論化は不可能であるという認識は、自明のこととして共有されていた。他方宗教史学は、歴史学の分野で自らに固有の立場を築くためには、宗教史学なりの宗教観や理念を必要とするようになる。かくして両者は微妙に交錯しながら、学説史を織りなしていくことになる。今日の宗教学が、宗教概念の再検討の中で、分野としての自立性を問われ始めたとすれば、ここであらためて宗教史学へ目を向けることは、必須の課題となるであろう。今後の歩みは、現代の拡張された宗教論を宗教史的知識と照らし合わせながら、本来の道筋を見出していくことでなければならない。「見えない宗教」が依然として「宗教」であるならば、宗教史に包括される「見える宗教」との間に何らかの接点が存在するはずだからである。その課題は、狭義の宗教史学を見なおすことにつながるだけではなく長年積み重ねられてきた個別宗教集団の研究（神道学・仏教学・キリスト教学・イスラーム学等々）から宗教学へ向かってどのような橋渡しができるかを明らかにすることでもある。個別宗教集団の研究は、その歴史の研究をも含めて、今なお伝統の蓄積のうえに安らっているように見えるが、学問全体における脱領域化の波は、やがてここにも押し寄せてくるはずである。特定の教団の立場の弁証すなわち神学をも包みこみながら、各々の個別宗教集団に関する研究を宗教学・宗教史学の中へ統合することは、案外今後の社会的要請にも合致するかもしれない。

個別宗教集団に身を寄せた研究で、本講座に含まれたもののうちでは、日本で比較的歴史の浅いイスラーム研究が、宗教学・宗教史学への突破口を最も自覚的に模索しているように見える。なかんずく東長靖「宗教の中の歴史と歴史の中の宗教」（3・二九―五四）は、スーフィズムと歴史というイスラーム研究の中でも限定されたテーマを扱いながら、広く方法的目配りをしたすぐれた論稿である。東長によれば、そもそも「イスラームでは、歴史を語るということは、世界観を語るということ」であった。ここでは、スーフィズムの中の歴史と歴史の中のスーフィズムを検討することを通して、「私たちが議論の前提としている通説的な像自体が、ある特定の地域を元として作られてきたという経緯」が明らかにされる。「歴史の中で消長し、観察される宗教は、同時に自ら歴史を語り、紡ぎだす主体でもある。そのいずれか一方でのみあることはありえず、常に両義的な性格を持っていると考える必要がある。この両者をともに視野に入れながら考察するためには、思想研究と歴史研究(さらに関連諸分野)との学際的研究が、有効な一つの手段となるだろう」というのが東長の一貫した主張であるが、これは、イスラーム研究だけでなく、他の個別宗教集団の研究にも当然当てはまるはずである。ここには、キリスト教研究の場合のように、特定の出来事の史実性にこだわるという発想は見られない。ひたすら史実性にこだわることも、ひとつの世界観にすぎないということであろう。

また池内恵「イスラーム的宗教政治の構造」(8・一〇七—一四〇)は、イスラーム史をふまえながら、そこに現れた政治思想を類型化しようとする。すなわちそこには、「イデオロギー型」と「ユートピア型」の政治思想があるが、池内によれば、これらのうちどちらが本来のイスラームに適っているかを論じることにさほどの意味はない——「結局のところどちらの政治思想をより多くの信仰者が支持するか、という問題に帰結してしまうからである」。さらに、イスラーム政治思想史には、例外的ながら、これらのいずれにも属さず、「双方の拠って立つ前提を批判的に対象化する思想」も存在していると言い、それを「脱イデオロギー型」と名付ける。池内自身はこの第三の型に期待を寄せているようである。この論文は、前の東長論文とともに、日本の若手のイスラーム研究者がムスリム的立場に対して、完全に離れてしまうのではなくやや距離をとり、「本物のイスラームとは何か」という性急な問いから自由な立場で、この伝統的宗教集団を見ようとしていることを示している。これは、伝統的宗教集団の内側の立場に固執する研究者にはなかなか見られない冷静な姿勢であり、宗教史研究のモデルとすべきであろう。

歴史はいつも、現代における問題関心に基づいて問いなおされる。現代の日本社会で、宗教をめぐる論議を活性化させたのは、オウム真理教とイスラームであった。例えば、暴力を中心テーマとして既成宗教集団の歴史をあらためて顧みるというような斬新な試みは、ここから生じてきた。これは特殊な事件に起因しており、いかにも偶然的な問題設定のようにも見えるが、宗教史に目を向けると、これが実はかなり普遍性をもっていることがわかる。現代状況からさかのぼって宗教史を理解するというアプローチの重要性を、これらの事件はもう一度思い起こさせてくれたとも言えよう。明確な「見える宗教」集団によって惹き起こされた出来事であるがゆえに、これらは何よりもまず宗教問題として扱われざるをえなかったが、同時に、その広範な反響は、宗教的なものの裾野の広がりを人々に認識させるに至った。この認識は、宗教学における宗教概念再検討の動きとも重なり合ってくる。ともかく、具体的・現実的問題との真摯な取組みを通してこそ、新しい宗教論が深みと柔軟性を獲得するに至ることは、確かであるように思われる。

現代欧米社会で典型的に見られるような宗教集団の変容に焦点を合わせて構築されてきた宗教論に、再考もしくは修正をうながすものとして注目されてきた社会運動がいくつか存在するが、近藤光博「宗教とナショナリズム――現代インドのヒンドゥー・ナショナリズムの事例から」(9・二三―四九)は、そのような事例のひとつを示しつつ、現代世界全体を考察の対象とした試論を提出する。ここでとりあげられるのは、一九八〇年代以降インドで台頭したヒンドゥー・ナショナリズムである。近藤によれば、これは西洋近代的な世俗主義プロジェクトに対する明瞭な挑戦である――「ヒンドゥー・ナショナリストにとって宗教は文化と分節されない。文化的たらんとする者は宗教をないがしろにできない。(中略)宗教＝文化はネイション(国民／民族)に本質的な事柄であって、私事でありようもない」。「こうした傾向は、個人主義と合理主義に立脚した近代政治思想、社会思想に対する挑戦である」が、西洋近代文明を全面的に否定するわけではなく、その諸要素を選択的に受容しようとする。しかしそこには確かに、破壊的な傾向すなわち「暴力性」が含まれている。宗教とナショナリズムの結合は必然的ではないが、ヒンドゥーの場合、「すでに十分に涵養されていたものが、その担い手の変化により一気に可視化した現象である」と言われる。これがさし示すのは「「世界秩序」の揺らぎ」ではないかというのが近藤の問題提起である。

欧米モデルに依拠する宗教論に対して異を唱えるための事例は、欧米社会に近いと目されている日本においても見出される。櫻井義秀「世俗化の限界、政教分離への異論――カルト問題における公共性の課題」(9・七五―一〇三)は、統一教会とオウム真理教(アーレフ)を例にとりながらこの問題を論ずる。社会主義や開発主義などの強力なイデオロギーが失われたところでは、エスニックな集団・宗教集団が政治に影響力をもつようになり、いわゆる世俗化論は掘り崩されていく。その結果現れる動向として、ファンダメンタリズムと並んでカルト運動(および反カルト運動)があり、櫻井はこれをとりあげる。ここではカルトとは、「特定教団の布教活動や資金調達活動に対して、教団を批判する元信者や家族、彼等の「被害」救済を目的にこの問題に介入する専門家が、問題の所在を示す標識として当該教団に与えた呼称」である。このように規定されたカルト問題の諸相は、事例の検討によって具体的に明らかにされる。それによって得られた結論「宗教集団と一般市民、地域社会が共生する条件は、差異の洗い出しと歩み寄れる点を論議し、交渉の結果得た妥協点を遵守することである。抽象的な人権論や原則論をふりかざしても解決への道は開けない」は、きわめて実用主義的であり、そのかぎりにおいては、疑問の余地はない。しかし、この「差異」を現代社会全体の構図の中でどう意味づけるかを考えることこそ、本来の宗教論が向かうべきところであろう。それは、換言すれば、現代社会においても依然として消滅しない宗教的なものの根拠を積極的に把握することである。

おわりに

『岩波講座宗教』全一〇巻を通読し、所載の論文をひとつひとつ検討していく中で、多くのことを学び、また、さまざまな刺激を与えられた。本章では、全体を通じての論点を手短かに集約することが目的であったために、一部の論文しかとりあげられなかったが、これ以外にも、言及すべき論文が少なくないことは言うまでもない。そこで最後に、もう一度全体をふりかえり、今日宗教研究が直面している根本的課題は何かということについて考えてみたい。もはや個々の論稿の内容にはふれないが、各所で示唆された重要な着想は、総合的観点に基づいて考慮に入れたつもりである。

まず、表題に掲げたように、現代の宗教論が曲り角にさしかかっているというのであれば、それはどのような変化をさしているのかを明らかにしておかなければならない。近代宗教学・宗教史学が啓蒙主義を背景として成立したことは周知の事実である。すでに述べたように、それは、ヨーロッパにおける伝統的信仰すなわちキリスト教を、人間理性の立場から見なおすことから出発したが、やがて、ヨーロッパ以外の地域に生きている人間の類似した営みが研究の射程内に入り始めるにつれて、宗教概念が自覚的に用いられるようになり、概念の自己反省は宗教哲学というジャンルをも生みだした。しかし、最初はキリスト教をモデルとして、そのイメージを広げる形で展開されてきた近代宗教学・宗教史学であったが、キリスト教以外の宗教的伝統に関する知見が増大するに伴い、全体の構図における定点の位置が次第に移動するに至る。既存の宗教集団に対して用いられた宗教概念は次第に拡張され、「宗教的なもの」の把握は、現在では、もはや直観や感覚にゆだねられているようにすら見える。近代における基本的尺度であった理性は、今や感性に道を譲りつつあるのかもしれない。そうであるとすれば、宗教的伝統とのからみにおいて、これら両者の関係を、交替・相補的統合・否定媒介等々さまざまな表現のはざまから探りだすのが、現代の宗教論の理論的課題となるのではないかと思われる。

現代的状況分析の中で概念が無原則に拡散することを避けるためには、使用する概念をめぐる思想史的考察と宗教史的諸事実の反復的再確認の作業を欠くことはできない。そのさいに留意しなければならないのは宗教史の見方である。およそ歴史から歴史観をとり去ることはできないとすれば、少なくともそのことを自覚している必要があるであろう。宗教史的探求と記述のうちに無意識に忍びこむ典型的歴史観は、一種の根源主義である。つまり、その宗教集団における真実なものは、歴史をさかのぼった根源にあるとする見方である。個別宗教集団の歴史を教団内部から描くときには、しばしばこれが種々の形をとって現れる。キリスト教におけるイエス研究は、その発想の展開過程を典型的に示している。ある時点でその根源が再発見され、新たに展開されるということになれば、根源主義が進歩主義に切り替わることもありうる。文献学的方法は、これを達成するための有力な手段となる。ときには、個別宗教集団の歴史を越えて、宗教史全体にこれが適用されることもある。これらの根源主義は、宗教史の秘められた神学として自覚されるべきであろう。

宗教論の拡散に歯止めをかけるような宗教史研究は、根源主義とは逆のベクトルをもち、特定宗教集団の現代的展開過程で生じてきた具体的諸問題に焦点を合わせていく形で構想されることになるであろう。それは、過去の宗教的伝統との連続性を絶えず念頭におきながらも、そこにとどまらないグローバルな現実の広がりへと関心を向けることになるので、必ずしも歴史記述の形式をとるとはかぎらない。このさいに注意しなければならないことは、そもそも宗教史的事実の認識にあたっては、宗教的なものは非宗教的なものを媒介としてとらえられているということである。宗教史の資料となるものは、教典にせよ遺物にせよ、純粋に宗教的ということはありえない。したがって、教義・教理の歴史はそのまま宗教史とはならない。それは、一般思想史と照合されたうえで、はじめて宗教史の中へとり入れられることになるであろう。歴史の中から抽象化された教義・教理を相互に突き合わせて、「宗教間対話」と称しても、宗教論における実践的試みとはなりにくい。宗教論は本質的に実践を内に含むが、そこには、教義・教理のみではなく、日常生活における儀礼的なものが関わってくるからである。いわゆる「宗教間対話」を問題にするのであれば、そのような地平での折衝を考えなければならない。

現代の宗教論は、非宗教的と見なされてきた文化の諸領域の中にも自らとの接点を見出すことによって、宗教概念のうちにひそむある種の主観性を超克し、イメージの再建を図ろうとしているため、その試みはすぐれて野心的で、脱領域的性格を帯びる。「宗教論」を「宗教文化論」とおき換えて考えようとする発想はここから出てくる。人間の生をめぐるきわめてささいな出来事も、しばしば宗教論と無縁ではありえず、それが時代の根本的問題につながってくる可能性もある。「神は細部に宿り給う」という隠喩的標語は、今日の宗教論を考えるにあたっては、絶えず念頭においておく必要がある。そうであるとすれば、本講座からもれた問題が少なからず存在すると思われるし、その中にはすでに別なところで指摘されているものもある。宗教研究者は中立的傍観者になってはならないという批判はもっともであるので、各人は自らの立脚点をはっきりと自覚し、そこにおける当事者性に基づいて、社会的責任を引き受けるべきであろう。その当事者性は、特定教団に所属するかどうかといったレベルでとらえられてはならず、各々の境界のはざまに立つような当事者性も当然想定されて然るべきであろう。広義の宗教論すなわち宗教文化論に包摂される狭義の宗教学が、そのような場所から自覚的に再構築されていくのかもしれない。

【個人史的追記】

ものとこころ――「精神」へのこだわりを越えて

「ものとこころ」というテーマ設定の仕方は、かつて二十世紀前半に、思想を語る人々の間で用いられた「唯物論と唯心論」の対比を思い起こさせるかもしれない。筆者の個人史と関わらせて論じようとする本章においても、確かにこのような対比の仕方は無関係ではない。ただし、かつて常識であるかのように用いられた二項対立図式を繰り返し確認することが本章の目的ではなく、むしろ、「ものとこころ」というようにひらがなで表現したことに、ここで語ろうとすることの意味が込められている。二十世紀半ばにはまだ、大仕掛けの理論を用いて世界を解釈しつくすことができると信じられていた。ドイツ観念論の流れを受けて構築されたヘーゲルの壮大な思想体系、さらにそれを批判する形で現れた弁証法的唯物論すなわちマルクス主義が、当時の話題の中心であった。後になって政治的スキャンダルにまみれたスターリンの著作が、大学の哲学の教科書としてとりあげられるというような珍現象も起こった。マルクス主義に対抗して提唱された諸説の中から、実存主義と呼ばれるようになった流れが現れたが、これはやや大まかな命名であり、実際にはここには多様な要素が含まれていた。個別的人間の「実存」に注目するという共通性から、実存主義という名称が由来するわけであるが、これは必ずしも、「大きな理論」の崩壊後に見られる二十世紀後半以降の動向に直結するわけでもない。物質と精神という二分法を用いて世界や人間を解釈しようとする動機は、実はマルクス主義にも実存主義にも見られた。マルクス主義では、下部構造(物質)と上部構造(精神)の対比が前提とされ、下部構造による上部構造の制約が説かれた。かつてヘーゲルは、「精神」(Geist)の自己展開を想定し、それが「絶対精神」に至ると考えていたので、マルクスの上部構造・下部構造理論は、「逆立ちしたヘーゲル主義」とも呼ばれた。しかし、マルクス主義に対抗し、他方、ドイツ観念論を意識しつつもこれを批判した実存主義にも、物質と精神という二分法の痕跡は残っている。実存主義の中でもサルトルは、マルクス主義への通路を模索していた。要するに、これら大きな理論は所詮観念的だったのであり、これらによって世界や人間の問題を解こうとした時代は、二項対立という観念的呪縛にとらわれていた時代と言うことができよう。二十世紀後半以降の世界の思想的課題は、意識するとせざるとにかかわらず、そこからの自由を目指して出発せざるをえなかったと思われる。

一九六〇年代は、観念的二項対立の国際政治版とも言うべき東西対立が激化した時代であり、さまざまな形の社会運動が連動して盛り上がった。六〇年代の終りには、それらの多くは衰退していくが、その後の歴史を通してふりかえってみれば、ここには世界的規模での価値観の変化の分水嶺があったと考えられる。日本社会では、六〇年安保・七〇年安保・万博をめぐる反対運動の時代であり、大学は紛争の季節を迎え、宗教集団なども、背景や規模の相違はあるものの、各種の紛争の火種を抱えていた。結局あいまいな形で終息せざるをえなかったこれらの運動の底流にあったのは、イデオロギーで現実を変えうるというひそかな期待であったように見える。マルクス主義も下部構造にこだわるように見えながら、実は全体がイデオロギー的であり、本来の「物」にはふれていなかったのではないかと思われる。マルクス主義の魅力はむしろそこにあり、それによって多くの人々の心をとらえていったように見える。その後いわゆる「イデオロギーの終焉」の時代を迎え、この状況は変わっていかざるをえなかったが、そのさいに後遺症として現れてきたひとつの傾向は、それまでのマルクス主義を否定することなく棚上げし、それから距離をとりつつ、イデオロギーならざる「物」に端的にこだわる手法である。こまごました資料の扱い方に価値を見出そうとする歴史学的方法が、その典型を示していた。この種の歴史的実証主義は、通常の歴史学を越えて、さまざまな領域に影響を及ぼした。そこで終るかぎり、それは確かに「唯物論」ではなかったが、実際には「唯物(ただもの)」の羅列にすぎなかった。そこでその手法をどのように変化させていくかが、それに続く時代の課題となる。筆者はこの時期に、自らの将来の進路を選ばざるをえなかった。

初め農学部に籍をおいた筆者は、やがて文学部への転部を志すに至る。物質と精神の二分法を引きずっていた当時の社会的風潮の中で、物質を扱う世界から精神を扱う世界へ移ろうとしたということもあるが、単なる精神を扱う世界ではなく、その精神の根底にあると考えられる「信」、すなわち、客観化されない主体的価値観へのこだわりの可能性を突き詰めてみようとしたのである。そのために「宗教学」というすこぶるあいまいな分野を選び、研究の道にふみきることにした。農学部へ進んだときには、研究を目指すのではなく、当初はかなり具体的な実践の道を思い描いていた。しかしそこで出会った農学は、研究的色彩の濃いものであり、実学を「研究」するという矛盾を抱えこむに至ったのである。これもまた、文学部へ転部する動機となった。こうした背景から して、筆者の宗教学研究の出発点は、当然のことのように、自らも特定の宗教団体の当事者の立場に身をおくところから出発することになった。そのさいに筆者が選んだ立場は、具体的にはプロテスタント・キリスト教であり、種々の偶然的きっかけもあって、大学のキリスト教青年会の寮に入り、やがて日本の学生キリスト教運動の歴史的流れにかなり深く関与していくことになる。

こうした進路の選択に伴って、数々のディレンマに突きあたるが、後からふりかえると、その根底には共通の問題がひそんでいたように思われる。宗教学をめぐる筆者の学びはキリスト教研究から始まったが、その中でも特に新約聖書研究をさしあたりの出発点と定めた。当時聖書研究、なかんずく新約聖書研究は、欧米を中心として新しい方法(歴史的・批判的方法)が導入されたことにより、未曽有の活性化の時代を迎えつつあった。日本でも、いち早く欧米に留学して、そのような風潮を身に付けた英才たちが、それぞれの業績を引っ提げて、「新約聖書学者」としての華々しい活躍を始めようとしていた。日本の文系の学問は元来欧米の翻訳文化という色彩をもっており、それを受容する知識階級にも同じ傾向が見られたので、新約聖書学は花形の学問のひとつになっていった。それとともに、学問の流行に敏感な出版業者も、商売になるネタとしてこれに目を付けた。この流れにそって身を処していくのも、確かにひとつの可能性ではあったが、結局、最初からひそかに抱いていた漠然とした疑問が、いつのまにかそちらに集中しようとする足を引っ張ることになる。新約聖書学の新しい方法は、様式史・編集史などと呼ばれる歴史的・批判的手法を用いて、新約聖書のテクストの伝承過程を詳細に分析し、最後にばらばらな断片の中から、わずかな仮説的推測を導きだすことである。それは、欧米的なかんずくドイツ的な感覚に基づくマニアックな作業であった。確かにそこからは、新たな見方が提示されたし、作業全体の雰囲気は「アカデミック」と言えるかもしれない。しかしこうした動向を無意識のうちに支えていたのは、イデオロギーの終焉(キリスト教の場合には教義の相対化)を予感して、その危機を避けて迂回するために、さしあたり「物」にこだわろうとする前述の傾向、すなわち、マルクス主義の後遺症とどこかで重なり合う時代風潮ではなかったであろうか。筆者が、新たな方法に基づく聖書の研究を宗教集団における教典理解の変容形態のひとつとしてとらえなおし、それを宗教学的「教典論」につなげようとするのは、もうしばらく先のことになる。

一九六〇年代の日本社会は学園闘争(大学紛争)の時代であった。これが大学だけの問題ではなく、宗教集団などにも同様な動きがあったことは前述のとおりである。特に日本のキリスト教界では、大阪万博キリスト教館に対する反対運動が日本基督教団内の闘争に発展し、日本社会では小さな集団にすぎないキリスト教の世界を大いに揺さぶることになった。その背景には、この種の運動が日本だけのものではなく、欧米特にヨーロッパのいくつかの国でも起こったという事情があった。若者を中心とするそれらの運動は、それぞれ性格を異にしていたが、多くの共通性ももっており、欧米の事情に敏感な日本のキリスト教に、それとなく刺激を与えていたと思われる。

キリスト教以外の日本の宗教集団では、さほど目立った持続的動きは見られなかったが、やがてこの種の運動の影響が、日本のみならず欧米においても、社会と文化に次第に浸透していくに至り、キリスト教以外の宗教集団も、その結果としての価値観の転換を無意識のうちに受けいれざるをえないことになった。筆者が個人的に関わった学生キリスト教運動は、学生という身分に限定された少数集団ではあるが、一九六〇年代のこのような価値転換を世界的規模で先鋭に、それなるがゆえにやや浅薄に体現するものであった。しかしながらそこには、思想的な問題点が素朴な形で浮かび上がっていたと言うこともできよう。それは、日本の学生キリスト教運動の当時の指導者によって、「信仰的契機と現実的契機の媒介統一」という形で表現されていた。この表現は、物質と精神を対置し、両者のかかわりを云々する近代的発想のヴァリエーションと見ることができるであろう。いわゆる弁証法の通俗版である。そのため学生キリスト教運動の自己理解も、ほどなく空回りをし始め、一九六〇年代末には、統一組織は崩壊し、新しい模索の時代に入ることになる。

まもなく冷戦の終結、ベルリンの壁崩壊等々が次第に現実となり、イデオロギーの終焉が実感をもって語られ始めた。その場合のイデオロギーとは、物質的なものに対置された精神的なものではなく、このような二分法による対置の図式自体がイデオロギーなのである。イデオロギー批判のひとつのきっかけを作ったのは、一九六〇年代の新左翼運動であったと言えよう。そうであったとすれば、これは単なる政治運動ではなく、いわば実存的問いかけでもあった。しかしそれなるがゆえに、ここでは運動自体が挫折し、その波のあおりは一九七〇年代を通してそれ以降の時代にも及ぶ。現実の問題は観念では解決できない。ということは、キリスト教の場合に即して表現すれば、理念的に理解された信仰から具体的問題の解決方法を直接導きだすことはできないということである。歴史的・批判的方法に基づく旧・新約聖書研究は、今までの議論に照らし合わせて見れば、要するに、伝承を媒介として物の世界を復興することだったのではないだろうか。これは一種の史実主義の立場をとり、教義的な信仰対象から自由に、キリスト教の原点と考えられる史的イエスの原像を再構成しようとした。ところがその原像のイメージは、信憑性のある史料の限界もあって、研究者の主観的思い入れの産物とならざるをえなかった。したがってここでは、物の世界の復興は完成されなかったのである。こうした成行きはすでに、A・シュヴァイツァーの『イエス伝研究史』(一九一九年)が、十九世紀の数多くのイエス伝について指摘したことである。二十世紀の福音書研究は、かなりソフィスティケイトされてはいるが、歴史的・批判的方法を用いて、シュヴァイツァーの結論を再生産したにすぎなかった。そこで「発見」されたイエスの原像は、やや恣意的な形をとった人生のモデルであり、それに共感し、それにならおうとする態度は、「正統主義的」な立場からは、「イエス主義」として批判された。

その中にあって異彩を放ったのは、田川建三『イエスという男——逆説的反抗者の生と死』(一九八〇年)であった。彼による歴史的・批判的方法の用い方は、一貫して「歴史」へのこだわりを示してはいるが、史実の断片の中をうろうろすることではなく、その中からすこぶる大胆に明確なメッセージを紡ぎだすことであった。そこでは、著者独特の趣向と信念が隠しようもなく明らかであり、一貫しているので、かえって伝統的キリスト教を突き放す魅力があふれていた。田川は歴史と考えているが、これはやはり一種の文学作品であろう。この叙述には、最後まで資料批判的に分析されきることのない、つまり、単純な二分法図式に解消されない表現の幅がある。二分されてきた二つの項は、著者においては、ひそかにどこかで有機的につなげられている。そのために結果的にはかえって、観念的矮小化を免れ、また、単なる史実主義をも免れている。この手法は、相変わらず目に見える「物」の世界(この場合、文字に表された伝承)への驚くべきこだわりを示してはいるが、その結果は「唯物(ただもの)」ではなくなりつつある。

一九六〇年代以降今日まで約半世紀にわたる人々の発想法の展開は、分野によって多少ニュアンスの相違があるとしても、おしなべて二分法に基づく発想に対する疑問が増大してきたことを示唆しているように見える。具体的な社会状況の推移もまた、それに歩調を合わせているかのようである。物質と精神の対置から始まった近代の二元論は、人間と世界を解釈するための基本的図式のように見えたが、実は二元論を用いた一種の価値論であり、結局は精神一元論になることが次第に明らかになっていく。この意識の変化はヨーロッパ思想史に表出された問題であるが、そのことを念頭において日本の近代をふりかえってみると、そこにもまた、同じような道筋が見えてくる。例えば明治期に真宗大谷派の革新運動を繰り広げ、大きな影響を与えた清沢満之は、「精神主義」を唱え、自ら発行した雑誌を『精神主義』と名付けた。彼によれば、「唯心一元論は唯物一元論と、物心二元論は絶対迷妄論と両立する能はざるも、精神主義は毫も此等諸論と抵觸することなきなり」（一九〇一（明治三四）年一〇月『精神界』）と言われる。つまり、自らの精神主義は、唯心論でも二元論でもないと主張しているのである。そうであるならば、「精神主義」は冷静な分析手法ではなく、つまるところ「主義」としての開きなおりになるのではないだろうか。近代日本で精神の優位を説く議論が展開する基を作ったのは、このような主張であろう。ここにもまた、欧米思想の影響が無意識のうちに近代日本文化に反映されていくひとつの例を見ることができる。その傾向は今日に至るまで、「開拓者精神」・「建学の精神」等々「精神」を強調するという形で残存している。

ただし「精神」という言葉に即して見るならば、この日本語が使われ始めたのは必ずしも新しい時代ではない。『日本国語大辞典』第二版（二〇〇一年）によれば、「精神」という言葉は、すでに八世紀の万葉の時代に用例が現れ、その後ずっと使われ続けている。その意味は、「肉体に対し、形而上的な働きをする実体としての心」と説明されているが、元来日本にさほど明確な二元論的発想が存在したかどうかはいささか疑わしい。しかし端的に「心」を表した「精神」が、時を経るにしたがって、物質を超えた価値と結びついてきたことは明らかであろう。そうなると、二元論を語っているように見えても、実は初めから「精神」に重点が移されており、全体はいつのまにか「精神」一元論に変わっていくのである。それにしたがって、「精神主義」や「精神論」という表現が目立つようになる。「精神」に「主義」や「論」が付くことによって、物質的なものよりも精神的なものに重きをおく考えが露骨に表に出ることになり、精神的なものこそ根源的な支配原理であると見なされるようになる。しかしながら他方、この傾向が進んでいくうちに、逆に、精神を強調しすぎて現実離れする考え方を揶揄して、「精神主義」や「精神論」と呼ぶ批判的な用法も現れてくるのである。いずれにしても日本社会では、ヨーロッパの新カント学派の影響を受けた大正時代の教養主義・人格主義が「精神主義」・「精神論」と呼応し、その残滓が現在なお尾を引いているのである。こうした風潮の中では、本来の唯物論はなかなか存続し難いであろう。

今日日本社会の現状を評して、「リアリティーに飢える時代」・「空気が薄い時代」・「バーチャルな時代」などと名付ける論者もいる(見田宗介)。これが当たっているとすれば、前時代の精神主義・理想主義がこれと無関係ではないであろう。その場合、今日生じつつある社会的諸問題の解決の道を何らかの「精神論」に求めるのは、まさに本末転倒であり、意味をもたないことになる。「リアリティーに飢える時代」におけるリアリティーの実感は、むしろ端的に「物」によらなければならない。物質と精神を対置するところから発想するのではなく、「物」によって媒介される「心」を考え、そこから出発しなおすことはできないであろうか。人間は本来、文化によって形は異なるが、実はおしなべて、そのような方向で生きてきたのではないかと思われる。複数の観念を前提として、それらの折衡の中で現実を考えるのは、それ自体観念的操作にすぎず、生の現実には合わない。アメリカ合衆国の大統領はその就任式に臨むとき、リンカーンの聖書に手をおいて宣誓を行う。この場合聖書の内容は、大統領自身および国民のもつ多様な信念の内容と必ずしも結びついているわけではなく、式典としての宣誓にあたって用いられる一種の道具としての役割を果たしている。このように、聖書もそのひとつである教典は、教義に発展するような思想的内実を記述として含んでいるだけではなく、宗教生活の重要な要素である儀礼にさいして、道具として扱われる一面をも兼ね備えている。クルアーン（コーラン）の朗唱、仏典の読経・写経などの行為は、教典のそのような機能を、声や手作業を媒介として表現する手段である。宗教学では、教典を教義的・思想的に考察するだけではなく、儀礼的な面からも見ていかなければならない。その点に気づいたとき、筆者は伝統的な「聖書学」の呪縛から解放され、もう一度自由に教典としての聖書を考えなおすきっかけを見出すことができた。

歴史的・批判的方法に基づく旧・新約聖書研究は、伝承の諸段階で異なった伝承断片が、様式史や編集史の形に沿って立ち現れてくる有様を明らかにした。これは実際には、口頭伝承や文書伝承を一旦「物」としての伝承断片に還元し、そこからさまざまな動機による再構成が起こったと想定していくことであろう。しかしこのことは、研究者の間ではあまり意識されず、相変わらず伝承のうちに最初から、整合的な教義・思想・倫理などが染みついていたかのように考えられてきた。その保証はときに「イエスの原像」に求められたが、これもまた史実とは言えず、仮説的性格を脱しえないことは、繰り返し述べてきたところである。ところがやがていつのまにか、本質論的思考が一般に後退する中で、「キリスト教の本質」や「聖書の精神」などを語る時代は過ぎ去っていった。そうなると、「イエスの原像」を求める議論もそれに従わざるをえなくなる。この推移を見るかぎり、歴史的・批判的方法も結局、一時期のキリスト教神学の手段にとどまっていたことになる。しかしキリスト教神学が歴史的・批判的方法を仮説と結びつけ、それによって自らを構成しなおそうとするにつれて、手段そのものがそれなりの影響力を発揮し始める。すなわち、聖書研究にこの方法をとりいれることによって、「聖書の思想」は統一的な体系としてはとらえられず、思想・神学に焦点を合わせるのであれば、多様な神学思想の集合体こそが「聖書」と呼ばれるものであることが自ずから明らかになってきたのである。聖書からまとまった精神を読みとることも、理想的人間像としてのイエスを見出すことも、ともに期待できないとすれば、ばらばらに「物」として受け継がれてきた伝承断片の堆積が、うねりながらさし示す漠然とした方向性を感じとり、現実の諸問題を媒介として、それを受けとりなおすことができるだけである。その方向性は人間のある種の現実を反映するが、独自な思想的統一体としてのキリスト教なるものに集約されるわけではない。むしろそこでさし示された方向は拡散しながら、これまで総称的に「宗教」と呼ばれてきた人間の多様な営みと重なり合うのではないかと思われる。

こうした考察から明らかになってくることは、キリスト教と呼ばれてきた一連の宗教現象は、具体的な伝承断片(「物」)が歴史的受容過程を通してさまざまに変化する中から立ち現れてくる心情的志向(「心」)として見なおされる必要があるということである。これは、聖書を単に神学思想を表現した文書としてとらえるのではなく、儀礼や実践と結びつけてとらえなおすことに通ずる。キリスト教という宗教において、聖書は「教典」として、他の宗教集団における教典と共通した機能を果たしている。それは「物」としての伝承断片の集積であるが、まとまった文書としての教典全体も、それ自体また「物」としての性格をもつ。しかしこの「物」は、形成過程において、さまざまな「心」を通して織り合わされている。そのため教典は、それを受容し用いる宗教集団の中で、さらに多様な「心」と共鳴し、新たな解釈の歴史を刻んでいくのである。そこへ目を向けるのが宗教学的教典論であり、この開かれた地平をふまえておかないと、聖書解釈はかぎりなく自らの世界に凝縮し、広い世界での説得力を失っていくであろう。歴史的・批判的方法を用いて旧・新約聖書を見なおすにあたって、田川建三は「キリスト教批判から宗教批判へ」という目標を掲げていた。この言い方はある意味では適切なのであるが、そのさいの「批判」という言葉の意味についてはよく考えてみなければならない。これは、キリスト教や宗教という概念の観念性を批判し、伝承という「物」を媒介として、出来事をありのままに浮かび上がらせることを目指すのであるが、「物」としての伝承は、実はその都度「心」と切り離すことができないのである。したがって、キリスト教や諸宗教の現実態を批判的に見つめなおしながらも、結局人間の営みとしては、混沌とした全体をまるごと肯定せざるをえないことになる。「物」と「心」が織り成すこのような営みは、人間存在の全容と関わっており、宗教集団は教典や儀礼を通して、その実態をあらわにする。教典論は、キリスト教から見れば、聖書学を包括しつつもそれを越えるものであり、いわば「メタ聖書学」であろう。しかし、欧米文化に根差した伝統的聖書学からは、こうした発想法が芽生えることは難しく、さしあたりは、ここに宗教文化の現れ方のすれ違いを認めざるをえないのである。とはいえ、欧米文化に追従する日本のキリスト教は、いずれこの種の問題と本気になって向き合わなくてはならない時を迎えるのではないかと思われる。

日本の地域文化が近代の翻訳文化と出会う中で、「宗教」という概念が形成され定着していったが、これはすぐれて文化的概念であり、「精神」や「心」などのイメージに対して親和力をもっていた。物質と精神をめぐる欧米の伝統的思考法がこれと重ね合わせられることによって、その傾向はやや単純化され、近代日本文化に一種の精神主義を導入することになった。その風潮に乗り、政治問題・経済問題・教育問題・環境問題等々とも関連して、「精神」的なものが強調される機会は少なくなかった。しかし宗教は精神と同一視されるべきではなく、元来「物」と切り離された概念ではなかった。宗教は現実には、「宗教文化」としてはじめて顕在化するのである。一九六〇年代に世界的規模で出現した文化的変動は、結局、観念の空回りの形で「挫折」を迎えたとされている。しかしそれは「挫折」というよりもむしろ、観念的に舞い上がる一歩手前のところでふみとどまり、文化を「物」の次元にすえて、そこに立ち尽すことの重要性をあらためて思い起こさせたのではなかったかと思われる。その状況は、それ以降今日に至るまで、平板な時代の流れの中に潜在的に継続してきたように見える。一九七〇年代以降宗教が、しばしば時代を読み解くキーワードとして注目されてきた背景には、こうした社会動向があったのである。別な言い方をすれば、現代においては、自然と文化の関係をめぐる古典的葛藤が、今までになく先鋭化された形で浮かび上がってきた。イーグルトンは、この葛藤を次のように表現する。

「もし文化主義者が主張するように、わたしたちが実際のところ、文化的存在だけであるなら、あるいは自然主義者が力説するように、わたしたちは自然的存在にすぎないのなら、わたしたちの生活はずっとストレスのすくないものとなっているだろう。事実はどうか。わたしたちは自然と文化のはざまに生きている――精神分析的には、このはざまは、きわめて興味深いものだが――それが問題なのである。文化は、わたしたちの自然(本性)ではない。文化は、わたしたちの自然(本性)の一部であって、それがわたしたちの生き方をむつかしくしている。文化はたんに自然にとってかわっているのではない。そうではなくて、文化は自然を補足する。つまり必要なものであると同時に余剰なものとして[1]」。

イーグルトンによれば、人間は単なる文化的存在ではなく、また単なる自然的存在でもない。しかしまぎれもなく文化的存在であり、自然的存在でもある。まさに人間は、「自然と文化のはざまに生きている」のである。欧米の思想史は、古来物質(肉体)と精神(霊魂)、自然と文化、理性と感情等々、二項対立的図式の変化形を用いて、人間や世界の問題を考えてきた。それらが織り成す微妙な連関の中で、認識論・存在論・実践論の諸形態が生みだされた。しかし事柄の論理的探究はさておき、思想が歴史的現実と接触する場面では、これらの図式は意外に単純な現れ方をする。宗教集団はそれを種々の神話の形で思い描きつつ教義を編みだし、儀礼として実践していった。その営みは、非当事者から見るかぎり、端的に言って「物」と「心」のせめぎ合いであったが、宗教的生の当事者である人間の側からの表現としては、あくまで「物」に対する「心」の優位を確保しようとする試みであった。一神教は、その試みのいわば極北であったが、多神教も実は、「物」の世界を活性化するように見えて、すべてを「心」に還元する「心」の世界への一元化論にほかならなかった。「一切衆生悉有仏性」という涅槃経の言葉は、「物」が「物」のままで「心」をもつかのように一部では理解されていったが、やはり「心」がすべてであるという意味であろう。しかし人間の側のこうした観念的試みの反復は、人間は「心」の自立を目指してどのようにもがいてみても、所詮最終的には敗北し、死を契機にして「物」に還元されるという事実の裏返しではないであろうか。「物」と「心」との緊張関係は束の間の生のありようであり、イーグルトンの発言はそのことを示唆しているように思われる。現代の状況は、さまざまな機会を通して、自然を前にした人間の敗北を自覚させるのである。

唯物論と唯心論などといういかめしい術語は捨て去り、物質と精神という伝統的術語もさしあたり括弧に入れ、「もの」と「こころ」というやさしい表現にまで問題を解きほぐしていくと、やまとことばでは、やがてこのあいだにある「と」も消え去り、「ものごころ」という表現が現れる。つまり、「こころ」は「もの」を媒介として初めてリアリティーを獲得し、「もの」はそれ自体ですでに「こころ」を育んでいる。「ものごころ」がつくとき、人間は人間としての生育の出発点に立つのであり、それは、この葛藤を抱える束の間の生の出発点にほかならない。やがて幾多の変転を経て、それぞれの人間に分け隔てなく「もの」としての沈黙が訪れるとき、葛藤は平穏のうちに終息する。そこに至るまでの変転、つまり人間の一生は、究極的には「もの」に起因する内なる自然および外なる自然との絶えざる葛藤・対決であろう。自然を保護するなどということは人間の思いあがりであり、人間は結局自然には勝てず、かつてそこから出てきた根源（＝自然）に回帰する宿命にある。それは必ずしも人間が無に帰してしまうことではなく、空しいことでもない。ただありのままの姿に立ちかえることにほかならない。

（1） Terry Eagleton, *The Idea of Culture*, London, 2000, p.99. T・イーグルトン著、大橋洋一訳『文化とは何か』松柏社、二〇〇六年、二三八―二三九頁。

あとがき

本書の各章のもとになっている諸論稿は、成立した時点においては、必ずしも『宗教文化論の地平』という現在の表題を意識したものばかりではなかった。このテーマは、筆者の中でさまざまなきっかけを通して形をとり始め、若干の変化を経ながら数年間にわたって展開していき、最終的には、ある現実的要請に対応するために、著書名として設定されるに至ったものである。その現実的要請とは具体的には、日本宗教学会や「宗教と社会」学会で長年にわたって蓄積されてきた日本の宗教教育に関する研究が母胎となって、二〇一一年一月に全国的な組織「宗教文化教育推進センター」(Center for Education in Religious Culture＝CERC)が設立され、そのセンター長を委嘱されたことである。センターの任務はさしあたり、「宗教文化士」という新しい資格を認定するために、年に二回の試験を実施することであるが、この試みは二〇一一年一一月から各地で始まっており、次第に実績をあげつつある(ホームページはhttp://www.cerc.jp/)。日本の宗教教育をめぐる議論は、第二次世界大戦後の日本社会の思想的動向とからんで、ある意味では行き詰っている。宗教文化教育推進センターは、そのような議論の問題点をふまえたうえで、ぶつかっている壁に実践的な形で風穴を明けようとするものである。

筆者は、日本宗教学会においてこのセンター構想に接したとき、自分がこれまで新約聖書研究や宗教学的教典論等々を媒介として模索してきた方向が、どこかでこの構想と触れ合うのではないかと感じるに至った。そこでこれからの可能性を切り開くためには、まず仮説的に用いられている「宗教文化」という概念を思想史的に掘り下げ、さらに具体的な歴史的現象に即してこれを再検討してみることが必要であろう。本書は、その課題を目指してまとめられたものである。具体的試みはまだ端緒についたばかりであり、何らかの結論が確定されるような段階ではない。しかしながら仮説の提示は、それに続く歩みの推進力となるべきものであるから、できるだけ大胆であった方がよい。宗教教育をめぐっては、「教育学」畑の専門家から多くの異論が出ることも予想される。それにもかかわらず、「宗教学」からでなければできないアプローチがあり、現在の状況はまさにそれを要請しているのではないかと思われるのである。いずれにせよ、この種の問題をめぐって議論が活性化していくことは、現代の日本社会にバランスをとり戻すためにも望ましい。

本書では、主題の展開にあたってキリスト教からの用例が多くなることは、すでに初めに示唆したところであり、結果からふりかえると、事実そのようになっている。これは、人文学的論述を進めるにあたってのひとつの方法的選択のつもりであったが、必ずしもそれだけにとどまらないことは、行間から容易に看取されるであろう。大方の推測通り、筆者の数十年にわたるキリスト教へのかかわり方は、終始アンビヴァレントであり、その中から「宗教学」と主体的に取り組むスタンスが生まれてきたのである。筆者にとってキリスト教は、ある時期には、生の方向を見定めるにあたって不可欠のものであり、そのため一時代前には、日本の学生キリスト教運動に没入するまでに至る。しかしさまざまな要因が働いて、やがて組織的矛盾が顕在化し、運動それ自体が挫折・衰退するに至るのである。その推移については不十分ながらも、かつて拙稿「日本における学生キリスト教運動の可能性と限界――北海道から見えてくるもの」『北海道大学キリスト教青年会の歩み――羊たちの群像』北海道大学キリスト教青年会(非売品)、二〇〇九年、一一―三六頁に記しておいた。こうした出来事の経緯を導いていったものは、単に日本のキリスト教会のみならず、多くの宗教集団が共通して抱えこまざるをえないある種の葛藤であったように感じられる。そうであるとすれば、もう一度包括的次元にまで立ち戻り、問題全体を考えなおすことが必要になる。歴史的な宗教集団は、長年にわたるその歩みを通して、それぞれのやり方で、何らかの「普遍的なもの」を志向していた。それが「宗教」概念の原型の成立していく基盤であろう。ただしいずれの宗教集団の試みも本来の「普遍性」に到達できず、さまざまな地域文化を媒介として、そのつど異なった形で定着している。しかしこのようにして成立していった多様な「宗教文化」こそ、結局、迂回しながらも普遍性への通路を切り開いていくものではないだろうか。したがって、宗教学が公共的な場で、宗教と呼ばれてきた人間の営みのもつ普遍志向を明らかにしていくためには、個別的な宗教文化を媒介とせざるをえない。その現象形態をありのままにとらえかえすことによってはじめて、その中に潜んでいる普遍的なものが、依然として隠された形ではあるが、そこはかとなく浮かび上がってくるであろう。本書はそのための一里塚にすぎない。

書き下ろしを除いて、本書の各章を構成している論稿の初出は次のとおりであるが、これらはすべてにわたって手を加えられている。

第一章　李元範・櫻井義秀編著『越境する日韓宗教文化』北海道大学出版会、二〇一一年、三一―三〇頁（第一章「宗教文化」の動態）

第二章　『東アジア文化交渉研究』別冊第六号、関西大学、二〇一〇年、七―九〇頁（日本におけるキリスト教の宣教）

第三章　『北海学園大学学園論集』第一三八号、北海学園大学、二〇〇八年、一―一五頁（日本における宗教教育の公共性――「宗教的情操」をめぐって）

第四章　書き下ろし

第五章　『年報　新人文学』第四号、北海学園大学大学院文学研究科、二〇〇七年、一三〇―一五〇頁（宗教

研究における「当事者性」とスピリチュアリティ論)。櫻井義秀編著『カルトとスピリチュアリティ――現代日本における「救い」と「癒し」のゆくえ』ミネルヴァ書房、二〇〇九年、一八八―二一一頁(第五章　宗教研究における「当事者性」とスピリチュアリティ論)
第六章　『宗教研究』三六五号、日本宗教学会、二〇一〇年、二〇一―二二四頁(作業仮説としての「スピリチュアリティ」の可能性と限界)
第七章　『人文論集』第二五号、北海学園大学、二〇〇三年、一〇九―一三四頁(書き記されたイエスと語られるイエス)。
第八章　『年報　新人文学』第三号、北海学園大学大学院文学研究科、二〇〇六年、六―三四頁(教典と儀礼)
第九章　『人文論集』第四二号、北海学園大学、二〇〇九年、三九―五七頁(教典と祈り)
第一〇章　書き下ろし(要旨は『日本の神学』日本基督教学会、二〇一〇年、二三九―二四四頁)。
第一一章　『宗教研究』三四三号、日本宗教学会、二〇〇五年、四九―七〇頁(神学からキリスト教学へ――日本におけるキリスト教研究の根本的課題)
第一二章　『宗教研究』三四八号、日本宗教学会、二〇〇六年、九一―一〇七頁(書評論文　宗教論の曲り角)
個人史的追記　書き下ろし(二〇〇九年北海学園大学最終講義に基づくもの)

本書の出版にあたっては、このたびもまた、北海道大学出版会の今中智佳子さんに大変お世話になった。相変わらずパソコン操作が苦手な筆者を助けて、スキャンによる原稿の整理、日本学術振興会による刊行促進費申請のための面倒な書類作成に多大な労力と時間を提供してくださったことに対して、心より感謝申し上げる。残念ながら、書類作成の労力は全く報いられなかったが、次善の策の相談にも乗っていただいた。その結果最終的には、本書の作製・出版に至る業務の全体を、かつて長年にわたって北海道大学出版会を運営してこられたベテラン編集者前田次郎氏が進んで引き受けてくださることになった。本書は単なる通常の「学術書」ではなく、もっと広い範囲の読者に読んでもらえるようにした方がよいという彼の助言に従って、あらためて手を加えたが、果たしてその効果が現れているかどうかは、いささか心もとない。しかし筆者の期待もまさにそこにある。活字出版が、長い目で見た学術的意義の軽重を考慮することなしに、無節操に展開されている現在の状況では、大学出版会のような組織の助力なしには、この時期における本書の刊行は不可能であったであろう。前著の出版にさいして経験した、複数の有名出版社との時間ばかりかかる不毛な折衝に懲りて、今回は初めから北海道大学出版会に依頼したのは正解であった。

また、二つの大学で定年を迎えた筆者を励まして、今なおさまざまな研究会に参加する機会を備えてくださる「宗教文化教育推進センター」のメンバーを中心とする研究者の方々にも、いちいちお名前をあげることはしないが、常々感謝している。本書の出版がセンターの今後の発展に少しでもお役に立つならば、そのご好意に対するお礼の一部となりうるかもしれない。

さらに、六十歳代後期に至って思いがけず健康上の問題を抱えこむことになった筆者が、札幌市内の仕事場で本書の準備を続けることができるように、毎日素材を吟味した弁当を作り続けてくれた妻幸子にも、このさい遅ればせながら感謝の意を表しておかなければならない。それとともに、筆者の現役時代の大学では考えられなかったような種類や分量の仕事をこなしながら、本書の一部を読んで批評してくれた長男忍にも感謝したい。本書の出版が多少なりとも彼の研究活動に刺激を与えるものとなれば幸いである。

本書は、書き上げた後で、「現代宗教文化研究叢書」の第一巻という形で刊行されることになった。このシリーズは、現代における宗教文化論のさまざまな可能性を探るべく、北海道大学出版会によって企画されたもので、今後引き続き国内外のすぐれた研究者たちによる宗教文化に関する力作を出版していく予定になっている。完結までにはかなりの時間がかかることが予想されるが、願わくばこの企画が次第に実を結び、日本の宗教学研究に少なからぬ貢献をなしていくことが期待される。本書がそのための捨石になることができれば幸いである。

二〇一二年桜前線の北上を待ちながら
江別市大麻にて
土屋　博

主要事項・人名索引

あ 行

か　行

さ　行

た　行

な　行

は　行

ま　行

や　行

ら・わ　行

A

B

C

E・G

H・J

K

L

M・N

O・P・R

S

T

U・W・Z

土屋　博(つちや ひろし)

1938年東京都生まれ
北海道大学文学部卒・同大学院文学研究科博士課程単位取得
博士(文学)
2002年まで北海道大学文学部・同大学院文学研究科教授
北海道大学定年退職後2009年まで北海学園大学人文学部・同大学院文学研究科教授
現在，北海道大学名誉教授・國學院大學客員教授・宗教文化教育推進センター長
研究領域は宗教学(教典論)・キリスト教学
主要著訳書：『牧会書簡』(日本基督教団出版局，1990年)
『聖書のなかのマリア』(教文館，1992年)
『教典になった宗教』(北海道大学図書刊行会，2002年)
ブルトマン『神学論文集1』(新教出版社，1986年)

現代宗教文化研究叢書1
宗教文化論の地平――日本社会におけるキリスト教の可能性

2013年1月25日　第1刷発行

著　者　土屋　博
発行者　櫻井義秀

発行所　北海道大学出版会
札幌市北区北9条西8丁目　北海道大学構内(〒060-0809)
Tel. 011(747)2308・Fax. 011(736)8605・http://www.hup.gr.jp/

アイワード/石田製本

ISBN978-4-8329-6782-3